本书是中国政法大学承担的北京市支持中央在京高校共建项目校外人才培养基地教育教学项目的研究成果。

实践性法学教育论丛 第五卷

Journal of Experiential Learning Legal Education

卓越法律人才教育培养 专辑

本卷主编◎袁 钢　刘大炜　　丛书主编◎许身健

知识产权出版社
全国百佳图书出版单位

图书在版编目（CIP）数据

实践性法学教育论丛. 第五卷/袁钢，刘大炜主编. —北京：知识产权出版社，2017.1

ISBN 978-7-5130-4708-1

Ⅰ.①实… Ⅱ.①袁…②刘… Ⅲ.①法学教育—研究—中国 Ⅳ.①D920.4

中国版本图书馆CIP数据核字（2016）第325804号

责任编辑：牛洁颖　　　　　　　　责任校对：潘凤越
文字编辑：王　岩　　　　　　　　责任出版：刘译文

实践性法学教育论丛·第五卷
Shijianxing Faxue Jiaoyu Luncong

本卷主编◎袁　钢　刘大炜　丛书主编◎许身健

出版发行：知识产权出版社有限责任公司	网　　址：http://www.ipph.cn
社　　址：北京市海淀区西外太平庄55号	邮　　编：100081
责编电话：010-82000860转8109	责编邮箱：niujieying@sina.com
发行电话：010-82000860转8101/8102	发行传真：010-82000893/82005070/82000270
印　　刷：北京嘉恒彩色印刷有限责任公司	经　　销：各大网上书店、新华书店及相关专业书店
开　　本：720mm×960mm　1/16	印　　张：19.25
版　　次：2017年1月第1版	印　　次：2017年1月第1次印刷
字　　数：280千字	定　　价：55.00元
ISBN 978-7-5130-4708-1	

出版权专有　侵权必究
如有印装质量问题，本社负责调换。

十年实验磨一剑（序）

法学是一门实践的学问，隔绝社会封闭教学，很难培养出适应社会，为社会作出贡献的优秀人才。法学有自己独特的"范式"，即法律共同体经过多年的法律实践积淀而成并通过职业教育传授的基本法律理论、法律信念、法律方法以及规范标准，等等。因此，实践性构成了法学的学问性格，法学是"提问辩难"之学，对话论辩之学，或者"辩证推理的学问"。

法学教育自诞生之日起，无形中被钉上难以救赎的"二难"十字架：既以培养法官、检察官、律师等法律职业者为己任，又以进行法学通识教育、培养法学专家和研究者为重任。中国法学本科教育定位一直就存在"通识教育"与"职业教育"的分歧，并且成为法学教育的一个最为突出的问题。❶ 事实上，中国的法学教育一直都是以理论与实践相结合为其核心教育理念的。1999年的高等教育扩招，给法学高等教育带来了学生人数大幅增加、就业及专业对口率相对下降的局面。同时，学生面对各种必须要应对的考试、各种不甚成熟的教学改革措施以及不断扩张的课堂教学内容等挑战。这些挑战不断冲击着法学教育固有的理论联系实际的传统，客观上造成了法学专业学生培养质量的参差不齐。

培养一大批高水平应用型法律人才是建设社会主义法治国家、全面推进依法治国的客观要求，也是法学高等教育的应尽职责。就普通法学教育规模迅速扩张同时遇到的学生就业率低下，轻视职业技能训练的情

---

❶ 关于法学本科教育定位的争论，主要观点参见霍宪丹：《中国法学教育反思》，中国人民大学出版社2007年版；贺卫方：《中国法律教育之路》，中国政法大学出版社1998年版。

况,中国政法大学提出"4+2"的六年制模式,可以同时获得法学本科和法律硕士两个学位。❶ 2008 年,教育部批准中国政法大学进行法学教育模式改革试点,实施"六年制法学人才培养模式"改革。"六年制法学人才培养模式改革实验班"(简称法学实验班)以培养高级法律职业人才为目标。法学实验班基准学制为 6 年,修业年限可以延长到 7 年。6 学年分为两个阶段,第一阶段为基础学习阶段,从第一学期到第七学期;第二阶段为应用学习阶段,从第八学期到第十二学期。❷ 基础学习阶段主要完成通识教育相关课程和专业学习中的课堂教学相关课程以及与之有关的实践教学环节,使学生建立较为宽广的知识结构,形成良好的法学思维方式,掌握初步的专业技能,为学生进入实践教学、进一步发展职业技能创造条件。学生完成基础学习阶段,经考核合格,❸ 获得本科毕业证书与学士学位证书并进入应用学习阶段,主要包括:(1)为期一个学年的专业实习,旨在使学生全面掌握法律职业相关实务;(2)专题课程,旨在以基础阶段学习和专业实习为基础,深化学生法学专业学习深度,达到法律硕士应有的学术水平;(3)学位论文,旨在反映学生运用所学理论与知识综合解决法律职业中面临的理论和实践问题的能力。❹ 应用学习阶段为法律硕士专业学位研究生阶段,学制为两年制,毕业并

---

❶ 徐显明、郑永流:"回归本位经国济世——六年制法学教育模式改革论纲",载《六年制法学教育模式改革》,中国法制出版社 2009 年版,第 5 页。

❷ 中国政法大学教务处 2008 年制定的《中国政法大学法学实验班培养方案》原规定:"六学年分为两个阶段,第一阶段为基础学习阶段,从第一学年到第四学年,第二阶段为应用学习阶段,从第五学年到第六学年。"该培养方案在 2012 年修订时根据学生实际培养需求进行了修改。

❸ 2015 年,为保障法学实验班培养质量,规范法学实验班学生基础学习阶段考核工作,中国政法大学新制定了《中国政法大学法学人才培养模式改革实验班基础学习阶段考核办法(试行)》,规定法学实验班学生的考核在第七学期进行,按照培养方案完成教学进度,必修课成绩排名前 90%的学生且经考核合格后,方可进入第二阶段即两年应用学习阶段学习。

❹ 《中国政法大学法学实验班培养方案》中规定第二阶段应用学习阶段学习内容为四个方面,除已列举的三个方面之外,还包括司法考试辅导课程。由于自 2008 级法学实验班开始至今的两届法学实验班学生均在第四学年参加了国家统一司法考试,并且通过率超过 70%,因此,原方案中此项内容已无必要。

获得学位，总学分不低于55学分。第六学年完成学年论文为10学分。❶

　　2008～2010年3年，中国政法大学每年计划招收50名法学实验班学生。2010年，以中国政法大学法学实验班为基准模式的"高级法律职业人才培养体制改革"被确定为国家教育体制改革试点项目。2011年教育部、中央政法委员会下发了《关于实施卓越法律人才教育培养计划的若干意见》。该意见决定在我国实施卓越法律人才教育培养计划，对法学高等教育提出了明确的要求：要适应多样化法律职业要求，坚持厚基础宽口径，强化学生法律职业伦理教育，强化学生法律实务技能培养，提高学生运用法学与其他学科知识方法解决实际法律问题的能力，促进法学教育与法律职业的深度衔接。中国政法大学法学实验班列入卓越法律人才教育培养计划，中国政法大学将法学院确定为"高级法律职业人才培养体制改革"试点学院，对"试点项目"学生进行集中统一管理。从2011年后，经过教育部批准扩大规模，中国政法大学每年计划招收法学实验班学生200名。❷

　　法学实验班实行对本科与专业学位研究生六年两阶段贯通培养模式，将基础学习阶段与应用学习阶段有机结合，突出了对学生法律职业能力的训练。中国政法大学针对六年制法学实验班进行多项教育教学改革措施，着重培养学生法律实务应用能力及综合素质，培养符合社会需要的卓越的高级法律职业人才。具体改革措施包括：（1）本科生导师制：每位学生入学初即配备导师；（2）完善课程体系：在前四学年的基础学习阶段，适当增加课程量，并且增加大量实务课程，每门法学主干课程皆设置相应案例课、研讨课；（3）强化实践教学：专业实习在第八学期、第九学期进行，学生分别到法院、检察院、律师事务所等至少两种单位进行分站式实习，全面锻炼法律实务操作技能，实习中配备校内、校外

---

❶ 该学分的确定依据是《中国政法大学法律硕士专业学位研究生（法学2年制）培养方案》《中国政法大学法律硕士专业学位研究生（招录体制改革班）培养方案》和《中国政法大学法律硕士专业学位研究生（在职）培养方案》。

❷ 自2011年起，中国政法大学本科招生章程将法学实验班列为"法学（法学人才培养模式改革实验班）培养模式"。

两种指导教师；（4）改革教学方式：大力推行小班教学，任课教师配备教学助理；（5）加强学生国际交流：多种途径推动学生参与国际交流。

《实践性法学教育论丛》第五卷专设为"卓越法律人才教育培养"专辑，聚焦中国政法大学卓越法律人才教育培养计划实施情况，反思与总结 2007 年开始酝酿实施法学实验班的运作经验。2016 年 9 月 20 日，中国政法大学法学院举行了法学实验班人才培养工作研讨会，法学院党委书记刘大炜教授、院长薛刚凌教授、教务处处长卢春龙教授以及其他各位专家分别发言总结法学实验班人才培养的经验，多数发言和总结收录于本卷之中。许身健教授反思卓越法律人才培养计划，认为相关法学院对卓越法律人才培养目标的理解并不一致，对卓越法律人才的理解各有侧重，这就造成培养目标不统一、课程安排不合理、法学教育与职业教育的衔接不顺畅、评估机制不完善、国际化标准不清晰等一系列问题，借鉴美国法学院的法律人才培养标准，详细论证通过理论基础、实务技能、职业伦理以及国际化四大模块构建，来确定我国卓越法律人才衡量的具体标准。秦奥蕾副教授和姚国建教授总结了为实现卓越法律人才培养计划，中国政法大学宪法学研讨课开设情况和相关经验。张力博士分析了当前研究生课堂教学过程中所采用的讲授式、案例教学以及研讨教学等方式的各自利弊，建议奉行整体性、多样化思路，并从定位、运用、导师准备、课堂管理等方面入手，最终实现教育质量的提升。袁钢副教授面对传统专业实习模式各种沉疴，总结中国政法大学开设"专业实习校内指导课"，将专业实习纳入校外法律诊所管理，发挥案件研讨教学方法独特价值的经验。刘晓兵副教授建议采用案例分析和法律诊所来开展法律伦理教学。雷磊副教授分析了法学实验班在教学、实习、激励和退出机制三个方面问题。王蔚副教授从精英教育与竞争机制角度，为实验班教学改革提出新的路径。侯淑雯教授通过对人才标准的理论分类与教育部发布的卓越人才培养标准，以及六年制实验班设立的初衷的分析，提出在六年制实验班教育培养方案设置中存在目标与模式的悖论，并提出了两个调整方案。两位专门从事法学实验班学生工作的辅导员樊昌茂、岳红池，从学生发展需求变化对学生工作的新要求以及法学专业学生文字表达水平两个方面进行实地调研。

2014年《中共中央关于全面推进依法治国若干重大问题的决定》中又要求"创新法治人才培养机制";2015年9月中共中央办公厅、国务院办公厅印发了《关于完善国家统一法律职业资格制度的意见》规定,将现行司法考试制度调整为国家统一法律职业资格考试制度,改革法律职业资格考试内容,加强法律职业资格考试科学化、标准化、信息化建设。这些改革的高层举措逐渐明确中国法学教育改革的目标。改革目标明确之后更需要践行和落实,其中核心问题是培养面向法律职业需求的"和而不同"教学师资队伍,并且构建与理论教学相辅相成而又具有相对独立性完整的"卓尔不群"的法学实践教学体系。为此,本卷设置了"面向新挑战的实践教学"栏目,收录各位专家对于法学实践教学提供构建的真知灼见。杨春华教授建议实现一个"传统课程"—"法律职业技能课程"—"法律诊所课程"(实习)的闭环式学习体系。张峰振副教授等分析了在法律职业资格制度实施情况之下,法学教育的机遇、挑战并提出对策。李坤刚教授介绍了安徽大学劳动法诊所的基本做法和经验,对于法律诊所的运行和管理等问题提出了思考。作为法律诊所教师,姜涛副教授建议对接待当事人遭遇挫败的学生及其指导教师提出建议。石贤平副教授总结了开展法律诊所教育的基本条件。李强副教授翻译介绍了美国学者运作战争法诊所的若干经验。夏红教授等提出了法学创新创业教育教学逻辑路径和执行路径。作为研究生的贾宏斌和洪冲关注了民法七维学习法和法学的实践性与中国法学教育的关系问题。

为了让读者了解中国政法大学六年制法学人才培养模式改革实验班的具体举措,本卷收录了《中国政法大学六年制法学人才培养模式改革实验班培养方案》(2012)、《中国政法大学法学人才培养模式改革实验班基础学习阶段考核办法(试行)》《中国政法大学法学人才培养模式改革实验班导师制实施办法(试行)》《中国政法大学法学人才培养模式改革实验班主讲教师助手制实施办法(试行)》等文件。

"十年磨一剑,霜刃未曾试"。作为卓越法律人才教育培养项目之一的中国政法大学法学人才培养模式改革项目从酝酿、实施至今刚好10

年。该项目正是在法学教育双重性背景下所实施的。法学教育的双重性一定程度上是在不同地域的法律实践、法律传统、法律文化、政治传统等鲜明特色在法学教育目的定位上的集中印证。一方面是欧陆法学以政治法律理论构建为先导，注重政治法律制度的整体安排和预先设计，偏好"形而上"的理性思辨，以立法为核心，表现为体系化、规范化。另一方面是英美法学以法官研究法律理论为指导，注重单个案件的深入研究和示范效应，偏好"形而下"的经验实用，以司法为核心，表现为偶然性、随事性。欧陆法学的特色多少有点类似金庸先生笔下《笑傲江湖》华山派的"气宗"，练剑之外尤重练气，英美法学则类似"剑宗"，专为剑术，同派不同宗。10年的法学实验班的试点确实需要总结，更是希望相关法学院的卓越法律人才教育培育项目能够成为现实版的"令狐冲"，得窥剑道至高境界，暗受名门至宝内功，内功剑术俱臻大成，真正实现剑气归一。

  本论丛继续致力于实践性法学教育研究，更坚信"理论没有实践就没有生命，实践没有理论就没有灵魂"。本论丛既是实践性法学教育研究舞台，也是横跨理论与实践的桥梁，愿与学界同仁一起，为中国的实践性法学教育的繁荣发展而努力。

袁钢　刘大炜
2016 年 10 月 12 日

目　录

卓越法律人才教育培养

卓越法律人才教育培养计划之反思与重塑　　　　　　　许身健/ 3
卓越法律人才培养背景下的中国政法大学
　　宪法学教育与教学　　　　　　　　　　秦奥蕾　姚国建/ 45
法学实验班的导师课堂教学与教育质量的提升　　　　　张　力/ 68
试论法学实验班专业实习校内指导教学法　　　　　　　袁　钢/ 80
卓越法律人才培养下法律职业伦理教学问题　　　　　　刘晓兵/ 90
法学实验班教学改革的三方面问题　　　　　　　　　　雷　磊/ 99
精英教育与竞争机制：中国政法大学法学实验班
　　培养模式之改革　　　　　　　　　　　　　　　王　蔚/ 105
卓越法律人才的标准与六年制法学实验班培养方案的设计　侯淑雯/ 117
卓越法律人才培养中学生发展需求的变化
　　对学生发展工作的挑战　　　　　　　　　　　　樊昌茂/ 124
法学实验班学生文字表达水平培养调研报告　　　　　　岳红池/ 129

面对新挑战的实践教学

构建法学理论教学与实践的中间桥梁
　　——法学实验性教学课程　　　　　　　　　　　杨春华/ 147
法律职业资格制度下法学教育的机遇、
　　挑战与对策　　　　　　　　　　　　张峰振　毛宁仙/ 160

关于法律诊所教学运行与思考
　　——以安徽大学劳动法诊所为例　　　　　　　　李坤刚／173
论困难案件中法律诊所的理念　　　　　　　　　　　姜　涛／184
法律诊所综合教改运行机制的思考　　　　　　　　　石贤平／193
直接参与：法律诊所与国际人道法（节选）
　　　　　劳里·R.布兰克　戴维·凯耶　著　李　强　译／205
论推进法学创新创业教育教学的基本路径　　　夏　红　赵忠江／215
从法学的实践性看中国法学教育的发展　　　　　　　洪　冲／224
民法教与学的有效路径
　　——漫谈蔡立东教授"民法七维学习法"　　　　　贾宏斌／241

实验班改革的相关文件

文件一　中国政法大学六年制法学人才培养模式改革
　　　　实验班培养方案　　　　　　　　　　　　　　　　／255
文件二　中国政法大学法学人才培养模式改革实验班
　　　　基础学习阶段考核办法（试行）　　　　　　　　　／291
文件三　中国政法大学法学人才培养模式改革实验班
　　　　导师制实施办法（试行）　　　　　　　　　　　　／293
文件四　中国政法大学法学人才培养模式改革实验班
　　　　主讲教师助手制实施办法（试行）　　　　　　　　／295

卓越法律人才教育培养

卓越法律人才教育培养计划之反思与重塑

许身健[*]

摘　要：自 2011 年出台，卓越法律人才教育培养计划迄今已经实施 5 年，相关经验需要总结。毋庸讳言，由于何谓卓越法律人才的表述缺少清晰化的标准，使得我国法学教育这一重要改革缺少清晰的目标，而缺乏清晰培养目标造成课程计划难以实现最初设定的目标。本文反思法学教育中存在的因人才培养标准阙如而导致的问题，对提升卓越法律人才计划提出了设想。

关键词：卓越法律人才计划　法学教育　法学教育培养目标

引　言

如何用一句话形象描述中国法学教育？已故何美欢教授用英国作家狄更斯名著《双城记》开篇"这是最好的时代，这是最坏的时代"这句话来描述中国法学教育现状。为什么说当下是法学教育最好的时代？因为法学专业还是热门专业之一，法律院校越办越多，至今将近 700 所，而在校法科生已经达到 40 余万人。法学属于热门专业，这可以确保法律院校有优质生源。得天下英才而育之，这是教育机构梦寐以求的。为什么说当下也是法学教育最坏的时代？法学专业的就业率已经连续很多年垫底，另外，据统计，法学专业毕业生已经沦为起薪最低的行列。法科生就业难、谋生难，这些都是难堪的现实。因此，法学教育存在严重问题，这是个不争的事实，它将迫使法律院校及法律教育者走出所谓"法学教育最好的时代"这一错觉，反之，我们应该冷静面对"法学教育最

---

[*] 许身健，中国政法大学教授，法学博士，中国政法大学法学院副院长，中国法学教育研究会诊所法律教育专业委员会副主任，模拟法庭专业委员会副主任，中国法学会法律文书学研究会副会长兼秘书长。

坏的时代"这一严酷现实，认真对待法学教育，找到应对之策。❶

在上述背景下，2011年12月，教育部、中央政法委联合下发《关于实施卓越法律人才教育培养计划的若干意见》（以下简称《意见》）指出，我国高等法学教育还不能完全适应社会主义法治国家建设的需要，社会主义法治理念教育还不够深入，培养模式相对单一，学生实践能力总体不强，应用型、复合型司法职业人才培养不足。提高法律人才培养质量成为我国高等法学教育改革发展最核心、最紧迫的任务。《意见》提出，"经过10年左右的努力，形成科学先进、具有中国特色的法学教育理念，形成开放多样、符合中国国情的法律人才培养体制，培养造就一批信念执着、品德优良、知识丰富、本领过硬的高素质法律人才"的总体目标，分类培养应用型、复合型法律职业人才、涉外法律人才、西部基层法律人才，探索"高校—实务部门联合培养"和"国内—海外合作培养"的卓越法律人才培养机制，加强学生职业意识、职业伦理教育，强化法学实践教学环节，加大实践教学比重，在校内办好案例教学、模拟法庭、法律诊所，在校外建设法学实践教学基地，同时探索建立高校与法律实务部门人员互聘制度，通过鼓励教师到海外学习、研究等方式加强法学师资队伍建设。

《意见》实施以来，已经依托高校在全国范围内建立了59个应用型、复合型法律职业人才教育培养基地，24个涉外法律人才教育培养基地，12个西部基层法律人才教育培养基地；同时各地高校相继同法律实务部门建设了法学实践教学基地；❷ 此外，依托国家留学基金，为法学专业的学生、高校法学骨干教师到海外留学深造、学习交流提供了更多的机会。从这些方面看，在推动实施卓越法律人才教育培养计划上，取得了很大成绩。

《意见》提出"经过10年左右的努力，形成科学先进、具有中国特

---

❶ 许身健：《认真对待法学教育》，载《检察日报》2012年9月21日。
❷ 参见《卓越法律人才培养教育计划》，http://baike.baidu.com/link?url=dMndtWwpqOiRYq3gA－0zSYPwlriDBn9－9D9oohgrKkUMaPwF8m0DHl3YBbMvsugoXm6Xak0gSYppxrrlRcOQnq，访问时间：2016年3月30日。

色的法学教育理念，形成开放多样、符合中国国情的法律人才培养体制，培养造就一批信念执着、品德优良、知识丰富、本领过硬的高素质法律人才"的总体目标，迄今该计划已经实施 5 年，时间过半，已经到了反思诸多改革措施是否有助于实现最初设定目标的时候了。然而，在检验目标的实现程度时，不得不面对这样一个现实：《意见》对总目标的规定过于宽泛化，使得各高校和实务部门在贯彻执行中出现了诸多问题。《意见》对于"卓越法律人才"的总体描述只有一句，即"培养造就一批信念执着、品德优良、知识丰富、本领过硬的高素质法律人才"，但是何为"信念执着、品德优良、知识丰富、本领过硬"，却没有具体的指标予以评估。与之对应的，《意见》又将"卓越法律人才"分为三类，即应用型、复合型法律职业人才、涉外法律人才、西部基层法律人才，每类人才又有相应的要求与描述，但同样缺乏具体标准。"卓越法律人才"定位不清反映了法学教育培养目标的粗疏，这就导致《意见》在具体实施中出现诸多问题，阻碍总体目标的实现。基于此，有必要从《意见》存在的问题出发，反思相应的改进方法和解决措施，完善这一重要人才培养计划。

一、问题的缘起——清晰培养目标的阙如及其影响

精确目标的重要性是不言而喻的，明确目标之后才能设计具体的实施手段，最终才能检验目标是否实现。罗伊·斯塔基强调，法学教育应当遵循三项核心原则：第一，法学教育机构和法学教师应当明晰学生应当学习什么；第二，法学教师应当尽可能选择既有效率又有成效的教学方法以实现其教育目标；第三，法学教育机构和法学教师应当评估自身教学成功的程度。[1] 其中"法学教育机构和法学教师应当明晰学生应当学习什么"位于三大原则之首。这是因为该原则的实质是"明确教学目标"，换言之，即应当明确要培养符合什么标准的法律人才。

具体而言，精准、具体的培养目标有以下三个作用：（1）指引法学

---

[1] ［美］罗伊·斯塔基等：《完善法学教育——发展方向与实现途径》，许身健等译，知识产权出版社 2010 年版，中文版序第 1 页。

院设立科学的课程体系。如果培养目标之一是适应法律的全球化,"那么法学院就要相应地设立相当比重的与普通法教学相关的课程,因为我国现代的法律是间接地建立在大陆法系基础之上的,相应的法学教育以理论知识课程为主。而与普通法教学相关的课程设置相当薄弱,但是培养能够适应'全球化'的卓越法律人才,就必须采取积极进取的态度去学习普通法。"❶(2)指引法学院、教师科学地组织教学活动。确定了明确的教学目标,就将教师的教学内容限定在一定的框架内,教师根据教学目标逐条安排教学,便于其探索、选择既有效率又有成效的教学方法以实现其教育目标,从而最大程度利用教学资源,避免重复教育、教育空白等问题的出现。(3)指引法学院、教师有效地评估自身教学成功的程度。这一评估既包括对学生学习成果的评估,也包括对教师教学效果的评估,不同的培养目标决定了不同的教学方式,而不同的教学方式又需要不同的评价方式。因此,只有确立明确的教学目标,对教学结果的有效评估才有可能实现。

《意见》对"卓越法律人才"的界定体现为16个字,即"信念执着、品德优良、知识丰富、本领过硬",然而,上述培养目标尽管涵盖范围广泛,但缺乏具体的标准,相关法学院在贯彻执行《意见》时,对上述培养目标的理解并不一致,对卓越法律人才的理解各有侧重,这就造成培养目标不统一、课程安排不合理、法学教育与职业教育的衔接不顺畅、评估机制不完善、国际化标准不清晰等一系列问题。

(一)培养目标不统一

法律院校本科生培养目标的设定,很大程度上反映着法学教育机构对法学教育的基本定位和基本教育理念。在一定意义上,培养目标的定位直接决定着法学本科生培养方案的整体设定。所有课堂教学课程的配置、课程学分学时的配置以及实践教学环节的比重设计,都在贯彻培养目标中所体现的法学教育理念和目标。由于我国法学教育曾经走过一段

---

❶ 何美欢:《论当代中国的普通法教育》,中国政法大学出版社2011年版,第1页。

粗放式的发展历程，法律院校对法学教育基本属性的定位并没有形成清晰认识，因此，总结各法学教育机构法学本科培养目标就显得十分必要。目前，法学教育诸多问题的源头是法律院校及法律教育者对于法学教育的培养目标并不明确。虽然法学教育应当定位为法律职业教育，这种观点已经基本达成共识。但是，对于职业教育的具体内容仍然存在模糊认识。以卓越法律人才教育培养计划的基地院校为样本，对中国政法大学、北京大学、中国人民大学、对外经贸大学等41所院校的法学院的培养方案中的"培养目标"进行比较和分析，❶ 发现各院校对培养目标的设定存在以下问题。

1. 法学本科教育根本属性定位不明确

我国法学教育以本科为主，本科法学教育是法学教育中最重要的一环，因而对其进行明确定位是十分必要的。在这一定位中，职业教育和通识教育之争具有重大意义，法律院校的培养方案应当对此加以明确界定。如果连法学教育的根本属性是不是职业教育都存在分歧，试想法律院校的人才培养目标何以明晰。令人遗憾的是，当前法学教育界的主流认识是：法学教育是素质教育和专业教育结合基础上的职业教育，这种认识实际上综合了不同法学教育主体对法学教育的差异化定位。在这种定位下，"目前国内很多法律院校在课程讲授过程中，还是坚持中国传统教育模式主导下的灌输式讲授方式，过于偏重探讨法学学科与其他学科之间在学理上的交流与沟通，注重对学理的探讨与法学流派的各种争论。这使得法科学生在走出课堂之后，发现课堂所讲授的知识并不能够得心应手地加以使用，法律院校的产品总是与实际需要存在着隔膜"❷。

2. 人才培养目标特色不鲜明

与法学教育的职业教育目标相对应，法律院校的人才培养目标应该趋同，然而，由于法律院校对法学教育的共同规律并未达成共识，各个

---

❶ 刘坤轮：《中国法律职业伦理教育考察》，中国政法大学出版社2014年版，第109～124页。

❷ 余涛："从法学的学科属性谈卓越法律人才培养——法律职业能力导向下的法学教育改革"，载《朝阳法律评论》2012年第2期。

院校自身的个性化特征压过了法学教育共同的人才培养属性,这就导致在培养目标方面的设定过于粗疏。由法学教育职业教育的属性推演,法学教育人才培养的目标也应该在素质教育和专业教育的基础上,落脚到职业教育上来。与之相对的就是人才培养目标的描述,法律职业人才这一个关键词则体现法学教育培养目标的基本定位,直接体现法学本科教育的职业教育之根本属性。有人提出,美国法学院的培养目标是职业律师,而中国法科生从事法律职业的比率并不算很高,所以中国法学教育的培养目标应当与美国法学教育有重大差别。其实,这种观点对法律职业的认识过于狭窄。美国司法伦理泰斗 Rhode 教授及 Hazardd 教授认为:"法律人的范围除了法律职业者外,也包括下列不从事法律职业的法科毕业生,即从事政治学、新闻、管理、司法行政、法学教育、公务员及非政府组织等。他们的法学背景对于其视野及社会角色至关重要。在亚洲、欧洲国家,不从事法律职业,而从事上述职业的法科毕业生比例更高。"❶ 换言之,法科生毕业后即使不直接从事狭义的法律职业,但从事上述职业也属于广义的法律人,他们的法律背景使其拥有独特的分析、处理及解决问题的能力,法学教育令其受益终身。简言之,法学教育的培养目标应当是培养具有良好职业技能以及职业价值的法律人。

(二)课程安排不合理

法学课程的安排应当遵循法律人才的培养目标,由培养目标决定课程安排。但由于当前我国相关人才培养目标的模糊,导致了法学院课程安排上存在诸多问题。归根结底,培养目标混乱是诸多问题的根源。"如果不知道我们法学教育中教出来的学生该是什么样子,那么很难,或者根本不可能去回答在法学教育中出现的一堆问题:该教什么?该如何教?该谁作为学生?如何评估他们?"❷ 课程安排不合理的具体表现为:重要课程的缺失与符号化、重复教育。

---

❶ 许身健:"认真对待法学教育",载《检察日报》2012 年 9 月 21 日。
❷ 许身健:"完善法学教育的思考",载《实践性法学教育论丛(第一卷)》,知识产权出版社 2011 年版,第 1 页。

1. 重要课程的缺失与符号化

一些非常重要的课程，在诸多一流法律院校根本没有开设，严重影响法学教育的成效。其中最为明显的就是法律职业伦理课程在各大法律院校的缺失以及实践教学课程的符号化。

理想的法学教育应该培养出的法律人才"一定要有法律学问，才可以认识并且改善地运用法律；一定要有社会的常识，才可以合于时宜地运用法律；一定要有法律的道德，才有资格来执行法律"❶。经过法学教育从事法律职业要求具备共同的素养，包括法律语言、法律知识、法律技术、法律思维以及法律信仰和法律伦理等六个复合要件。❷ 上述论点明确了法律职业伦理在法律人才素养中占据的重要位置。西方法学院的课程中，法律职业伦理都是其法学教育的重要内容。❸ 但是即便在师资条件相对较好的卓越法律人才基地院校之中，法律职业伦理教育也严重不足，大部分院校甚至没有专职职业伦理教师。有学者以卓越法律人才教育培养计划的基地院校为样本，对41所法律院校开设法律职业伦理教育课程情况进行调研，结果显示开设职业伦理相关课程的院校只有15所，仅占统计样本的36.59%，如果严格限定为开设"法律职业伦理"，则只剩下9所，仅占统计样本的21.95%，再进一步，将法律职业伦理课程设为必修课的仅有4所院校，那么设置法律职业伦理必修课的比例就是9.76%。❹ 由此可见，国内绝大多数法律院校对于和法律技能教育同等重要的职业伦理教育重视不足，形成法学教育的空白。❺ 笔者曾被北京某著名法学院邀请讲授职业伦理，该校法学院虽是国内顶尖法学院，

---

❶ 孙晓楼：《法律教育论》，中国政法大学出版社1997年版，第12~13页。

❷ 孙笑侠："职业素质与司法考试"，载《法律科学（西北政法学院学报）》2001年第5期。

❸ "水门事件"后，几乎每个美国律师协会（ABA）认证法学院都将法律职业道德课程设置为必修课。澳大利亚、加拿大、日本、韩国等无不将法律职业伦理作为进入法律职业的重要条件。

❹ 刘坤轮：《中国法律职业伦理教育考察》，中国政法大学出版社2014年版，第76页。

❺ 同上书，第78~81页。

却没有一名专职讲授职业伦理的教师。当然，出现这种状况，与法律职业伦理没有被列入法学本科专业必修课目录有直接关系。有的院校尝试作出根本改变，据悉，中国政法大学在其"十三五"规划中将法律职业伦理纳入新的专业必修课。

实践教学课程的重要性是毋庸置疑的，"当前法学教育虽然定位为职业教育，然而，法律院校并未按照职业教育的要求安排课程设置，采取符合职业教育要求的教学方法，教学与司法实验脱节。法学教材千人一面，案例陈旧，无法适应法治实践需要；有些教师教学方法单一，观念落后，欠缺通过互动式、讨论式、体验式等方法对学生的启发、引导；多数学校对实践教学的投入偏少，实践性教学方式在法学教育课程体系中所占比例偏低，实践教学的质量考评机制不完善。这就导致学生的理论知识水平，特别是法律实践能力普遍薄弱，很多学生初入法律职业时，甚至难以胜任一些最基本的实务工作，无法满足用人单位的需求"❶。考察法律院校实践教学课程开展的状况可以发现，与传统法学课程相比，实践教学课程的符号化现象相当突出，例如，不少院校将法律诊所课程等同于学生法律援助活动。尽管法律诊所教育是法学教育改革的核心，❷然而，按照中国诊所法律教育专业委员会的标准看，开设符合要求的法律诊所课程的法律院校并不多。相比之下，场景模拟课程的开设更难如人意，场景模拟课程是重要的实践教学形式，在完善法学教育中起着重要作用，重要的场景模拟课程有模拟谈判、模拟调解等，此类课程在法律院校中开设很少，很少有法律院校能够全部开设模拟谈判、模拟调解一类的课程。常见的教学活动是在法律诊所课程中设有模拟会见、模拟谈判及模拟调解的环节，这些环节所占的课时较少，和专门课程相去甚远。几乎所有法律院校都关注模拟法庭，这是已经形成高度共识的实践教学，然而，令人遗憾的是很少有法学院关注到作为学生法律实践活动的模拟法庭演示与作为课程的模拟法庭课程的区分。不少法律院校经常

---

❶ 中国法学会："完善我国法学教育的建议"，载《要报》2013年第4期。
❷ 波兰法律诊所基金会编：《法律诊所：理念、组织与方法》，许身健译，北京大学出版社2014年版，第1页。

举办模拟法庭活动以及竞赛，法科生也热衷组织模拟法庭。但是，这些模拟法庭大多关注法律争议，案例选择往往关注许霆案这样的轰动性案件，学生们分成原被告双方，一招一式、针锋相对，双方比拼的是口舌之争，颇有国际大专辩论赛之风。学生们严格按正式程序操作，一板一眼，毫不含糊。法袍、法槌、大檐帽法警，一个都不少，虽很逼真，但不是严格意义上的教学活动。热衷围绕法律问题辩论与法律院校教学强调理论传授是颇为合拍的。比如，针对许霆利用 ATM 机出错之机用信用卡大肆取钱的行为在法律上是否构成盗窃罪，模拟法庭上的控辩双方唇枪舌剑的主题是不当得利、秘密窃取、期待可能性等抽象的法律概念及法律学说，这样庭审俨然成了法律学说朗诵课堂。显然，这种模拟法庭难以让学生学会用证据说服裁判者的能力。尽管法科生对于"以事实为根据，以法律为准绳"这句话耳熟能详，也认识到证据在庭审中的作用。但是，他们对于证据的理解显然是存在偏差的，他们仅关注证据客观性、真实性以及相关性，念念不忘的是所谓查明案件事实，往往忽略了即使案件事实是真实、可信的，但是，双方对于都认可的案件事实却可以进行有效组合，构建针锋相对的故事去说服裁判者。法律院校将模拟法庭竞赛作为实践教学成果的符号，有的院校热衷于参加国际模拟法庭竞赛，希望通过获得优异名次来作为其实践教学及国际化发展的有力符号。

2. 法学教育模式趋同

尽管目前国内法律院系有近 700 所，但在课程设计及教学方法上并无太大差别。此外，法学各学历层次的教育目标定位不清楚，不同专业、不同领域、不同层次的培养目标却大体相同，在课程设置、教学方法、毕业要求等环节几无差别。这就导致法科专业毕业生同质化现象日趋严重，不能满足社会生活对法律人才的差异化需求。❶ 一些法律院校虽然开设了若干门名称不同的课程，但这些课程讲授的内容实质上是相同的。这一问题表面上是开设不同课程的教师之间疏于沟通、教学秩序混乱，

---

❶ 中国法学会："完善我国法学教育的建议"，载《要报》2013 年第 4 期。

实质上则表明学校对教学目标、教学内容把握不清，开设课程流于形式而不重视对于培养目标而言不同课程之间的系统关系。这样既浪费了学校有限的教学资源，也让学生付出了相当大的成本。

以中国政法大学法学实验班❶的教学为例，其"基础理论课—案例研习课—研讨课—专题课"的教学体系是为实现该校"培养具有厚基础、宽口径、高素质、强能力的高级法律职业人才"的培养目标而专门设立的。但是，法学实验班的行政管理在法学院，学生培养所依靠的教学资源却分布在法学院、民商法学院、刑事司法学院及国际法学院四大法学院以及其他教学、科研机构，在组织教学上虽然法学院做了很多努力去沟通协调，但是仍有很多不足之处；而且从培养方案修订和执行上看，学院缺乏自主权，提出的部分建议和部分调整难以施行。基于上述原因，实践中出现"同一门课程、相近的内容反复讲授四遍"的情况。

虽然目前法律院校均开设有案例课、研讨课、法律文书写作等相关的课程，但是在实践教学中，此类课程存在诸多问题。以中国政法大学培养方案为例，针对普通法学本科生的培养方案中，虽然要求学生必须修满若干学分，但其实质是必须至少选择两门案例、研讨类课程，进度为每学期学习一门课程，实则学生仅需连续两学期、每学期选择一门相关课程学习即可，其强度不高。加之有上述重复教育的问题，案例、研讨类课程起到的作用目前仍十分有限。针对法学实验班学生的培养方案中对研讨课课程组进行扩大，原实验班培养方案中研讨课程只有8门，分布在6个学期，每学期仅开设1~2门，现培养方案将研讨课程扩充到15门，分布在5个学期，是一大进步。但是该校法学实验班的模式仅是个例，目前，绝大多数法律院校的现状与该校针对普通法学本科生的培

---

❶ 2008年教育部批准中国政法大学进行法学教育模式改革试点，实施"六年制法学人才培养模式"改革。2010年以"六年制法学人才培养模式"为基准模式的"高级法律职业人才培养体制改革"被确定为国家教育体制改革试点项目。2013年，中国政法大学牵头、吉林大学和武汉大学参与共建的司法文明协同创新中心获得教育部、财政部的认定，为发挥司法文明协同创新中心在学科建设、科学研究和人才培养方面的优势，中国政法大学决定司法文明协同创新中心参与"2011计划法学改革实验班"（简称法学实验班）建设。

养方案相似。

此外，法律院校虽已开设案例课、研讨课、法律文书写作等相关课程，却没有形成系统的教育模式。而英美法系国家普通法课程的基本核心应该包括培养判例阅读技能的课程、培养制定法阅读技能的课程、培养研究与写作技能的课程，而且应当循序渐进地依次安排学生进行学习这三类课程，其中判例阅读技能作为最基础的课程应当被分配更多的学时。❶ 但这些问题还未受到我国各大法律院校的关注。

（三）法学教育虽定位为职业教育，但教学与司法实践脱节

当前法学教育虽然定位为职业教育，然而，法律院校并未按照职业教育的要求安排课程设置，未采取符合职业教育要求的教学方法，教学与司法实践相脱节。

学者有言："法学作为一门古老的学问，其更为久远而深刻的传统中蕴藏着的是一种'实践理性'与实践智慧。古老的法学更是法律的实践知识与学问，或者说是以特定的概念、原理来探求法律问题之答案的学问，实践性是法学的学问品格，经验理性是法学的实践性格。"❷ 因此可知，法学这种带有很强实践性的知识与司法实践是密切相关的，这使得法科生需要在真实的情境中训练与感悟，而不能仅仅依靠课堂上的讲授。

但遗憾的是，长期以来国内法学教育注重理论、着重于学生对知识的记忆，不重视解决问题的能力，轻视法律实践技能，实际上，从法学知识到解决问题的实践能力之间是存在距离的。我们的法律院校要做的其实不是教会学生"像律师一样思考"，而是让他们学会"像律师一样解决问题"，而这之间相隔的恰是理论与实践之间的鸿沟。实现这一跨越，解决之道在于构建两者间的桥梁，而桥梁正是提升实践性法学教育。

《意见》提出要"强化学生法律实务技能培养，提高学生运用法学与其他学科知识方法解决实际法律问题的能力，促进法学教育与法律职业

---

❶ 何美欢：《论当代中国的普通法教育》，中国政法大学出版社2011年版，第128页。

❷ 舒国滢："并非有一种值得期待的宣言——我们时代的法学为什么需要重视方法"，载《现代法学》2006年第9期。

的深度衔接"。提出"强化法学实践教学环节",是我国法学教育的一大进步,必将推动实践教学的发展,但是我们又不得不面对这样一个事实,即《意见》对法学实践教学的界定仍然存在个别误区,其对实践教学的界定是:"加大实践教学比重,在校内办好案例教学、模拟法庭、法律诊所,在校外建设法学实践教学基地。"这一界定反映出法律院校及《意见》并未意识到什么是真正的实践教学,同时,虽然意识到校外实习的重要作用,但由于对校外法学实践教学基地的建设缺乏具体的指导规则,导致理论与实践相脱节,法学教育与职业教育不衔接。

首先,必须明确什么是实践性法学教学。一言以蔽之,Learning by Doing,也就是"做中学",体验式学习。❶ 这个概念最简单、明确,不易混淆。但是国内法学教育界不少人把案例教学、案例研讨课、实务讲座等视为实践教学,这些和实践教学确实有着密切的关系,但并不是前文意义上的实践教学。此外,也有人把学生的模拟法庭视为实践教学,其实单纯让学生自己组织、缺少规划、设计、反馈、指导的单纯模拟法庭只是实践活动,而不是实践教学,这和美国法学院的常规课程——法庭辩论技巧相去甚远。而案例教学、模拟法庭等均被《意见》列为法学实践教学的环节,显然是对实践性法学教学的误读,是必须纠正的误区。不少院校邀请法律实务人士举办实务讲座,很显然,这些活动对于开阔法科生视野,在使其了解法律实务方面具有很大意义。然而,这不是"做中学"式的实践教学。

按照上述界定,实践教学课程是指把实践教学作为重要和首要的教学方法的课程。实践教学课程包括法律诊所课程、模拟课程以及校外实习三种类型。❷ 其中,法律诊所课程和模拟课程是法学实践教育最主要的两种课程模式。所谓模拟课程,即教师提出一种与真实情况相一致的假设,或使用案例中的情节,要求学生将自己置身于某一特定角色之中,完成一项立法任务,拥有一段完成任务的经历,并从经历中反思和总结,

---

❶ 许身健:"明确法学教育培养目标 提升实践性法学教育",载《实践性法学教育论丛(第一卷)》,知识产权出版社2011年版,第5页。

❷ 汪世荣主编:《有效的法学实践教育》,法律出版社2012年版,第38~43页。

学习法律的实际应用、法律技巧以及法律职业伦理。比较典型的模拟课程包括法庭论辩、模拟调解等。❶ 然而此类课程并没有在各大法律院校中普及,必须说明的是,这里与教育部文件中规定的实践教学环节也是有差异的,❷ 实际上,案例教学、模拟法庭活动等都不包含在实践教学课程之内。

认真审视已经发展十多年,相对较为成熟的法律诊所课程,也存在很多问题。第一,法学教育界对诊所教育的认识和定位仍然存在不明确之处。由于对诊所教育的认识和定位不明确,很多法律院校认为诊所教学和专业实习是冲突的,把诊所教育局限在校园之内,更有甚者,目前绝大多数法律院校因未能认识到诊所教育模式的长远意义加之师资及资源等问题而未开设诊所课程。第二,与传统教育模式在衔接上存在问题。诊所教育要求学生通过自己的思考寻找解决问题的方法,指导教师也只是通过辅助性方式来启发学生的思考。实践中,不仅学生不能摆脱依赖教师的习惯,教师也常不自觉回到课堂教学的授课方式中。第三,案件无法满足诊所教学的需要。由于我国目前的诊所大多为校内诊所,因此诊所教育的案件主要是依靠一些与法学院有关系的法律援助中心或者律师事务所提供。其中,律师事务所的案件数量和质量尚能保证,但是对于依靠法律援助中心提供案件的诊所来说,学生接触到的案件绝大部分是上访类案件,其中真正有代理价值的案件少之又少,在这些诊所中,很多时候学生能做的只是代当事人撰写法律文书,并没有机会去收集证据、接触各方当事人乃至出庭辩护。第四,诊所教师配备存在不足。诊所教育不同于一般的课程,其实践性极强,学生需要更有针对性的指导,因此诊所教师和学生的数量应达到一定的比例,美国通常是1∶8左右,但是我国教学资源存在较大限制,有的法律院校只能达到1∶15。另外,很多法律院校对诊所教师的选任重视不够,选出的教师未必能够胜任诊

---

❶ 袁钢:"中国法学实践教学的基本理论",载《中国政法大学教育文选(第十五辑)》,中国政法大学出版社2014年版,第11页。

❷ 教育部《普通高等学校本科专业目录和专业介绍》中规定,主要实践性教学环节包括见习、法律咨询、社会调查、专题辩论、模拟审判、议案讨论、实习等。

所教学，这对于诊所教育的教学质量的实现影响是非常大的。第五，重职业技能培养，轻职业伦理教育。学生接受诊所教学的过程中会接触到各方面的社会现实，而学生涉世未深，当前司法系统内的一些流弊极可能对学生的思想认识产生一系列消极的影响。同时他们也可能因遭受代理失败而对自身能力产生怀疑、对司法公正失去信心，甚至更有可能使得部分学生为走捷径而学会不正当的办案手段。这些"副作用"都是我们不希望看到的，也恰恰是我们通过职业伦理教育可以避免的，但遗憾的是，实践中的法律诊所往往忽视这方面的教育和培养。❶

就校外实习而言，尽管几乎所有法律院校都关注校外实习基地建设，但由于缺乏统筹安排，责任分配不清导致管理混乱。表现之一是，学校培养方案对学生参与校外实习的要求一般是有 3 个月以上的校外实习即可，既没有要求必须分别在法院、检察院、律师事务所、政府法制部门等不同法律实务部门实习，也没有要求在某一法律实务部门的哪个具体业务部门实习，更没有要求在某一法律实务部门实习的具体期限。实践中的表现是，学生可能只是在当地基层法院实习 3 个月，其工作主要是整理、装订卷宗，并不或很少涉及审查立案、草拟法律文书等实质内容，而且学生对于检察院、律师事务所、政府法制部门的相关情况完全不了解，就能获得校外实习的学分。表现之二是，由于学校和校外实习基地之间缺乏明确的责任分配，即学生在该实习基地应当着力训练哪些法律技能不明确，导致校外实习"走过场"，实习学生被当作廉价劳动力使用，接受的多是如整理、装订卷宗等临时性的工作任务。这些工作不能说没有意义，然而，这不是符合实践教学要求的有效实习。这种实习象征意义远远高于实际意义。

（四）评估机制不完善

所谓评估，是指依据一定的教育目标，以现代法学教育发展观为指导，以评估对象为主体，评估双方在相互尊重与信任的基础上，共同制

---

❶ 程滔、钱丽鑫：" 论我国的法律诊所教育模式"，载《实践性法学教育论丛（第一卷）》，知识产权出版社 2011 年版，第 35~37 页。

定双方认可的发展目标,运用适当的评估技术与方法,实现双方达成的评估目标的过程。❶ 从该定义可知,实现评估的前提是有一定的教育目标,教育目标越清晰、具体,就越能最大化实现评估的效果,反之,如果教育目标模糊不清,评估也将沦为空谈,甚至根本无法进行。

《意见》提出了卓越法律人才的 16 字基本要求,又将卓越法律人才细分为三个类型,分别对每个类型的卓越法律人才应具备的独特的素质、能力进行了概括。理论上应当建立四套评价机制,分别对应卓越法律人才的基本要求和三个具体类型卓越法律人才的特殊要求。如前文所述,《意见》提出的培养目标尚不具体,这就造成法律院校对培养目标缺乏精确把握,实践中造成诸多问题,缺失具有针对性的评估机制也是问题之一。

就评估形式而言,目前,大多数法律院校对于传统理论课程还停留在单纯依靠考试成绩对学生学习效果进行评估的阶段。然而,依靠考试成绩对学生进行评估,实质上只完成了对学生的认知评估,即对学生的学习和掌握的知识进行的评测,却并没有完成对学生的行为评估、实作评估、态度评估,❷ 更不用说综合评估。而单一的评价方式也说明了我们的法律院校过分强调理论体系的传授,却没有引导、教育学生做好未来的职业准备。令人遗憾的是,同样的问题也存在于实践教学课程的评估中。在很多校内诊所和校外实习中,多数是由监管学生工作的教师根据主观意见评定分数,这样的评价往往反映的是学生整体性的表现,评价随意性较大,并不必然反映学生在课程中学到了些什么、能力得到了何种提升。

选择评估的目标和方法直接影响学生的学习,竞争的、多样的评估方法可以带来深入的学习、专题演练和强调要求理解示范的工作。因此

---

❶ 李秀华:"诊所法律教育质量评估机制研究",载《实践性法学教育论丛(第三卷)》,知识产权出版社 2014 年版,第 130 页。

❷ 行为评估,即评测学生在进行课程学习之前和之后的变化。实作评估,即评测学生执行"专为评估而要求学生执行的任务"的能力。态度评估,即评测学生在进行课程学习之前和之后的不同态度。参见[美]罗伊·斯塔基等:《完善法学教育》,许身健等译,知识产权出版社 2010 年版,第 228 页。

法律教育者应当认真考虑评估什么和如何进行评估。高效的评估应当具备正确性、可靠性和公平性。正确性，是指评估方法必须能实现专门为其设计的目的；可靠性，是指测试或者评估程序可以重复使用并产生相同的结果；不正确、不可靠的评估显然不具有公平性。在时间压力下，在期末进行唯一的、孤注一掷的论文或其他考试的方式忽略了上述三项标准，这种考试可能既不正确，又不可靠，也不公平。❶

（五）国际化标准不清晰

随着经济全球化程度不断加深，中国越来越高度融入国际经济新秩序，国际化法律人才培养在经历了比较漫长的探索之后，已逐步在国际性法科师资的引进和分类、涉外法律人才培养方案的制订和完善、留华法科生源的多元渠道开拓、法科国际交流与合作模式改进等方面进行了不少关键问题的改革和创新。《意见》出台后，22所法律院校相继设立"涉外法律人才教育培养基地"，以国家计划内待分配资源的倾斜性投入为新的起点，又开始步入了"相对建制化发展"的新阶段。❷

但是，当法律院校随从国家教育主管部门释放的信号，开始转向以职业主义为导向的卓越法律人才培养目标时，仍难回避决定着资源倾斜性投入力度的教育部法科一级学科评估。因此，其指向国际化指标显得极为粗糙，相距获取客观评估国际化办学水平的关键信息差之甚远。这一缺陷在相当程度上影响了法律院校的国际法律人才培养思路和质量，乃至已在相当程度上导致部分法律院校的国际化办学长期低水平徘徊及重复建设。那么，以职业主义这一新的导向提出卓越涉外法律人才培养目标后，到底如何构建更为精准的法律院校国际化办学观测指标体系，以接轨抑或接近于国际惯例的标准，更为货真价实地进行国际化办学水平评估，便成为顶层设计亟需解决的问题。❸

---

❶ ［美］罗伊·斯塔基等：《完善法学教育》，许身健等译，知识产权出版社2010年版，第224~227页。

❷ 杨力："职业主义导向的国际法科人才培养改革"，载《上海交通大学法学院法学教育研讨会论文集》，2016年5月。

❸ 同上书。

此外，国内法律院校越发热衷于国际化人才培养，除了是为了弥补国家长久以来涉外法律人才稀缺的短板，还在于借此迅速扩大声誉，以迅速跻身世界或国内一流法学院。加之前述国际化标准尚不清晰，导致国内诸多法律院校在培养国际化卓越法律人才时伴随着形式主义、功利主义、短视主义的弊病。具体表现为以下两个方面。

（1）以对外学习交流为名的假期班泛滥。法律院校在寒暑假期间争相推出赴欧洲、美洲等世界知名法律院校学习交流的假期班，虽然期限大多为3周左右，但费用动辄数万元，而且仔细了解假期班日程安排就会发现，真正涉及法学专业知识、技能的课程与培训只是其中一部分，相当多的时间被用于安排参观、游览。事实上，此类假期班的目标非常分散，而且因其价格昂贵，受众较小，对法科生整体的专业能力的提升非常有限。

（2）某些法律院校对国际模拟法庭等竞赛过于重视，却忽略了对学校学生整体能力的培养。不可否认，参加模拟法庭等国际竞赛并取得名次能够为学校增光，同时参与竞赛的学生亦收获良多，但是必须注意到，这种方式是极不经济的。目前各大法律院校组织参赛队伍的方式多为直接挑选很小部分英语能力、专业能力强的学生进行专门性集中训练，以达到取得优异成绩的目的，这就意味着某校的竞赛队伍实力或许很强，但并能不代表该校培养的法科生普遍具备相应能力，更不意味着该校学生能够普遍受益。培养具备国际化能力的卓越法律人才，我们需要的不是"奥运金牌战略"式的标志性成果，而是"全民健身"式的普遍能力提升。

二、何为卓越法律人才——美国法学教育的借鉴

如何界定卓越法律人才的内容，即法学院培养人才的标准是什么，正如前文所述，对于这一问题，包括卓越法律人才计划在内，法学教育界尚未达成共识。美国律师协会（American Bar Association，ABA）以及诸多学者都对这一问题进行过探讨，提出过一系列清单式的标准。对诸多观点加以比较分析、归纳概括，还是可以发现其中存在共性，而这些共同因素可以认为是美国法律界公认的法律人才衡量标准。以下对

ABA 以及具有代表性的学者观点加以比较，并在此基础上进行归纳概括，探讨美国法律界在这一问题上的共识。❶

（一）ABA 的观点

1991 年，ABA 下属的法学教育和律师资格部在《关于基本的律师执业技能和职业价值的声明》中就提出了"基本的律师技能"，ABA 认为律师应当具备的基本技能有 10 项，分别是：（1）问题解决能力；（2）法律分析和推理技能；（3）法律研究技能；（4）事实调查技能；（5）交流技能；（6）咨询技能；（7）谈判技能；（8）诉讼和非诉讼争端解决程序；（9）运作和管理法律工作；（10）认识和解决伦理上的两难问题。ABA 还对这 10 项基本技能有着更为细化的要求，具体而言如下。

（1）问题解决能力方面。为了制定和评估解决问题的策略，或者实现某个目标，律师应当熟悉下列活动所涉及的技能和概念：识别和诊断出问题；制订出替代性的解决方案和策略；制订一个行动计划；贯彻该计划；在该计划的贯彻过程中吸纳新的信息和新的理念。

（2）法律分析和推理技能方面。为了分析和适用法律规则和原则，律师应当熟悉下列活动所涉及的技能和概念：识别和归纳出法律问题；归纳出相关的法律理论；深化法律理论；评估法律理论；批评和综合法律观点。

---

❶ 这里提及借鉴美国法学教育的经验，必然要面对如下疑问："世界上的法学教育模式并非只有美国一种。教学模式本身没有好坏之分，只有是否符合本国国情的区别。"需要强调指出，这里详尽地分析美国法学教育的经验，并非仅仅出于参考文献丰富的考量，当然，美国法学教育界的相关文献是极为丰富的。更为直接的原因是基于美国法学教育的影响力，何美欢认为，"美国从 1870 年到 1920 年间发展的大律师事务所（'大律所'）执业模式现在已成为世界标准"。在这种情况下，许多国家的商业律师以及法科生不约而同地选择到美国法学院读 LLM（Master of Law）等学位。美国法学院的案例教学、模拟教学及法律诊所等教学方法不同程度影响到其他国家的法学教育。日韩走得更远，其法学教育改革的核心是直接改为美国式的学士后法学教育模式，建立美国式的法学院。最后有一点需要特别注意，美国针对高等教育的著名《卡内基报告》首先提出了"卓越法律人""卓越医生"以及"卓越工程师"等概念，而我国教育部等机构提出的"卓越法律人才"一词显然是受到这个报告的影响。如果将法学教育定位为"职业教育"，美国法学教育所具有的丰富职业教育经验是值得借鉴的。而德国、法国等国的法学教育在职业教育的意义上可以参考，与美国法学教育相比，借鉴意义不大。

(3) 法律研究技能方面。为了识别法律问题并彻底、有效地研究这些问题,律师应当:具有关于法律规则和机构性质的知识;具有使用最基本的法律研究工具的知识和能力;理解设计和贯彻连贯、有效的研究设计的程序。

(4) 事实调查技能方面。为了策划、指挥和(在需要的情况下)参与事实调查,律师应当熟悉以下活动所涉及的技能和概念:确定事实调查的需要;策划事实调查;贯彻调查策略;以一种可以了解的形式记忆和组织信息;决定是否终止事实收集程序;评估已经收集到的信息。

(5) 交流技能方面。为了有效地进行交流,无论是口头交流还是书面交流,律师应当熟悉下列活动所涉及的技能和概念:评估交流受众的观点;使用有效的交流方法。

(6) 咨询技能方面。为了就决定或者行动向委托人提供咨询,律师应当熟悉下列活动所涉及的技能和概念:根据律师作用的性质和范围确立咨询关系;收集与所作决策有关的信息;就所要作的决策进行分析;就所要作的决策向委托人提供咨询;明确并贯彻委托人的决策。

(7) 谈判技能方面。为了在争端解决及交易事项中进行谈判,律师应当熟悉下列活动所涉及的技能和概念:谈判准备;进行谈判;就谈判中从对方获得的条件同委托人磋商并贯彻委托人的决定。

(8) 诉讼和非诉讼争端解决程序方面。为了运用(或者建议委托人运用)诉讼还是非诉讼争端解决程序,律师应当理解这些程序的潜在功能和后果,应当对下列事项的基本情况有有效的认识:初审法院的诉讼;上诉审法院的诉讼;行政裁决活动中的辩护;其他争端解决活动的程序。

(9) 运作和管理法律工作方面。为了有效地执业,律师应当熟悉有效管理所必需的技能和概念,包括:为有效的执业管理制定目标和原则;制定制度和程序,以保证时间、努力和资源能够得到有效的配置;制定制度和程序,以保证工作是在适当的时间内执行和完成的;制定制度和程序,以保证与他人一起有效地工作;制定制度和程序,以保证律师事务所的有效管理。

(10) 认识和解决职业伦理两难问题方面。为了在代理委托人时遵守现行的伦理标准,律师应当熟悉下列事项:伦理标准的性质和渊源;执行伦理标准的方式;认识和解决伦理上两难问题的程序。

如上所述,我们从 ABA 所列举的基本技能中可以看出其非常看重三类能力或素质,分别是理解与掌握法律基础知识、法律实务技能以及法律职业伦理。ABA 的 10 项能力就是在这三大模块框架下具体展开的。在对法律规范的理解与掌握方面,ABA 要求律师应当能够分析和适用法律规则和原则并研究法律问题。在法律实务技能方面,ABA 则要求律师应当胜任调查、交流、谈判等方面工作,从而让文本中的法律能够切实的解决实践当中的问题。而在职业伦理方面,ABA 要求律师应当学会处理利益冲突等伦理困境并且能够积极参与社会公益活动。

(二)学界代表性观点

除了 ABA 之外,美国法学界对于法律人才标准的探讨也从未停止。以下将对其中一些具有代表性的观点加以阐释。

1.《卡内基报告》的观点

卡内基基金会长期以来关注法学教育的发展,曾围绕法学教育问题发行过一份专门的《卡内基报告》,该报告作者认为,(法学)教育应当面向知识、技能以及态度,要使职业人员准备好执业需要完成 6 项任务:(1)使法科生拥有基础知识和基础技能,特别是基于研究的学术知识;(2)使法科生具有投身复杂法律执业的能力;(3)使法科生学会能在不确定的情况下决策;(4)教会法科生如何在经验中学习;(5)将法科生领入创造性的训练当中,使其加入负责任的、有效的职业群体;(6)促使法科生有能力也愿意加入公共服务。❶ 该报告立足于培养合格法律人才,向法学教育者提出了要求,教育者应当兼顾到法科生在知识、技能以及态度三个方面的学习需求。

虽然与 ABA 的表述有所差异,其侧重点也有不同,但是总体来看《卡内基报告》依旧是从法律基础知识、法律实务技能以及职业伦理三个

---

❶ [美]罗伊·斯塔基等:《完善法学教育》,许身健等译,知识产权出版社 2010 年版,第 17~18 页。

模块进行展开。第一个模块强调法科生应当拥有基础知识，特别是基于研究的学术知识。第二个模块则强调法科生应当具备法律执业能力，能够在不确定的情况中作出决策并且可以从实践经验中学习成长。而第三个模块则十分强调法科生参与公共服务的重要性，从而凸显法律职业的公共性与公益性。

2. 法学院准入理事会的观点

法学院准入理事会（LSAC）在推进法学院准入考试（LSAT）时，界定了26个与律师执业有效性相关的因素，以下这些因素的排列顺序是随机的，并不代表其重要程度：（1）问题解决；（2）执业判断；（3）激情与参与；（4）分析与推理；（5）创造力与创新力；（6）诚实与正直；（7）写作；（8）社区参与及服务；（9）建立客户关系并提供建议和意见；（10）组织和管理工作；（11）事实发现；（12）自我发展；（13）研究法律；（14）演讲；（15）通过他人试验审视世界的能力；（16）策略规划；（17）网络与商务发展；（18）压力管理；（19）倾听；（20）影响力和说服力；（21）质疑和会见；（22）谈判技能；（23）谨慎；（24）组织和管理他人或者同事；（25）评估、执行和指导；（26）培养关系。❶

法学院准入理事会罗列的26项因素中，我们可以看出除了研究法律、分析推理等法律基础理论方面的能力外，其十分看重实务技能与职业伦理，对这两个模块作出了较为全面的罗列，这体现出该理事会非常重视法律实务中的具体问题。执业判断、写作、事实发现、演讲等一系列实务技能都是十分具体而有操作性的，而且对于网络与商务发展的强调也更加体现出其对于社会实践与发展的关注。职业伦理方面，激情、诚实、正直以及谨慎等也都是律师职业伦理的基本要求。

3. 罗杰里奥·赖索教授的观点

罗杰里奥·赖索教授认为，好律师应当具备4项能力，分别是知识、技能、观点和个性。其中：知识包括专业知识和一般知识，对于知识应当具备认知和分析能力；技能包括获取和处理信息的必备技能，律师可

---

❶ ［美］罗伊·斯塔基等：《完善法学教育》，许身健等译，知识产权出版社2010年版，第46页。

以运用这些能力将现有状况向好的方向转变；观点是指律师能从历史的、政治的、伦理的、道德的等不同方面考虑法律问题及其可能的解决方法；个性是指律师从事执业行为或者其他有关行为相关的个性特色。❶

4. 朱迪·杨格教授的观点

朱迪·杨格教授认为法学院的毕业生应当具备 8 种能力：（1）将问题置于适宜的实体法中，换言之，发现问题，用适宜法律解决问题；（2）尽最大努力潜心研究法律图书馆，获得宝藏；（3）会符合语法、形式、清晰的写作；（4）会符合语法、形式、清晰的演讲；（5）在图书馆之外发现应当知道的事实，包括倾听的能力；（6）作出正确的判断；（7）协调法庭、客户、立法机构和政府机构间的关系；（8）会使用社会知识来解决问题，在解决办法中合理运用非法学方法。❷

在朱迪·杨格教授的清单中，我们可以看出其对于法律基础理论与法律实务技能的强调。在基础理论方面，她认为法科生应当可以用法律的思维去研究问题、解决问题，同时还应当具备一定的非法学知识。而在实务技能方面，她认为写作、演讲、沟通以及职业判断等一系列技能都是非常重要的。但值得注意的是，在她的清单中似乎缺少对于职业伦理的强调。

5. 罗伊·斯塔基教授的观点

罗伊·斯塔基教授认为，总体来说，律师的准入级别能力应包括：（1）表明能在一定境遇下，包括在有争议和无争议的工作中，采取适宜的操作和行为；（2）表明能感性地、有效地与客户、同事以及具有不同社会、经济和伦理背景的人交际的能力，具备辨别和积极适宜回应文化问题和可能影响交流技巧和客户目标的问题的能力；（3）使用技巧与客户、同事或者其他专业人员进行有效交流；（4）认知委托人财务的、商业和个人的限制和特权；（5）有效解决问题的能力；（6）有效使用现有科技和对策来存储、恢复、分析信息，进行事实和法律分析；（7）表明

---

❶ [美] 罗伊·斯塔基等：《完善法学教育》，许身健等译，知识产权出版社 2010 年版，第 47 页。

❷ 同上书，第 48 页。

能够认识到法律职业中的商业环境，包括法律服务市场；（8）认识和解决伦理困境；（9）使用风险管理技能；（10）认知个人和职业的优缺点，鉴别个人知识不足，实施提高个人能力的计划；（11）管理个人工作负荷，有效率和并行处理客户事务；（12）团队合作。❶

与法学院准入理事会相似的是，罗伊·斯塔基教授也十分强调法律实务能力，除了沟通交流能力、事实调查以及团队合作能力外，他还提出了风险管理、时间管理以及工作负荷管理等能力，为我们提供了新的视角。同时他也对科技的发展保持着关注，提出了有效使用现有科技的要求。另外，他的清单中对法律基础知识与职业伦理的要求也是同样存在的。

（三）基本共识

从前文对于 ABA 与美国有代表性的学者关于法律人才标准的探讨中，我们可以发现其涉及法律人执业的方方面面，最大的特点在于精细化、具体化。同时由于美国的法学教育是十分典型的职业化教育，因此法律实务技能在法学教育中占有十分重要的地位。

为了提取美国法律界对于人才标准的共识，我们可以先按照一定的逻辑标准对这些技能进行分类，再在此基础上寻找各观点的共同之处。本文将按照法律基础理论、法律实务技能、法律职业伦理三个维度对上述各观点进行分类。

1. 法律基础理论

在法律基础理论方面，各个观点都有涉及和论述。在这一领域的第一个共识是法科生应当知晓法律的基本内容。这里的法律既包括实体法，也包括与争端解决相关的程序法；既包括判例法，也包括成文法。这一要求是基础性的，因为知晓规则的内容是法科生进行执业、提供法律服务的前提。ABA 的观点是律师应当具有关于法律规则和机构性质的知识；具有使用最基本的法律研究工具的知识和能力。《卡内基报告》认为（法学教育应当）使法科生拥有基础知识和基础技能，特别是基于研究的

---

❶ ［美］罗伊·斯塔基等：《完善法学教育》，许身健等译，知识产权出版社2010年版，第50页。

学术知识。罗杰里奥·赖索认为好律师应当具备的知识包括专业知识和一般知识，对于知识应当具备认知和分析能力。朱迪·杨格认为法学院的毕业生应当具备将问题置于适宜的实体法中的能力，换言之，应当具备发现问题并用适宜法律解决问题的能力。

第二个共识是法科生应当具备法律分析和推理技能。分析是指法科生应当可以将法律规范拆分成具体的规范要素，例如，条件、行为模式与法律后果等。推理是由一个或几个已知的前提推出结论的过程。ABA要求律师应当熟悉下列活动所涉及的技能和概念：识别和归纳出法律问题；归纳出相关的法律理论；深化法律理论；评估法律理论；批评和综合法律观点。法学院准入理事会认为法科生应当具备研究法律的能力。罗伊·斯塔基认为律师的准入级别能力应包括有效使用现有科技和对策来存储、恢复、分析信息，进行事实和法律分析。

2. 法律实务技能

法律实务技能是指在法律人执业过程当中主要依靠经验获得，使得自身法律知识能够真正为委托人有效服务的能力。由于实务技能在法律知识之外，所以各个观点对于实务技能的看法也有所差异，特别是随着时代的发展，实务技能本身也处于不断变动之中。但是从功能主义的视角观察，还是可以看到一些共通之处的。

在法律实务技能方面，第一个共识是解决问题的能力。这一能力是指面对困境和问题，法科生能够分析其原因并据此对问题加以解决的能力。ABA要求为了制定和评估解决问题的策略，或者实现某个目标，律师应当熟悉下列活动所涉及的技能和概念：识别和诊断出问题；制定出替代性的解决方案和策略；制定一个行动计划；贯彻该计划；在该计划的贯彻过程中吸纳新的信息和新的理念。法学院准入理事会也要求法科生具备问题解决的能力。罗杰里奥·赖索认为法科生应当具备获取和处理信息的必备技能，可以运用这些技能将现有状况向好的方向转变。另外，朱迪·杨格、罗伊·斯塔基也都认同有效解决问题的能力。

第二个共识是事实调查能力。事实调查能力是指法科生对于过去发生的事实按照法律要素进行重现复原，使其变为法律事实的能力。ABA

要求律师应当熟悉以下活动所涉及的技能和概念：确定事实调查的需要；策划事实调查；贯彻调查策略；以一种可以了解的形式记忆和组织信息；决定是否终止事实收集程序；评估已经收集到的信息。法学院准入理事会在第11项因素中强调了事实发现的能力。朱迪·杨格的表述则是"图书馆之外发现应当知道的事实"。

第三个共识是交流的能力。交流的能力是指法科生应当能够在与相关人员的交谈中引导谈话或有效提取所需信息。ABA要求律师应当熟悉下列活动所涉及的技能和概念：评估交流受众的观点；使用有效的交流方法。法学院准入理事会则提出了第19项要素倾听和第21项要素质疑、会见。罗伊·斯塔基则认为法律人在入门级别应当拥有感性地、有效地与客户、同事以及具有不同社会、经济和伦理背景的人交际的能力。

第四个共识是咨询技能。咨询技能是指法科生能够对当事人提出的法律问题给予回答的能力。ABA要求律师应当熟悉下列活动所涉及的技能和概念：根据律师作用的性质和范围确立咨询关系；收集与所作决策有关的信息；就所要作的决策进行分析；就所要作的决策向委托人提供咨询；明确并贯彻委托人的决策。法学院准入理事会第9项要素为建立客户关系并提供建议和意见。

第五个共识是谈判技能。谈判技能是指法科生为了委托人利益，与委托人的相对方进行协商从而确定双方权利义务的能力。ABA要求律师应当熟悉下列活动所涉及的技能和概念：谈判准备；进行谈判；就谈判中从对方获得的条件同委托人磋商并贯彻委托人的决定。法学院准入理事会在第22项提及了谈判技能。

第六个共识是管理能力。管理能力是指法科生应当具备合理调配时间、精力、风险以及人力资源等事项的能力。ABA要求律师应当熟悉有效管理所必需的技能和概念，包括：为有效的执业管理制定目标和原则；制定制度和程序，以保证时间、努力和资源能够得到有效的配置；制定制度和程序，以保证工作是在适当的时间内执行和完成的；制定制度和程序，以保证与他人一起有效地工作；制定制度和程序，以保证律师事务所的有效管理。法学院准入理事会第24项要求组织和管理他人或者同事的能力。罗伊·斯塔基认为律师的准入级别能力应包括使用风险管理技能以及管理个人工作负荷，有效处理客户事务的能力。

3. 法律职业伦理

法律职业伦理是法律人在职业过程当中必须遵守的价值规范及职业行为规则。律师职业伦理不仅要求法律人要勤勉尽责，更要求妥善处理好自身利益与委托人利益，不能因为自身利益损害委托人利益。在职业伦理方面各个观点有很多共通之处。

第一个共识是了解职业伦理的内容。这一要求是指法科生在学习当中必须要对职业伦理课程进行学习，了解其内容以及背后的具体考虑。ABA 要求法律人应当熟悉伦理标准的性质和渊源。法学院准入理事会则在第3、5、6以及23项具体规定为激情与参与、创造力与创新力、诚实与正直以及谨慎。

第二个共识是评估并防止伦理风险。这一要求是指法科生应当具备在实务当中识别、评估以及解决伦理风险的能力。ABA 要求律师应当熟悉认识和解决伦理上两难问题的程序。罗伊·斯塔基也认为律师的准入级别能力应包括认识和解决伦理困境的能力。

第三个共识是参与公益服务。这一要求是指法科生应当有能力也有意愿投身于捍卫公共利益的事业当中。《卡内基报告》认为（法学教育应当）促使法科生有能力也愿意加入公共服务。法学院准入理事会也在第8项要求社区参与及服务。

以上便是笔者对于 ABA 以及各代表性学者的观点所形成的共识作出的一个简要的梳理。虽然无法周延到美国法律人才标准的所有方面，但笔者认为这些共识已经从基础理论、实务技能以及职业伦理三个层面覆盖到了最重要、最基础的标准。因此可以认为，前文这三个层面的共识就是美国法律界对于何为优秀法律人才标准的最基本回答。同时伴随着社会的不断发展，美国法律界也在不断更新着这一标准体系，使之更加符合社会的现实需求。

三、卓越法律人才的中国标准

卓越人才计划对于卓越法律人才的界定标准过于粗糙，使得这一雄心勃勃的计划在实践中出现了很多问题。法学界对此已经有过一定的讨论，但还未引起广泛的重视。立足于我国具体情况，并借鉴美国法学教育的相关经验，有必要确定卓越法律人才的中国标准。

（一）总体思路

正如前文所言，卓越人才计划对于法律人才提出了"信念执着、品德优良、知识丰富、本领过硬"的16字要求。并在此基础上进一步提出了复合型、应用型以及国际化的要求。复合型、应用型要求厚基础、宽口径，适应多样化法律职业要求，强化职业伦理教育、强化实务技能培养、强化跨学科知识培养。而国际化则要求具有国际视野、知晓国际规则能够参与国际法律事务的法律人才。

令人遗憾的是，这种对于卓越法律人才标准的表述仍然失之于粗糙，缺乏更加精细、具有可操作性的标准。但无可否认，这些要求为我们确立了最基本的模块。从"知识丰富""复合型""厚基础""跨学科"等词组我们可以看到对于法律人才法学理论基础以及跨学科知识的强调；从"本领过硬""应用型""强化实务技能培养"等词组可以看出对于实务技能的重视；从"强化职业伦理教育"可以看出对于职业伦理的强调；从"国际视野""国际规则""参与国际法律事务"等词组可以看出对于国际化的重视。因此，在卓越人才计划中，我国法律人才的衡量标准基本上可以划分为理论基础、实务技能、职业伦理以及国际化四大模块。

这四大模块与美国法律界所达成的共识有很多相似之处，但是美国标准并不能直接照搬照抄。特别是由于美国本身属于发达国家，法律制度较为完备，并且自身革新能力较强，因此其较少借鉴其他国家立法和判例，加之国际事务中美国一般都作为规则制定的主导者，故而其法律界较少强调国际化这一模块。但我国作为发展中国家，在国际规则的制定和实施方面拥有的话语权都较少，亟需加强，因此需要大力培养具有国际化视野和能力的法律人才，对于国际化模块的强调也就成了题中之意。

所以我们当下最需要做的就是立足我国具体情况，并参考美国相关标准及我国法学界研究成果，细化这四大模块中的具体标准，从而使得我们的法学教育更加具有针对性和实效性。

部分学者对我国法律人才评价标准不清晰的问题已经做过了一定的研究，其中较有代表性的学者是何美欢教授。她认为"以培养精英律师为目的的法学专业教育应该提供智能技能（Intellectual Skills）的培育，具体内容应包括以下知识传授和技能训练（先后次序不以重要性排列）：（1）对实体法的足够知识；（2）认定法律问题和就法律问题构建有效和中肯切题的论证的能力；（3）明智地运用一切资料进行研究的能力；（4）明白任何法律的基础政策以及社会环境的能力；（5）分析和阐明抽象概念的能力；（6）识别简单的逻辑上和统计上的错误的能力；（7）书写和讲述清楚简明的汉语的能力；（8）积极学习的能力；（9）认定和核实任何与法律问题相关的事实的能力；（10）分析事实和就被争议的事实构建或批评某论证的能力；（11）对法律实务和程序的足够知识；（12）有效率地适用法律的能力，即解决问题的能力"。❶

从何美欢教授的观点中我们可以看出她提出的12项内容主要着眼于前文所述四大模块中的前两大模块，即理论基础和实务技能，第1～6项可以被视为第一模块理论基础标准，第7～12项可被视为第二模块实务技能标准。在这12项中，除了同前文共识一致的地方外，我们可以看出她的观点有很多独特之处，例如，立足于中国国情的使用汉语精确表达的能力、识别逻辑和统计错误的能力等。这些独特之处体现出了她对于我国国情以及法律实务独特性的思考。但是我们还是可以看出，何教授未对职业伦理和国际化方面给予足够的重视，没有在其观点中体现出在这两个方面法科生应当具备的素质与能力，因此我们应当进一步对其进行完善。

（二）卓越人才标准的完善

在总结美国法律界对于法律人才具体标准的共识与中国学界研究成果的基础上，以下笔者试图从理论基础、实务技能、职业伦理以及国际化四大模块构建我国卓越法律人才衡量的具体标准，如表1所示。

---

❶ 何美欢："理想的专业法学教育"，载《清华法学》2006年第3期。

表 1　四大模块构建我国卓越法律人才衡量的具体标准

模块	具体内容	解释说明
1. 理论基础模块	(1) 对实体法的足够知识	充分掌握我国主要立法的内容及原理
	(2) 认定法律问题和就法律问题构建有效和中肯题的论证的能力	知晓演绎推理的基本逻辑,能够从法律文本中找到与事实对应的大前提,并结合作为小前提的案件事实得出法律结论
	(3) 明白任何法律的基础政策以及社会环境的能力	了解我国各项立法出台的社会背景以及基本价值
	(4) 分析和阐明抽象概念的能力	对于法律(法学)专业术语能够进行解释、分析以及适用的能力
	(5) 识别简单的逻辑上的和统计上的错误的能力	对于逻辑正确性和统计科学性具备一定的判断能力
2. 实务技能模块	(1) 书写和讲述清楚简明的汉语的能力	可以精确、简明地使用汉语进行表达,包括口头和书面等方式
	(2) 认定和核实任何与法律问题相关的事实的能力	对于可以引起权利义务关系产生、变动和消灭的法律事实,具备调查、核实以及认定的能力
	(3) 分析事实和就被争议的事实构建或批评某论证的能力	对于特定事实,能够分析其法律性质、原因以及影响,并能够将其作为演绎推理的小前提,或者反驳对方作为小前提的事实
	(4) 对法律实务和程序的足够知识	对于法律实务有基本的了解,知道现实中法律业务如何操作
	(5) 有效率地适用法律的能力	能够有效运用法律知识,在特定事实问题面前,给出法律结果作为回答
	(6) 交流的能力	能够有效地与拥有不同社会背景、价值理念、个人性格的客户或者同事进行交流
	(7) 谈判技能	能够为了委托人利益最大化,与相对方进行协商从而确定双方权利义务的能力
	(8) 管理能力	能够合理调配时间、精力、风险以及人力资源等事项的能力

续表

模块	具体内容	解释说明
3. 职业伦理模块	（1）了解职业伦理的内容	了解我国律师职业行为规则以及其他律师行业规范并自觉遵守
	（2）能够评估并防止伦理风险	面对特定情况，能够分析其是否具有导致自身违背职业伦理的风险，并对风险进行防控
	（3）积极参与公益服务	能够投身于公益事业，用自身的法律知识与实务经验保护公众特别是弱势群体的利益
4. 国际化模块	（1）至少掌握一门国际主要语言，特别是英语	能够熟练运用一门外语作为学习、工作语言，包括对话、阅读、写作等方面
	（2）对国际组织规则、世界主要国家立法有一定了解并且能够结合具体问题寻找到所需规范	对联合国、WTO等国际组织规则，以及英美等世界主要国家法律有基本的了解，并掌握查询方法
	（3）对主要国际组织、国家的争端解决程序有一定了解	对主要国际组织、国家的争端解决程序（包括司法程序）有所了解

表1的内容是卓越法律人才所应具备的最基本的素质和能力。同时这些标准还应当随着社会的发展不断调整、充实和完善，绝不是一成不变、墨守成规的僵硬教条。在卓越法律人才衡量标准确定的前提下，我们就可以对我国当前法学教育存在的问题进行有针对性的完善。

四、完善卓越法律人才培养计划的路径

卓越法律人才培养标准明确化之后，就可以对当前我国法学教育存在的问题进行有针对性的完善。法学教育形式多种多样，但总的来说分为理论教学和实践教学。同时由于国际化教育的特殊性，本文也将其单独作为一类。因此，本文将从理论教学、实践教学以及国际化教育三个部分探讨如何完善卓越法律人才培养计划。

（一）理论教学

理论教学方面，正如前文所言，由于当前我国相关标准的缺失，存在课程安排不合理的具体表现为：重要课程的缺失与符号化、重复教育以及法学教育与职业教育衔接不顺畅等问题。面对这些问题，在本文所提出的卓越法律人才标准的指引下，我们可以有针对性地完善我国法学教育。

1. 弥补与改善重要课程的缺失与符号化

相较于笔者提出的卓越法律人才具体标准，正如前文所言一些非常重要的课程，哪怕在诸多一流法律院校也根本没有开设，严重影响了法学教育的成效。其中最为明显的就是法律职业伦理课程的缺失。面对这一问题，我们应当按照卓越法律人才标准逐项对照、查漏补缺，对于法学教育中欠缺之处及时弥补。

特别是对于法律职业伦理教育更应当加以重视，因为这是我国当前法学教育相较于卓越法律人才标准最为短缺和空白之处。对于职业伦理教育而言，笔者认为应当主要从以下三个方面加以完善。

（1）观念的转变。当前我国法学界对于职业伦理教育的态度已经有了较为明显的好转，逐步认识到了职业伦理教育的重要性，但是仍然存在一定的认识误区。有部分教师和管理人员依旧认为职业伦理课程就是讲一些诸如"正义""责任"等宏观的价值性理念，没有实际可操作性，从而无法进行有效的授课。我们认为这种观念是亟需转变的。必须明确认识到，"法学教育本质属性具有职业属性的性质，因此法律职业伦理知识和法律技能知识具有同等重要的地位。要培养出合格的法律人才，职业教育的属性本身就内在地要求同步推进职业技能和职业伦理。具体到法学教育领域，也就是要明确认识到，法律技能教育和法律职业伦理教育对一个法律职业人的养成具有同等重要的地位，应当同等看重"[1]。

其实只要仔细阅读相关伦理规范或者教材讲义，就会发现职业伦理

---

[1] 刘坤轮：《中国法律职业伦理教育考察》，中国政法大学出版社2014年版，第162页。

课程除了基本的原则性、价值性规范外，绝大部分则是具有可操作性而且规定具体的规则，例如，利益冲突、保密义务以及庭外言论等一系列问题。

（2）课程的设置。如前文所述，有学者以卓越法律人才教育培养计划的基地院校为样本，对41所法律院校开设法律职业伦理教育课程的情况进行了调研，结果显示开设职业伦理相关课程的院校只有15所，将法律职业伦理课程设为必修课的仅有4所院校。由此可见我国主要法律院校还没有普遍地开设职业伦理课程。

面对这一困境，法律院校方面要在教学方案中明确法律职业伦理的要求。"这种做法已经是世界法学教育先进国家的通行做法，一般七八条的培养目标中，有一到两条的指向都是明确的法律职业伦理要求，但我国法律院校在这方面予以明确的仍为极少数。"❶ 对此，法律院校在未来的法学教育改革中应当予以关注，明确法学教育培养目标中的职业伦理要求，使之落在指导思想之中，进而落实到操作化层面。而在操作化层面，法律院校应当遵循卓越法律人才标准对于职业伦理教育的要求，积极行动起来，在各主要法律院校普遍设立职业伦理课程，大力引入职业伦理课程师资。同时考虑到我国该领域师资匮乏的现状，职业伦理课程可以先设置为起点较低的选修课，伴随着研究、教学师资的不断壮大，再逐渐向必修课过渡。

（3）教学方式的改革。职业伦理最大的特点是其具有很强的实践性，涉及具体法律实务的方方面面。但是当前我国职业伦理教育还存在照本宣科的现象，在课堂上以讲解各项规章制度为主。这种法条灌输式的教学方法起不到很好的教学效果，无法让学生切实体会到需要职业伦理调整的现实困境。

因此笔者认为对于职业伦理的教育应当更加结合实际，让学生可以切实体会到实践当中的伦理困境。在此基础上引导他们学习职业伦理规则，帮助他们找到在伦理困境中寻求出路的方法。同时还要注意到，法

---

❶ 刘坤轮：《中国法律职业伦理教育考察》，中国政法大学出版社2014年版，第162页。

律职业伦理除了理论教学外，还应当更加注重实践教学，将职业伦理问题引入法律诊所等实践教学课程当中。

2. 改善重复教育问题

前文已经提到，我国法学教育存在一定程度的重复教育问题，即虽然开设了若干门名称不同的课程，但这些课程讲授的内容实质上是相同的。这一问题表面上是开设不同课程的教师之间疏于沟通、教学秩序混乱，实质上则表明学校对卓越法律人才的培养目标理解模糊，进而导致教学目标、教学内容把握不清，开设的课程流于形式而不重视对于培养目标而言不同课程之间的系统关系。对于这一问题的解决，笔者认为可以从以下三个方面进行考虑。

（1）转变思想，明确不同课程定位。当前很多法律院校都针对某一部门法，开设基础理论课、案例研习课、理论研讨课以及专题课等不同类型的课程，希望通过各有侧重的课程类型加深学生对于这一法律的理解。但实际教学当中，结果却不尽如人意，很多案例课、理论研讨课没有突出其特殊的教学方式，反而和基础理论课授课方式、内容相似。这不仅浪费了学生的精力与时间，更是浪费了有限的教学资源。

因此我们必须先行明确不同类型课程的性质以及对于卓越法律人才培养的侧重点。基础理论课的目标应是向学生全面教授某一法律，包括立法内容、目的、理论基础与社会背景等，为学生进一步深入学习打牢基础。在基础理论课奠定的基础上，案例研习课的主要目的是通过相关案例来引导学生思考特定法律在实践中如何适用，存在何种问题与漏洞，加深学生对于该法律的理解。理论研讨课则应侧重于特定法律的立法价值、理论基础、观点冲突等方面，帮助学生掌握法学研究的基本方法。专题课则是立足于特定立法中涉及的重点、热点问题，展开专门的研究与讨论，帮助学生建立起发散性思维。在明确不同课程类型定位的基础上，我们应当采用有针对性的授课方式开展课程，特别是案例课、研讨课不应像基础理论课一般，而应当突出自身的特殊性。

（2）统筹安排，校方负起监管责任。当下针对同一法律的不同类型课程可能由不同教师授课，他们如果缺少必要沟通而学校又没有出台相关标准，就很有可能导致重复授课的情况发生。

面对这一问题，校方要针对不同类型课程规定明确的授课方式与评价标准。具体授课教师要严格遵循课程类型编写教案，并采用符合课程类型的授课方式。同时老师和学校都要引导学生在选课时有步骤、有规划地选择，应当在已修完基础理论课的基础上再行学习其他类型课程，使得教学能够更加顺利地开展。另外，校方还应当在教学的事中、事后都要负起监管责任，确保课程类型的多样化落到实处，切实满足卓越法律人才标准的各项不同要求。

（3）创新课程考核方式。这一建议旨在以考核倒逼授课方式改革。当前我国不同类型的课程的考核方式差异并不明显，未能体现出课程性质的特殊性，也不利于真正考核出学生对于该课程实际的掌握水平。

因此笔者认为，不同类型课程应当用不同的方法对学生进行考核，从而真正考核出学生是否真正掌握了不同课程类型下所需要掌握的能力。例如，不是所有课程都适合采用试卷的形式进行考核，研讨课程则更适合采用论文的形式。因此我们可以通过为不同类型的课程设置有针对性的考核方式，从而倒逼授课形式的改革与完善。

3. 注重法学教育与职业教育的衔接

正如前文所述，长期以来国内法学教育注重理论、强调学生对知识的记忆，不重视解决问题的能力，轻视法律实践技能。但实际上，从理解法学知识到用法学知识解决现实问题之间是存在距离的，这之间相隔的恰是理论与实践之间的鸿沟。笔者在前文提到了卓越人才的衡量标准应当有四大模块，仅仅重视第一个理论模块而忽视其他三者所培养出的法律人势必是不合格的，因此卓越法律人才计划就是要通过四大模块齐头并进着力去填补这一鸿沟。

具体而言，面对这一鸿沟，我们可以从两个方向去填补：一是理论教学应当作出调整和改变，应当更加强调职业主义的教学导向；二是加大校内外实践性教育，帮助学生尽早进入职业状态。笔者在这一部分主要展开第一个方向，而将第二个方向留到下一部分进行论述。

所谓职业主义的教学导向是指法学理论教育应当以培养职业化法律

人才为目标，在这一目标指导下，法学教育应当是来源于实践，并最终为解决实践问题而服务的。法学教育绝不应当变成无视社会实践，而从理论到理论，用概念去解释概念的自说自话。任何部门法的教育都应当秉承开放的心态，积极关注并回应社会问题，将对法律规范与法学概念的理解深深植根于切实解决我国当前社会问题这一追求之下。在理论教育之外，加强职业伦理教育也是做好衔接工作的题中之意，因为法律人在实务中不仅需要职业技能，也需要职业伦理去应对可能面对的伦理困境。

（二）实践教学

完善实践教学同样是卓越法律人才具体标准的要求，实践教学不仅有利于法科生加深对第一模块中理论知识的理解，还有利于帮助学生在实践中掌握第二模块中的法律实务技能，而最有意义的则是，它更有利于学生在实践中思考第三模块中的职业伦理与社会责任，并将其真正转化为自己内在的价值准则。

实践教学包括法律诊所课程以及场景模拟课程。首先必须明确的是，我们所说的法律诊所包括校内诊所和校外诊所。校内诊所以学校内的场所为主要"根据地"，接受诊所教育。校外诊所则指以校外司法机关、政府部门或者非营利性法人组织之间达成协议，由这些机构、部门和组织辅助法律院校进行诊所教育。参加校外诊所的学生不一定能接触到法律案件，但是却可以参与到真实的法律系统的各个具体机构的日常工作中，从而学到更为具体和细致的法律运用方式、方法。学生选择参加的校外诊所不同，在诊所中的工作任务也不同。

场景模拟课程是指学生扮演法律职业角色，在模拟职业场景下，学生承担相应的法律任务，这一过程有教师的指导、反馈及学生的反思。❶

按照笔者提出的卓越法律人才的具体标准，在实践教学方面我们可以从以下六个方面进行完善。

---

❶ ［美］罗伊·斯塔基等：《完善法学教育》，许身健等译，知识产权出版社2010年版，第172页。

1. 明确法律诊所教育的培养目标

法律诊所教育的目标从大的方面来说有两个：一是培养学生的职业技能和技巧，二是帮助学生树立正确的法律职业伦理。其中第二个目标是重中之重，是将诊所教育与一般实习区分开来的本质区别。

诊所教育之所以重要，是因为它发挥着非常重大的教育职能。在诊所中，"年轻的法律人会发现他们身边正在发生不公正、贫穷和不幸，他们以律师身份接触到这些现象，虽然并非经常，但有时还是需要独立解决这些问题。年轻人在法律诊所中的经历告诉他们不要忘记普通大众的需求，不要忘记律师有责任向那些无力确保自身获得法律援助的人们提供法律帮助，而这些是他们今后即使成为受人尊敬的大型律师事务所合伙人时也应该永志不忘的"❶。

具体来说，诊所教育的目标包括：教会学生如何调查、进行法律写作、谈判、处理复杂案件等，并在这个过程中提高学生的创造力。

除此之外，更为重要的是法律诊所教育要为学生创造机会使其思考自己的社会价值，鼓励学生考虑职业选择。尤其是当遇到有挑战性的职业伦理问题时，诊所教师应当指导学生树立正确的职业伦理观。这其中，尤其要注意的是职业伦理道德的树立，因为高明的法律职业技能，如果掌握在居心不良的法律人手中，就会变成危害社会的工具。因此，诊所教育对学生职业伦理培养的作用不容忽视。

2. 完善法律诊所课程设置

完善诊所课程设置，主要涉及以下两个方面。一是课程属性及其与专业实习的关系问题。迫于我国目前法学教育资源十分有限的现状，即便是在极少数的精英法律院校也尚不具备对其全部法科学生开设诊所必修课的条件，因此现阶段将其设置为选修课较为合适。但是，将校内法律诊所课程代替校外专业实习的做法是现在各大法律院校的普遍做法。这里要强调的是，校内法律诊所与校外专业实习，从操作方式到目的等方面都是不同的，因此二者不应互相替代。既然是选修课，就应当选拔

---

❶ 波兰法律诊所基金会编：《法律诊所：理念、组织与方法》，许身健译，北京大学出版社 2014 年版，第 1 页。

对法律诊所感兴趣的同学，在不影响其专业实习的情况下，参加校内诊所的学习。

二是诊所教师选拔问题。前文已经提及，很多设有法律诊所课程的法律院校对诊所教师选拔不重视，没有明确标准，或虽有标准但标准偏低。事实上，法律诊所教师是否具备丰富的学识和经验，对学生学习效果好坏有着决定性的影响。教师必须对学生提出的问题进行及时、准确、高效的反馈，才有利于激发学生的学习热情，才能指导学生正确处理诊所的案件。本文认为，应当提高诊所教师的选拔标准，比如中国政法大学对诊所教师的要求是"必须具备律师资格并且曾经亲自办理过案件"。此外，为了弥补诊所教师人数不足且精力有限的问题，可以安排一定数量的研究生助教进行辅导，从而满足诊所教学对师生数量比例的要求。

3. 法律诊所管理系统化

一个好的诊所教育模式必然有一套规范的、系统化的管理制度，无论课程设置、经费管理、机构设置，都应当规范化、系统化。法律诊所应当有一个专门的办公室，以及专门用于会见当事人的专用房间，并向其提供购买和维护设备的资金。法律诊所应当配备相关实务手册，其目的在于让学生尽快熟悉在某一特定法律领域中适用的实体法和程序法。此外，法律诊所还应当建立标准化的档案管理系统，制定受理案件的标准和程序以及案件终结和交接程序，建立电子数据库，将与诊所工作联系紧密的资料进行汇编，最好能够形成专门的小型图书馆。总之，想要法律诊所教育快速、稳步发展，就必须对其进行规范化、系统化的管理。

4. 重点培养学生自我引导式学习的能力

这里所说的自我引导式学习的能力，是指学会分析自己行为，从中归纳总结、接受反馈并开发最大学习潜力的能力。

学生在实践课程里的学习很大程度上取决于每个学生的个人体验经历。每个学生的体验都是独特的，每个学生对自己体验的感受也是独特的，因此，不可能提前确定一个学生在诊所式课程中会有机会学到什么东西，不可能控制具体的讲授方式，也很难评价学生对所学到的东西理解到什么程度。但是，在"教学机会"出现时，我们还是应该能够抓住它,来帮助个性化学生的学习,或者通过和学生一起工作来帮助他们选择并实现一些具体的学习目标。

我们也可以帮助学生自学,通过创建整体框架和会谈记录,来帮助他们回顾反思,进而更好地理解那些从经历中学来的东西,不管这些东西是不是我们原本打算让他们学到的。比如,老师可以给学生一些讨论反思的有重要价值的材料,要求学生记录反思日记,或者让学生在学期中或者学期末就其中一点或几点进行自我评价。❶ 如果学生善于接受反馈,知道如何将反馈的价值最大化,即具备最优化地接受和执行评论意见的技能,学习效率会更高。

5. 校外实习基地的完善

从前文论述的校外实习基地存在的问题出发,结合前文分析、总结的我国卓越法律人才应当具备的技能清单对校外实习过程的要求,本文认为,法律院校应当建立"确定实习基地和实习指导教师"的标准,并与实习基地建立相应规范,确保分配给学生的工作、实习基地提供的指导有助于教学目标的实现,同时提供足够的教学团队控制并参与到学生校外实习。当然,在把学生分配到不同实习基地时,应当适当照顾学生个体的需求和偏爱,以助于学生实现个体的学习目标。

具体而言,首先,确定实习基地和实习指导教师的标准应当包括该实习基地分配给学生的工作是否适合、该实习基地提供的指导教师在之前的实习过程中给予学生的指导是否充分等。学校应当与实习基地达成协议,清楚地规定学校、实习基地、校内教师、实习指导教师和学生分别担任的角色和职责。一个特定实习项目所供职位的范围和性质应该与这个项目所确定的教学目标有关联。实习基地的指导教师应该明确承诺会指导学生,并与学校的教学目标保持一致。

其次,实习基地分配给学生的工作应当与实习教学的目标相一致。虽然具体教学目标不尽相同,但实习基地分配给学生的工作应该是适合学生的有价值的法律工作,包括等级较高的工作;而且必须是实习基地

---

❶ [美]罗伊·斯塔基等:《完善法学教育》,许身健等译,知识产权出版社2010年版,第165页。

本身就有的工作，而非不考虑实习基地工作需要、只为占满学生时间而人为制造出来的工作；此外，该工作还必须能最大限度地把学生置于相应角色——法官、检察官、律师之中；并确保在集体会议上、与指导教师的谈话中或与其他工作人员的协同工作过程中，学生能够接触到一些积极案例和问题的决策过程。

再次，为确保实习基地安排的指导教师提供给学生的指导能够符合并有助于教学目标的实现，应当确保他们充分理解校外实习课程或项目的教学目标，并帮助学生形成适当的个人化的教学目标（这些目标应该是和实习基地的工作相称的），分配给学生与教学目标相符的、有实质意义的工作任务，鼓励学生批判性地评价自己的实习经历，监督学生定期对自己的实习经历作出批判性的、建设性的评价，同时还要定期观察和回顾学生的表现，向学生、学校提供建设性的反馈。

最后，并不是说法律院校把学生送到实习基地就万事大吉，校方也应组织相应的熟悉体验教学和法律执业实践的教师控制好每一门校外实习课程，以保证教学目标得以确认、强调和实现。负责校外实习课程的教师应当定期检查学生与实习基地的指导教师在实习工作上的进展，并提供必要的帮助；此外还应积极和实习基地沟通，分享诊所教学的新想法和新发展，逐步改进校外实习课程。❶

6. 场景模拟课程的完善

与法律诊所课程及校外实习相比，场景模拟课程在实践教学中的地位没有得到应有重视。实际上，使用场景模拟课程比其他教学方法更能有效地实现明确描述的教学目标。❷ 法律院校应当设立系统的场景模拟课程，课程应当有清晰明确的教学目标及操作规程，每个场景模拟都应当平衡好细节性、复杂性及有效性，法学院应当提供足够的设施、设备

---

❶ [美]罗伊·斯塔基等：《完善法学教育》，许身健等译，知识产权出版社2010年版，第192~194页。

❷ 同上书，第173页。

及人员以实现课程的教学目标。❶

中国政法大学开设法律论辩技巧课程,这是一个符合上述要求的标准场景模拟课程,该课程由一个案例贯穿始终,学生依照案例事实进行说服性技能训练,了解法律人是如何运用相关事实及法律解决争议。这个案例得到美国法律论辩研究所授权,为了冲淡浓厚的美国味,对有关案情作了技术性处理。几年来的实践表明,该课程很受学生的欢迎。

(三) 国际化

为了将卓越法律人才具体标准的第四模块落到实处,我们有必要进一步完善我国卓越法律人才国际化战略。正如前文所言,部分法律院校关注国际化人才培养,除了是为了弥补国家长久以来涉外法律人才稀缺的短板,还在于借此迅速扩大声誉,以迅速跻身世界或国内一流法学院。但由于国际化标准尚不清晰,导致国内诸多法律院校在培养国际化卓越法律人才时伴随着形式主义、功利主义、短视主义的弊病。

这一弊病在实践中具体表现在两个方面:一是以对外学习交流为名的假期班泛滥;二是法律院校对模拟法庭等竞赛过于重视,却忽略了对学校学生整体能力的培养。

1. 国际假期班问题

当下各大法律院校热衷于在寒暑假期间推出赴欧洲、美洲等世界知名法律院校学习交流的假期班。这一形式是最近几年兴起的一种教育模式,它旨在利用寒暑假,为具有一定经济实力的学生提供去海外知名法律院校进行短期学习、体验的机会。应该说这一模式是有其积极意义的,对于学生本人来说参加这一活动可以对其他国家法律制度与社会环境有一个直观的了解与体验,可以在这一过程中提高自己的外语水平,还可以为具有出国留学打算的学生提供预先了解国外院校的机会。而对于国内外合作院校双方来说,这种项目加强了双方的沟通与交流,为今后进一步合作奠定了良好的基础。

---

❶ [美] 罗伊·斯塔基等:《完善法学教育》,许身健等译,知识产权出版社 2010 年版,第 176~180 页。

但是假期班在运行当中却出现了一些问题,例如,虽然假期班期限大多为3周左右,但费用动辄数万元;而且仔细了解假期班日程安排就会发现,真正涉及法学专业知识、技能的课程与培训只是其中一部分,与之相当甚至更大部分的时间被用于安排参观、游览,因此此类假期班的目标非常分散;又因其价格昂贵,受众较小,对法科生整体的专业能力的提升非常有限。面对这些问题,可以从以下两个方面进行完善。

一是明确国际假期班的定位。按照卓越法律人才具体标准的第四模块,国际假期班项目应当坚持以学习发达国家法学课程、体验该国法律实务为最基本运行导向,将真正能够提高参与学生境外法律视野、激发其学习热情的内容纳入进来。国际假期班应当坚持以与法律相关的活动为主要内容。

二是尽可能降低费用成本,增强普适性。由于现在很多项目中包括大量参观、游览活动,使得报名费用水涨船高。在明确定位的前提下,使项目成本得到降低,从而惠及更多法学院学生。

2. 国际模拟法庭竞赛

国际模拟法庭竞赛是指由境内外知名组织举办,邀请全球知名法学院学生组成代表队参与,主要以英语作为参赛语言的模拟法庭活动。这一活动形式在全球有着悠久的历史,也有很多享有盛名的国际模拟法庭赛事,例如,Jessup国际法模拟法庭辩论赛、国际人道法模拟法庭竞赛、国际环境法模拟法庭大赛等。

不可否认,参加模拟法庭等国际竞赛并取得名次能够为学校增光,同时参与竞赛的同学亦会收获良多,可以极大地帮助他们加深对于第四模块当中国际组织规则、争端解决程序的理解。

但是必须注意到,这种方式的普适性效果是较为欠缺的。对于这一问题,笔者认为要让模拟法庭活动真正起到提高法学院学生国际化水平的目的,增强活动的普适性非常重要。例如,在选手确定方面,应当面向所有同学采取"报名—考核—录用"的方式进行,而非直接由负责老师指定特定人选。并且还要注意人员的流动性,应当让更多符合条件的同学有机会参与到实际比赛当中,而不应仅仅为了确保名次而只让经验丰富的同学参与。另外，各大法律院校也应当努力创建自身品牌性的国际模拟法庭竞赛或者国际模拟法庭课程，为学生开拓更加多元化的参与渠道。

卓越法律人才国际化的培养目标，不仅仅是解决上述两个问题就可以完全实现的。归根结底还是要靠整体性地提高各大法律院校的国际化教学水平来实现，这就涉及一个复杂的系统性工程。这一工程包括但不限于：不断加大高水平教师的引进力度；开展更加广泛的国际交流合作，不断提高学位项目、联合培养项目、访问学者项目等具有较高价值的项目在国际交流项目中所占比重等。

结　语

清晰界定科学的人才培养标准有着提纲挈领的作用，只有明确目标才能提出有针对性的措施。在如何培养卓越法律人才这一问题上，笔者认同《完善法学教育》一书提出的三大原则，而落实这三大原则，首先要做的正是明确我们要培养符合什么具体标准的卓越法律人才，这是进一步提升卓越人才培养计划的出发点及立足点。

卓越法律人才培养背景下的中国政法大学宪法学教育与教学

秦奥蕾[*]　姚国建[**]

摘　要：中国政法大学宪法学教育与教学在尊重一般法学教育教学规律基础上，以国家依宪治国基本方略的展开与国家卓越法律人才培养为指针，进行宪法学教育教学目标、任务建设与教学人才队伍的培养建设。具体举措包括：注重培养宪法价值与宪法理念；施行宪法监督教研一体化；倡导宪法实证化教学方法；提高师资队伍的国际化建设；调整和完善宪法学的课程设置，以职业化的法律教育为导向，推进教学方法和考察方法的调整。

关键词：卓越法律人才　依宪治国　宪法学教育　宪法学教学

一、中国政法大学宪法学教学的基本方向与指引目标

法学教育、法学教学首先要解决教育方向的问题，即教育教学要培养什么样的法律人才。树立正确的教育方向，才能有的放矢地建立相应有效的教学方法，进行教学团队的建设和教学人才的培养。

宪法学的教学既要服从一般法学教育的传统与规律，同时又要围绕国家法治建设与人才培养的总体目标展开。我们认为，我们应以国家依宪治国基本方略的展开与国家卓越法律人才培养为指针进行教学方向的选择，着眼于两项主要工作：一是考虑依宪治国国家治理方略下宪法学教学的目标、任务、特点及相关建设；二是围绕教育部与中央政法委在卓越法律人才培养目标，施行宪法学教学的各种调整完善措施与教学人

---

[*] 秦奥蕾，中国政法大学副教授，法学博士。
[**] 姚国建，中国政法大学教授，法学博士，中国政法大学宪法学研究所所长。

才队伍的培养建设。

（一）依宪治国、法学人才培养与宪法学教育教学

2012年12月4日，习近平在《首都各界纪念现行宪法公布施行30周年大会上的讲话》中指出，全面贯彻实施宪法，是建设社会主义法治国家的首要任务和基础性工作。维护宪法权威，就是维护党和人民共同意志的权威。捍卫宪法尊严，就是捍卫党和人民共同意志的尊严。保证宪法实施，就是保证人民根本利益的实现。只要我们切实尊重和有效实施宪法，人民当家做主就有保证，党和国家事业就能顺利发展。反之，如果宪法受到漠视、削弱甚至破坏，人民权利和自由就无法保证，党和国家的事业就会遭受挫折。这些从长期实践中得出的宝贵启示，必须倍加珍惜。我们要更加自觉地恪守宪法原则、弘扬宪法精神、履行宪法使命。

十八届四中全会所作出的《中共中央关于全面推进依法治国若干重大问题的决定》（以下简称《决定》）对依宪治国作出了重要的论述。"宪法是党和人民意志的集中体现，是通过科学民主程序形成的根本法。坚持依法治国首先要坚持依宪治国，坚持依法执政首先要坚持依宪执政。健全宪法实施和监督制度，完善全国人大及其常委会宪法监督制度，健全宪法解释程序机制。"《决定》还提出了建立国家宪法日和宪法宣誓制度，凡经人大及其常委会选举或者决定任命的国家工作人员正式就职时公开向宪法宣誓。

2015年11月1日，第十二届全国人民代表大会常务委员会第十一次会议决定：将12月4日设立为国家宪法日。国家通过多种形式开展宪法宣传教育活动。而自国家宪法日确立之后，我们看到，许多符合条件的国家公职人员在正式就职时向宪法作出宣誓。

《决定》的内容以及近期我国宪法制度的新发展显示，宪法在我们国家治理中的意义、作用和地位达到了新的高度，使我们更有理由相信我国宪法监督的实际开展日见曙光。蓬勃的宪法制度发展与国家宪法治国的理念的推进也必然对宪法教育教学形成影响。

1. 宪法价值与宪法理念的教育

宪法学教育与宪法学教学的目标不仅是要夯实学生的理论知识，更要形成坚定的宪法价值观与宪法信念，确信宪法在国家治理中的必然意义与效果。一个推行法治的国家必然是依宪治国的国家，有宪治才有法治。高扬宪法的理想主义之翼，将对宪法的信仰与遵行一并置入对学生的宪法学教学中，应该是现阶段我国时代背景下的宪法学教育的特别要求。

2. 宪法监督的教研一体化

宪法监督是法治国家最重要的必备宪法制度之一。鉴于我国的宪法监督制度始终未能进入实效的运行阶段，突破这一现状始终是我国宪法学研究者不懈努力的工作之一。而所谓教研相长，宪法监督的教学工作本身也是对宪法监督研究工作的推进，教师既在教学中研究，也在研究中教学，用研究的成果促进和丰富教学，同时通过教学丰富和促进研究。

3. 中国宪法教学的实证化

伴随着许多实际的制度内容进入到我国宪法实施中，宪法学教学中必将添入许多实证性内容，这将增加我国宪法学教学的实证化与法学化特征，而减少比较研究和纯粹理论说明的特征。

（二）卓越法律人才培养与宪法学教学

2010 年，党中央与国务院召开新世纪第一次全国教育会议，并且颁布了《国家中长期教育改革和发展规划纲要（2010—2020 年)》(以下简称《纲要》)。之后，教育部着手高等教育领域的人才培养改革与规划。其中，在法学教育领域的表现就是卓越法律人才培养计划的制定与实施。2011 年 12 月，教育部与中央政法委联合下发了《关于实施卓越法律人才教育培养计划的若干意见》（以下简称《意见》)，其中就实施卓越法律人才教育培养计划的指导思想和总体目标、主要任务、工作措施组织实施及政策保障五个方面作了规定。

《意见》提出，对于卓越法律人才的培养与建设，要坚持以中国特色社会主义理论体系为指导，全面贯彻党的教育方针，贯彻落实教育规划纲要，主动适应依法执政、科学立法、依法行政、公正司法、高效高质量法律服务的需求，以全面实施素质教育为主题，以提高法律人才培养质量为核心，深化高等法学教育改革，充分发挥法学教育的基础性、先导性作用，为加快建设社会主义法治国家提供强有力的人才保证和智力支撑。经过10年左右的努力，形成科学先进、具有中国特色的法学教育理念，形成开放多样、符合中国国情的法律人才培养体制，培养造就一批信念执着、品德优良、知识丰富、本领过硬的高素质法律人才。

《意见》指出，培养卓越法律人才的主要任务包括以下五个方面。

1. 分类培养卓越法律人才

培养应用型、复合型法律职业人才，是实施卓越法律人才教育培养计划的重点。适应多样化法律职业要求，坚持厚基础、宽口径，强化学生法律职业伦理教育、强化学生法律实务技能培养，提高学生运用法学与其他学科知识方法解决实际法律问题的能力，促进法学教育与法律职业的深度衔接。

把培养涉外法律人才作为培养应用型、复合型法律职业人才的突破口。适应世界多极化、经济全球化深入发展和国家对外开放的需要，培养一批具有国际视野、通晓国际规则，能够参与国际法律事务和维护国家利益的涉外法律人才。

把培养西部基层法律人才作为培养应用型、复合型法律职业人才的着力点。适应西部跨越式发展和长治久安的需要，结合政法人才培养体制改革，面向西部基层政法机关，培养一批具有奉献精神、较强实践能力，能够"下得去、用得上、留得住"的基层法律人才。

2. 创新卓越法律人才培养机制

探索"高校－实务部门联合培养"机制。加强高校与实务部门的合作，共同制定培养目标，共同设计课程体系，共同开发优质教材，共同组织教学团队，共同建设实践基地，探索形成常态化、规范化的卓越法律人才培养机制。

探索"国内－海外合作培养"机制。加强国内法学院校与海外高水平法学院校的交流与合作，积极推进双方的教师互派、学生互换、学分互认和学位互授联授，积极利用海外优质法学教育资源，探索形成灵活多样、优势互补的卓越法律人才培养机制。

3. 加强社会主义法治理念教育

深化高等法学教育改革，把社会主义法治理念教育融入法律人才培养全过程，深入推动社会主义法治理念进教材、进课堂、进头脑，增强学生贯彻落实社会主义法治理念的自觉性和坚定性。加强学生职业意识、职业伦理教育，增强学生服务社会主义法治国家建设的责任感和使命感。创新人才培养模式，优化法学课程体系，改革教学方法手段，提高高等法学教育质量。

4. 强化法学实践教学环节

加大实践教学比重，确保法学实践环节累计学分（学时）不少于总数的15%。加强校内实践环节，开发法律方法课程，搞好案例教学，办好模拟法庭、法律诊所等。充分利用法律实务部门的资源条件，建设一批校外法学实践教学基地，积极开展覆盖面广、参与性高、实效性强的专业实习，切实提高学生的法律诠释能力、法律推理能力、法律论证能力以及探知法律事实的能力。

5. 加强法学师资队伍建设

探索建立高校与法律实务部门人员互聘制度，鼓励支持法律实务部门有较高理论水平和丰富实践经验的专家到高校任教，鼓励支持高校教师到法律实务部门挂职，努力建设一支专兼结合的法学师资队伍。

鼓励法学骨干教师到海外学习、研究，提高专业水平和教学能力。积极引进海外高层次人才和教学团队，聘请世界一流法学专家学者到国内从事教学、科研工作。

如何来理解《意见》的内容，并贯彻至学校具体的人才培养工作中，中国政法大学校长黄进教授在《卓越法律人才培养的目标、观念、模式与机制》一文中提出了卓越法律人才培养的目标定位、观念、模式与机制。我们对该文的主要观点作一概述。

1. 目标定位

《纲要》颁布实施后，提高人才培养质量成为高等教育最核心、最紧迫的任务，落实到法学专业就是如何能够培养出适应社会主义法治国家建设与经济社会发展需求的高素质法律人才。同时，卓越法律人才培养的目标定位必须建立在对当前法学教育存在的问题的准确分析与把握的基础上。当前，我国法学教育中存在的突出问题包括：法学教育整体办学水平较低；人才培养目标定位模糊；实践教学环节薄弱导致学生知识应用能力和职业技能低下；国际化水平整体较低，不能适应法学教育国际化和法律职业竞争国际化的需要，具有国际视野、通晓国际规则、能够参与国际事务和国际竞争的国际化法律人才严重不足等。

围绕提升人才培养质量的核心任务，针对法学教育面临的问题与挑战，卓越法律人才教育培养计划的目标应定位在：以提升法律人才的培养质量为核心，以提高法律人才的实践能力为重点，加大应用型、复合型法律人才的培养力度，培养、造就一批适应社会主义法治国家建设需要的卓越法律职业人才。

2. 卓越法律人才的培养观念

卓越法律人才培养观念主要还是法学教育的定位问题。法学教育是法律职业教育这一定位没有问题，但是从目前的情况看，这种观念在法学教育界还远没有达成共识，人们在观念上还是将法律职业教育与法学学术教育对立起来。有部分高水平的院校将自己的人才培养目标定位于培养法学学术人才是可以的，但是不能因为特例的存在而否定法学教育的一般属性（本质属性）。"应用型、复合型卓越法律职业人才培养模式"也应当成为卓越法律人才教育培养计划的"基础人才培养模式"，推动法学教育向法律职业教育的转变。

3. 卓越法律人才的培养模式

卓越法律人才教育培养计划提出了创新"应用型、复合型法律职业人才教育培养模式""国际型法律人才培养模式"以及"西部基层法律人才培养模式"三种法律人才分类培养模式。

类型化法律人才培养模式（分类法律人才培养模式）较好地呼应了当前经济社会发展需求对于不同类型法律人才的需求，但是在创新分类培养模式的过程中需要解决以下两个问题。

（1）不同类型培养模式之间的逻辑关系问题。如果将法学教育定位于法律职业教育,"复合型、应用型卓越法律职业人才培养模式"应当成为卓越法律人才教育培养计划的基础人才培养模式。其他两种模式,包括"国际型培养模式"与"西部基层培养模式"均应当是在基础培养模式之上,按照经济社会发展需求以及高校的服务面向的培养模式再分类。三种培养模式不是并列的关系,而是在基础模式上的分类培养关系。

(2)法律人才分类培养与厚基础、宽口径法律人才培养之间的关系。目前在创新法学人才培养模式的过程中,出现了大量的"法学与外语""法学与知识产权""法学与航空航天"等"复合型"人才培养模式,但是这种人才培养模式在本科层次是否具有推广价值是值得我们思考的。我们要适度强调人才培养类型化与特色化,但是不能将二级学科(甚至是所谓三级学科)概念引入法学本科教育中。不能让特色化、类型化的改革影响法学本科教育主体。所以在强调分类培养的同时必须坚持"厚基础、宽口径培养与类型化、特色化培养相结合"的原则。

4. 卓越法律人才的培养机制

目前在我国,社会一般意义上认为大学毕业就应当是法律人才培养过程的终结,法学院培养的应当是完全的职业法律人,而不是准法律人。所以大学负担起了实践教学的责任。事实上,法学院系既不具备对学生进行全真的法律职业体验教育的环境,同时也缺乏兼具理论知识与实践经验的高水平师资队伍,由法学院系单独承担对学生进行系统的法律职业技能训练的任务显然是难以保障教学质量的。从这种意义上说,大学与实务部门联合培养机制实在是一种无奈之举。

此次卓越法律人才教育培养计划提出的"高校与实务部门联合培养机制",是以常态化、规范化的体制、机制建设为基础,加强高等学校与实务部门的合作,由高校与实务部门作为法律人才培养的共同主体,一起承担法律人才培养的职责。其主要内涵是实现实务部门与学校在培养目标制定、课程体系建设、实践平台建设、师资队伍建设等人才培养环节的紧密合作,共同培养具有系统、扎实的法学理论知识,较强的法学实务技能与高尚的法律职业伦理的高素质法律职业人才。

围绕《意见》以及黄进校长关于国家建设卓越法律人才的解读,我们认为上述内容对中国政法大学宪法学教育与宪法学教学产生的影响和意义表现在以下三个方面。

1. 提高师资队伍的国际化建设

卓越法律人才的培养要求国际化的视野以及国际化的专业沟通和交往能力。而实现这一目的也依赖于具有国际化视野的师资队伍建设。

2. 调整和完善宪法学的课程设置

卓越法律人才的培养以职业化的法律教育为导向，这将引导宪法学的课程设置要增加实用的、以问题解决为导向的、更注重动手能力的课程设置。

3. 推进教学方法和考察方法的调整

课程的调整和完善带来的必然是教学方法的调整和改变，而真正改变教学方法则需要考察方式的转变，这才能真正推进教学方法的调整和转变。

二、宪法学研究所教学队伍及教学队伍建设状况

（一）教学队伍整体状况与逐步国际化结构

以法学院宪法学研究所为主体的中国政法大学宪法学教学队伍现有教师17名，其中教授9名，博士生导师3名，副教授6名，讲师2名，有博士学位者14名。

宪法学教学师资队伍的特点有：（1）学缘合理，教师均受过比较良好、严格的专业教育。教师分别毕业于美国印第安纳大学、法国埃克斯—马赛大学以及北京大学、中国人民大学、中国政法大学、西南政法大学、西北政法大学等国内知名法学院校。（2）国际化学缘背景，教师多具有国际学习与交流经历。90％以上教师在国外或境外知名大学进行过学术访问，例如，伦敦政治经济学院、美国加州大学伯克利分校、美国西太平洋大学等，有3位老师分别在美国、法国获得博士学位。（3）研究视野宽广，研究领域多样。李树忠教授对公民平等权的研究处于前沿地位，焦洪昌教授对宪法基本理论、基本权利的研究卓有成就，王人博教授在宪政史和宪政文化方面的研究全国领先，姚国建教授较早就比较

系统地开展了对违宪责任的研究，出版了专著。

（二）教学方法的积累与创新、教学改革与研究

中国政法大学宪法学教学队伍教学的成功依赖于科学、有效的教学方法，作为每年向政法大学两千多名本科生开设宪法学类课程的教学集体，宪法研究所的同仁们不断总结有效的教学方法，厘清教学思路，树立正确的教学观念，并通过持续的教学改革和研究工作来积累新的教学经验和教学方法。

宪法学是法学领域的重要部门法基础，对其他学科起着基础性和指导性作用。在法学体系中，它是一门理论性学科，系统研究宪法学的理论基础、宪法发展历史、公民基本权利、国家权力结构原理及国家机构以及宪法实施保障等内容。在高等法学教育体系中，宪法学是14门专业主干课之一，不但为学生系统、全面掌握法学学科体系打下坚实的基础，而且还对塑造学生的学术品格，培养学生法治理念和法律思维起着重要作用。

中国政法大学的宪法学教学，以遵行依宪治国的治国理念和推进我国法治建设为指针，以卓越法律人才的培养为主旨目标，传授宪法学知识为基础，着力于培养学生的宪法意识、宪法观念与宪法思维，从而使学生能够运用宪法学知识和思维方式分析和解决国家的政治、经济生活等领域中的宪法问题，养成尊重宪法和法律、以传播法治理念和实现公民权利为己任的法律人情怀。

宪法学教学正是在这种思想指导下，科学、合理安排教学内容和教学方式。课堂教学的主要方法可以归纳为一个基础、三个目标：以夯实专业知识为基础；以宪法问题意识的引导和训练为目标，以实践问题的解决为目标，以丰富和开阔的学科视野为目标。

（1）通过课堂系统地讲授宪法学课程，向学生传授宪法学的基本知识，为学生构建完整的宪法学知识体系。在讲授宪法学知识的过程中，密切注意宪法学与法理学、法哲学、法史学以及其他部门法学的有机联系，注意与非法学相关学科，如政治学、经济学等学科的相互关系，充分借鉴、吸收其他学科的先进理念和教学、研究方法，让学生明白宪法

学是一门"活着"的学科，是中国法学，乃至哲学、社会科学领域内，内容丰富、理念先进、与其他科学联系密切、能解决实际问题、对中国发展作出贡献的学科。

（2）着力培养学生的宪法意识、宪法观念与宪法思维，通过案例教学等多种方式培养学生运用宪法学知识和思维分析、解决实际问题的能力。这主要是通过为学生开设宪法学专题研习和宪法学案例研究两门辅修课进行的。在这些课程中，进行大量的主题研讨、案例评析等活动，这些活动充分调动学生的积极性、主动性和参与热情，强调师生互动、教学相长，理论与实践的互动，强化教学效果。

（3）宪法学研究所的各位老师积极申报中国政法大学和北京市以及教育部等各级教学改革研究项目，以研究成果指导教学，推进教学的创新。例如，焦洪昌教授申报了中国政法大学校级重点教改项目《宪法案例教学研究》和《宪法学专题研习课程》，这些项目现都已结项，其研究成果在教学队伍中得到了普遍的推广，运用在课堂教学中，起到了良好的效果。李树忠教授作为北京市教改项目《复合型法学人才培养模式研究》的负责人和教育部教改项目《法学精英人才培养模式的理论与实践》中的子项目负责人也一直在探索宪法学教育在新型人才培养模式中的地位与作用，并已形成了阶段性成果，运用到教学实践当中。

（三）加强课程建设

课程建设是近年来中国政法大学宪法学教学的中心工作之一，这是落实正确的宪法学教学理念的基本制度保障。具体而言，课程建设包括以下七个方面。

1. 加强教材改革与建设

教材建设一直是中国政法大学宪法学教学科研团队在课程建设方面的强项。自20世纪80年代起，中国政法大学宪法学教师就开始主编、参与编写了多部各种层次的宪法学教材，前后共计20余部，成为国内诸多法学院校教授宪法课程的指定教材。宪法学主讲教师主编或参与编写的在国内有重要影响的教材就有10余部。其中焦洪昌教授和李树忠教授主编的《宪法教学案例》是内地第一本专门的宪法案例书，对全国的宪法学教学和研究都产生了深远的影响。

近几年来，宪法学主讲教师主编或参编的教材有 7 部：

（1）焦洪昌教授主编的《宪法学》（目前已至第五版，北京大学出版社 2013 年版）被评为"国家十一五规划教材"和"北京市精品教材"，亦被评为"中国政法大学精品教材"；

（2）焦洪昌教授和李树忠教授参编的《宪法学习读本》（人民出版社、党建读物出版社）是全国广大党政干部学习宪法的必读教材；

（3）焦洪昌教授、姚国建教授合著的《宪法学案例教程》（知识产权出版社 2004 年版）在学生当中广受欢迎，并被推荐为全国党政干部阅读书目；

（4）薛小建教授主编、研究所老师集体编著的《外国宪法》（北京大学出版社 2008 年版）；

（5）研究所老师集体编著的《宪法制度与法治政府》（北京大学出版社 2008 年版）；

（6）焦洪昌教授主编、研究所老师集体编著的《港澳基本法》（北京大学出版社 2008 年版）；

（7）姚国建教授、秦奥蕾副教授合著的《宪法学案例演习》（中国政法大学出版社 2013 年版）。

2. 推进宪法学研究型学习模式

传统的宪法学教学采取课堂教学的方式，基本是由老师主讲，学生被动地接受宪法学知识，而鲜有教师和学生之间互动，这是一种忽视学生主体性的教学方法，教学效果不佳。研究型学习模式主要通过课堂上的师生互动和开设宪法学专题研习、宪法学案例研究等课程，促使学生课前围绕相关的问题准备搜集、阅读和整理材料，在课堂上充分参与，进行主旨演讲，与老师和同学进行充分的相互交流，老师主要起引导和组织作用。这种研究型宪法学学习模式不仅可以有效地培养学生搜集资料、分析问题的能力，而且有利于培养学生的问题意识和表达能力。

3. 积极进行课外拓展

宪法学科理论和实践层面的资料极其丰富，无法在有限的课堂讲授中向学生传递如此大量的信息。中国政法大学宪法学教学科研团队借助北京市法治政府研究基地,以及法律思想网、法学院网的建设,将学生的课外拓展,包括阅读、学习报告、公法读书会、"学术十星"论文比赛、学生课题研究等方式,作为重要的教学辅助手段。通过这种多样化的形式有效地提升了同学们学习宪法的兴趣,也让他们愿意尝试着研究中国的宪法问题。

4. 开设宪法学方面的选修课

宪法学是一门知识体系非常丰富的学科,仅宪法学这一门课无法满足学生的学习需求,近些年来,依托不断壮大的师资力量,宪法学研究所在宪法学这门必修课之外又开设了多门选修课,以供同学们进一步深入学习宪法。这些课程有:"外国宪法""港澳基本法""宪法学专题研习""宪法学案例演习""宪法学研讨""美国宪法""中国宪政文化""西方宪政文化""特殊群体权利研究""宪法学研讨"等。其中有些课程还是双语教学,这些课程引起了同学们极大的兴趣,选课人数每年都有大幅度的增长。这样,通过一门必修课、两门限选课和七门选修课,形成了完整的宪法学教学体系。

5. 经典著作阅读

对宪法学的学习,还必须依托对经典著作的研读,从 20 世纪 90 年代中期开始,宪法学研究所开始依托一些学生社团组织开展宪法学经典著作读书会,并由相关的宪法学老师提供指导。在老师们的指导下,同学们阅读了《比较宪法》(王世杰、钱端升著)《联邦党人文集》《英宪精义》《法与宪法》,并进行了深入的交流,写出了各自的读书报告。

6. 双语教学

宪法学研究所利用大多数主讲教师的海外留学、学术经历和外语功底,在外国文献和经典著作的阅读、研究课程上,积极采用双语教学,开设"西方宪政文化""美国宪法"等选修课程,有针对性地进行讲授,提高学生运用第一手资料的能力,培养学生在科学研究中主动使用第一手资料的习惯。这种授课方式一方面加强了学生对相关资料理解上的主动性,另一方面也带动了他们外语学习的积极性,教学效果很好,受到了学生的好评。

7. 以科研带动教学

中国政法大学拥有国内高校和科研单位中，最为强大的宪法学教学和学术研究队伍，目前有专职宪法教师 17 人，其中博士生导师 3 人，硕士生导师 12 人。在学术研究和教学建设方面，毫无争议地居于国内各院校的前列。

以前沿性的学术研究带动教学工作的深入，一直是宪法学研究所坚持的指导思想。近些年来，以焦洪昌教授、李树忠教授、王人博教授等为学术带头人的宪法学研究队伍，共出版教材、专著 20 多部；在国内外有影响的报刊公开发表学术论文 200 篇；主持省部级以上科研项目 10 多项。这些大量的科研成果的出现，极大地带动了中国政法大学宪法教学工作的开展：宪法学各位主讲教师积极参与学生的学习、学术活动，所指导的学生申请学校课题蔚然成风，撰写学术论文的数量和质量，毕业论文的质量和学术价值都越来越高。这些变化又带动了其他同学们对宪法学习的兴趣，毕业生选择本专业作为研究生专业的人数也有大幅增长，课堂教学秩序空前好转，同学们的学习热情和兴趣都有了令人欣喜的提高，从而使得宪法教学得到了师生一致高度评价。

（四）青年教师培养

1. 强化青年教师教学基本功训练

焦洪昌教授的讲课生动在中国政法大学乃至北京市都有口皆碑，他还是中国政法大学和北京市历年青年教师教学基本功大赛的评委之一。在他的带领下，宪法学研究所以着力提高青年老师的教学技能作为重要的课程建设任务之一，通过各种方式提高青年教师的教学能力。同时，在教案编写、课件制作、教学艺术、课堂仪表方面严格要求，受到了各方面的普遍欢迎。所有青年教师都参加了学院或学校组织的青年教师基本功大赛，取得了不俗的成绩，其中秦奥蕾老师在学校组织的比赛中脱颖而出，代表学校参加了北京市第五届青年教师教学基本功比赛，并最终获得了一等奖，取得了政法大学在该赛事的最好成绩。其后，宪法学研究所的王蔚老师也在中国政法大学青年教师教学基本功大赛中取得了二等奖的好成绩。

2. 加强年轻教师与学生的互动

鼓励从事本科教学工作的青年教师兼任本科生学术导师和班主任工作，在与学生的密切联系中，了解学生对教学工作，尤其是对宪法教学的信息反馈，积极修正教学工作中的不足。到目前为止，宪法学青年老师中共有4位担任了本科生导师。同时，鼓励青年教师积极指导本科生的科研工作和专业实习，使他们了解学生的专业需求。提携、帮助青年教师申请和参与完成重大课题的研究工作。宪法学的几位教授都是国内的知名学者，曾经多次主持或参与国家重要课题、项目的研究工作，在申请课题、主持课题和撰写学术论文、研究报告等方面，积累了丰富的经验。他们除了吸收青年教师参加由他们所主持的重要课题研究外，还积极鼓励和帮助青年教师申请和主持课题研究。自2003年起，法学院曾经组织"青年教师学术沙龙"活动，每两周进行一次，并邀请部分本科生、硕士生、博士生参加。宪法学共有6位青年主讲教师均曾经在学术沙龙中作过1次以上主题报告。每次主题报告均由2名资深学者进行点评，然后由其他听众或学生提问，再由报告者作出回答。这项活动也大大提高了青年教师的学术水平，开阔了他们的视野，使其多角度、多维度思考问题，在学习研究中以广阔的视野和开放的姿态对待自己的教学和科研工作。

三、宪法学课程开设与课程建设

宪法学是宪法学研究所同仁们最精心维护和进行投入的法学核心课程。除了前述提到的有关教学理念、教学方法、教学研究和改革的设计与构建之外，在这门课程的目标、定位、重点、难点等问题上的具体设计更说明了宪法学研究所宪法学教学的规划化与制度化，说明了宪法学研究所对于宪法学的课程建设的用心投入。

（一）宪法学学科发展的主要历史沿革及特征

1. 宪法学学科起步早，具有深厚的历史积淀

1952年中国政法大学的前身北京政法学院成立，第一任院长钱端升

教授即是著名的宪法学教授，其在新中国成立之前与王世杰教授合著的《比较宪法》一书是 1949 年前我国比较宪法学研究的最高峰，在我国当今宪法学界亦有重要影响。自钱端升教授后，董璠舆、许清、廉希圣教授等一代代宪法学人薪火相传，直至如今的李树忠教授、焦洪昌教授和王人博教授。他们深刻领会和把握宪法发展的脉搏和方向，锐意进取，开拓创新，与时俱进，在国内宪法学的教学和研究工作中，占领了制高点。"文革"结束恢复办学后，中国政法大学的宪法学科得到了较快发展，1979 年获得了硕士学位授予权，2003 年获得了博士学位授予权，2007 年又成为博士后流动站。2002 后，中国政法大学又从校外引进了王人博教授和蔡定剑教授，大大增强了宪法学的教学和科研力量。宪法学成为中国政法大学和国内最受人瞩目的拥有法学博士、硕士学位授予点和博士后流动点的学科。自 1979 年获得硕士学位授予权以来，共培养硕士生和博士生 200 多人，不少研究生毕业后成为这些学校宪法学的学科带头人，将该学科的研究在更广泛的范围内展开。同时，50 岁、40 岁、30 岁三个年龄层次的教师已经形成了一个承前启后、继往开来的教研团队，知识结构和学历背景更加多样化，更有教师从美国、法国等宪法学研究较为发达的国家直接获得了博士学位。

2. 丰富的中国宪法学教材编写和科研经验

在近 20 年的发展中，教材建设一直是中国政法大学宪法学教学科研团队在宪法学建设方面的强项。自 20 世纪 80 年代起，中国政法大学宪法学教师就开始主编、参与编写了多部各种层次的宪法学教材，前后共计约 20 余部，成为国内诸多法学院校教授宪法课程的指定教材。其中，宪法学主讲教师主编或参与编写的在国内有重要影响的教材就有 10 余部。

3. 课程有 50 余年的讲授历史

1952 年北京政法大学成立后，即开设有宪法学（当时称为国家法学）课程。恢复办学后，宪法学一直是全校法学专业学生的必修课，政治学、管理学等其他专业的选修课。经过长时期的研究、摸索和实践，中国政法大学的宪法学教学、研究已形成鲜明特色：注重历史与现实的结合；注重宪法文本和宪法实践、宪法理念的结合；注重国内研究与国外交流的结合；不断开拓新的领域，以优秀成果为当代法制建设和法律文化交流提供资源。

4. 宪法学教学和研究在学术界的广泛影响

宪法学研究所在多年的宪法学教学、研究工作中，始终坚持教学、研究并重，经常在校内外举办各种形式的学术活动。法学院每年的"新年论坛"已成为中国政法大学学术活动的一个品牌项目，宪法学是每年论坛的重要内容之一。宪法学的教学和科研也得到了国内学术界的普遍认可。李树忠教授、焦洪昌教授均担任了宪法学研究会的副会长。

（二）宪法学课程定位

宪法学是教育部确定的高等学校法学专业14门专业主干课之一，也是法学理论的重要组成部分。法条含义的学习、具体案件（宪法事件）的分析，是培养立法、行政和司法部门人才学以致用必不可少的环节。因此，宪法学的教学在整个法学教育中起着基础性和指导性作用。从教学内容的基础性、复合性和前沿性来看，结合中国政法大学的办学定位、人才培养目标和生源情况，宪法学是法学专业学科领域的一门基础性和理论性的课程。

对于中国政法大学而言，每年在全国范围内招收1200名左右法学专业的本科生，其中5%左右的同学，在毕业时将选择宪法学作为毕业论文方向，有60%~70%的同学将参加公务员法律考试，有50%左右的同学将参加研究生入学考试，其中绝大多数报考本校，而宪法学在研究生入学考试初试中占有重要比例，是所有法学专业必考的课程之一。

同时宪法学课程是了解法学其他重要学科的本质和特征的主要途径，是透视和观察当代中国的法治建设、政府改革和社会进步的重要手段，不仅涉及法律的外在制度形式，更多的还要去思考公民与国家、权利与权力之间的适应关系，思考中国建设法治国家内在的逻辑关系。因此，如果不了解中国基本国情和发展历程，不了解中国法律在近代历史背景下转型的特殊性，就无法理解宪法学知识体系的开放性、基础性的特征，无法了解当代宪法制度发展的艰巨性和复杂性。从这些因素综合考虑，应把宪法学课程定位于"基础性和理论性课程"。

(三) 课程目标

宪法学是中国政法大学法学院、国际法学院、民商经济法学院、刑事司法学院、继续教育学院等法学专业的必修课,也是"4+1"培养模式等非法学专业进行通识教育中的核心选修课。本课程目标如下:通过该课程的学习,面向法学专业的学生,系统讲授宪法学的基本理论、宪法历史发展、国家权力结构理论、公民基本权利、国家机构等具体内容。其中,宪法学基本理论、公民基本权利等是最重要的讲授内容。具体而言,宪法学教学从以下三个层面进行。

(1) 价值层面。通过宪法哲学、政治哲学的理念,讲授宪法所关注的人类尊严和价值的内容。

(2) 规范层面。通过法律推理、法律论证的方法,从宪法事例入手,提升法律问题,提炼宪法思想,解释宪法现象。

(3) 实证层面。通过对宪法文本在社会生活中实施的状况,考察一个国家的宪政实践,分析宪法制度的成因,推进一个国家的法制建设。

通过以上各个环节的教学,实现宪法学的教学理念:宪法学教学,以推进我国依宪治国的治国理念与法治建设为指针,以传授宪法学知识为基本要求,着力于培养学生的宪法意识、宪法观念与宪法思维,从而使学生能够运用所学宪法学知识和思维方式分析和解决国家的政治生活、经济生活等领域中的宪法问题,养成尊重宪法和法律、以传播法治理念和实现公民权利为己任的法律人情怀。

表1 宪法学知识模块顺序及学时对应表

知识模块	学时
宪法的概念与原则	3课时
宪法与宪政	3课时
宪法的创制与修改	3课时
宪法的实施与保障	3课时
宪法的历史发展	3课时

续表

知识模块	学时
国家性质	3课时
国家形式	3课时
选举制度	3课时
政党制度	3课时
公民的基本权利（一）：公民基本权利保障原理	3课时
公民的基本权利（二）：公民平等权与政治权利	3课时
公民的基本权利（三）：宗教信仰自由、人身权利与监督权	3课时
公民的基本权利（四）：社会经济权利、文化教育权利特定主体的权利保护	3课时
国家机构（一）：国家机构基本原理、全国人民代表大会及其常委会	3课时
国家机构（二）：国家元首、国务院、中央军事委员会	3课时
国家机构（三）：地方各级人民代表大会及各级人民政府、人民法院和人民检察院	3课时
民族自治地方和特别行政区的国家机构	3课时

（四）课程的重点、难点及解决办法

1. 课程重点

宪法学课程作为一门法学专业的专业基础课，具有较强的理论性。在完整的知识体系当中，课程重点知识包括：（1）宪法、宪政的概念与特征；（2）宪法的基本原则；（3）宪法产生与发展的条件；（4）政权组织形式、国家结构形式的含义与类型；（5）民族区域自治制度、特别行政区制度；（6）公民、国籍、公民基本权利的含义；（7）我国公民基本权利的具体内容；（8）国家机构的含义与特征；（9）全国人民代表大会及其常委会、地方各级人民代表大会及其常委会的性质、组成、职权及会议制度；（10）国家主席的性质、产生与职权；（11）国家行政机关的含义、组成、职权；（12）审判机关和检察机关的性质、组织与职权；

(13) 政党制度的类型及我国的政党制度。

2. 课程难点

(1) 理论和现实的巨大差异性使学生对理论的认同感受到影响。受多种因素的影响，我国宪法在现实中实施的情况并不尽如人意，学生对老师讲授的宪法理念和宪法制度总是感到有一些困惑，认为实践中的情况与书本上的知识差距较大，因而影响到学生对知识的接受度。

(2) 宪法学中的一些问题在理论上争议较大，引起学生的学习困惑。宪法学中的某些基本问题在学术上仍然存在一定争议，如宪法的含义、国家政权组织形式与政体的关系、基本权利的效力等问题，不同学者、不同教材都有不同的论述，这对于接触法律时间不长的学生来说确实存在理解难度。另外，还有一些学生认为宪法学上讲的一些问题与法理课上老师讲的问题也有矛盾。如宪法学讲宪法的渊源就是宪法规范的表现形式，但有学生提出，有的法理老师提出不能把法的渊源理解为法规范的表现形式，这就造成了理解的不一致，也给学生带来了困惑。

(3) 课程中的一些理论问题有一定的理论深度，造成学生理解有一定的困难。如制宪权的含义、宪法与民主的关系、宪政的含义及要素、公民基本权利与人权的关系、平等权的性质、基本权利的效力、违宪审查与宪法的司法适用的关系等。

(4) 中国本土宪法判例的缺失使理论解说失去了实践支撑。宪法本应是现实中规范国家和公民关系的规则体系，所以对宪法规范的含义最好的注释是司法机关的判例。但由于中国没有真正意义上的违宪审查制度，现实中没有成熟的案例可供引用，这对于说明规范的具体含义和相关制度的发展变化都造成了不便。

3. 解决办法

(1) 根据本科生的思维方式、理解和接受能力设计授课内容。宪法学研究所在设计本科生教学内容时时刻遵循讲授"三基"的指导思想，即重点讲授基本概念、基本知识和基本原理。对于在理论上存在分歧的问题重点给学生讲授学术界的通说，同时向学生介绍理论分歧的原因、内容，以及如何看待这些理论分歧。

(2) 通过多种方式给学生解惑，使学生对重点和难点知识真正理解。老师一般都建立与学生联系与交流的公共信箱，在授权之前把讲义发到公共邮箱当中供学生预习，使学生及时发现自己难以理解的内容，以便在上课时集中注意力。老师在课堂讲授中，做到详细得当，对于重点和难点知识重点讲解，以尽可能将问题消灭在课堂当中。对于一些难度较大的问题，课下可以通过公共信箱等多种方式解答学生疑惑。

(3) 给学生强调总体把握与多角度相结合去学习宪法学的意识。宪法学理论体系是非常复杂的、深邃的，不能简单化理解，要紧密结合时代背景去阐述不同历史阶段的宪法制度，在具体的语境中分析不同的宪法理论与制度体系构建之间的对应关系，避免单纯的"思想文本"叙述。为此，宪法学研究所的老师在每一次课前都要专门阐述历史背景与该时期宪法思想的互动关系；分析社会结构、重大历史事件、文化传统、政治形态对法律制度体系产生的直接影响。

(4) 突出中国问题意识。100余年来影响中国社会变革的重大外来因素就是西学东渐，宪法亦是西方国家的舶来品，但在中国无论是理念还是制度都发生了重大变化。因此，本课程以中国宪法问题为中心，详细地阐述这些宪法学中的核心概念在西方特定历史背景下和特定语境下的含义和历史演变过程，从而科学地、客观地吸取西方宪法制度的精华。

(5) 别具一格的课程结构。为了避免某些教材呆板的、单调的结构形式，更系统、更条理地描述宪法理念和宪法制度，展现思想家的个性特征，老师们制作了简洁明了的教学课件，通过图表、图片、幻灯片等，加深学生的直观了解。

(6) 尽可能创造条件，引用案例教学。虽然中国缺乏成熟的宪法判例，但为增强课堂教学效果，本课程各位老师注意收集整理外国的宪法判例和中国宪法事例，在课堂中大量引用，起到了良好的教学效果。通过多年积累，老师们将这些案例和事例编辑成书，正式出版，作为教学的参考资料。1999年，焦洪昌教授和李树忠教授就主编了内地第一本宪法案例书——《宪法教学案例》（中国政法大学出版社1999年版），随后李树忠教授主编了《宪法案例教程》（侧重于外国宪法判例，知识产权出版社 2004 年第一版，2007 年第二版），焦洪昌教授和姚国建博士合著了《宪法学案例教程》（侧重于中国宪法事例，知识产权出版社 2004 年第一版，2007 年第二版），2013 年姚国建教授与秦奥蕾副教授又合著了《宪法学案例演习》一书。

（五）实践教学活动的设计思想与效果

宪法学虽然是定位为理论性和基础性的法学课程，但单纯的理论知识的讲授会使学生误认为宪法在实践中没有作用、宪法学只是一些僵化的书本知识，这不利于提高他们学习的积极性，也不利于培养正确的宪法观念。为此，宪法学研究所的老师们尽可能地设计宪法学的实践教学环节。具体方式是：开设宪法学案例课，引用案例教学；编写宪法学案例教材。

在案例课程设计上：（1）老师注意收集整理外国的宪法判例和中国宪法事例，在上课前先确定每堂课的主题，如公民的财产权案例研究；（2）根据主题，选择一些具有代表性的外国判例和中国事例，由学生准备；（3）在课堂上先由一位学生作主旨发言，分析案例中涉及的宪法问题，并根据宪法学知识、意识和思维模式对案例进行分析；（4）其他同学补充、讨论；（5）老师引导讨论并作总结。通过这种教学方法，学生们深刻意识到宪法是"活"的法律，它的实施对公民权利保障、法治建设起着重要的作用。

（六）教学条件

1. 教材的使用和建设

近几年来，由宪法学研究所同仁撰写的比较有影响的教材有多部，前面已经详述，此处不再赘言。

2. 促进学生自主学习的扩充性资料使用情况

宪法学学习和研究的资料极其丰富，现有教学计划安排是无法满足教学需要的。因此，宪法学研究所借助中国政法大学宪法学精品课程网站，将学生的课外拓展阅读作为一种重要的教学辅助手段。目前，已经有近 50 万字的宪法学学术资源供学生阅读下载，包括参考资料、教学案例、拓展与反思、作业习题等内容。

3. 配套实验教材的教学效果

宪法学课程除选用焦洪昌教授主编的《宪法学》外，又编写了《宪法案例教程》（侧重于外国宪法判例的介绍）和《宪法学案例教程》（侧重于中国宪法事例的介绍）作为学生的参考书。另外，姚国建教授编写的《宪法学习指导》（中国政法大学出版社 2007 年版）亦为学生课前预习和课后复习提供了便利，在学生中广受欢迎。

4. 实践性教学环境

宪法学课程主要通过启发式课堂教学、互动式小组讨论、虚拟对话、放映专题片等形式开展实践性教学。

5. 网络教学环境

中国政法大学有充足的多媒体教学资源，所有宿舍都开通了互联网，这些条件为进行网络教学提供了硬件基础。宪法学研究所通过教学网站、课程公共信箱以及教师个人电子邮箱开展课外阅读和网上交流活动。

（七）教学手段

基于宪法学的课程体系与特点，考虑到知识传授、能力培养与素质教育的教学目标，借助实践经验和理性品格培养的教学理念，宪法学课程在教学过程中设计了以下五种教学方法。

1. 启发式课堂教学

启发式教学方式的基本要义在于强调教学互动，它是当前高等教育中最为实用的教学方式。在具体运用上，通过提高教师的讲授水平和质量，改变传统的古板的"灌输式"授课风格，在课堂上师生间实现良性的教学互动，提高学生的学习和思考积极性。这一方法的实施，既提高了学生的学习兴趣和求知欲望，也提高了对授课教师的教学法要求。

2. 互动式小组讨论

探究性学习与协作学习是现代教学的重要方法。为了弥补课堂教学的诸多弱点，宪法学课程十分重视小组讨论式学习。在每一个教学时段里，在课堂讲授后，留出一定的时间，从已授内容中选择一个或数个可供讨论的、开放性的问题，组织学生分小组进行讨论。然后由教师进行总结和评价，并提出进一步思考的问题。这样，既锻炼学生的思维能力和思考习惯，也加强了教学效果。

3. 有针对性的课外阅读指导

阅读原著对于宪法的学习是十分必要的。针对不同国家的不同资料，宪法学课程设计了一个包含50余本书的完备的阅读书目，由学生结合自己的实际情况和需要自主选择，配合着教师的课堂教学法，安排了适当的原著或专著进行阅读，并定期组织讨论或者提交读书报告。

4. 开发网络教学与讨论

利用中国政法大学法学院的法律思想网、中国政法大学校园主页上的"网上研学平台"、课程公共信箱以及教师的个人信箱开展小组阅读活动。学生可以通过这些网络渠道与老师交流，上交读书报告。这一方法收效甚好，学生不仅在课外学习中获得了课内学习所得不到的知识，还扩大了学生的知识面，学生参与的积极性较高。

5. 广泛采用多媒体教学

多媒体教学法可以利用一些形象的表格、模型以及图形向学生生动地展示宪法的发展脉络、逻辑结构等。同时，借助多媒体图片、音像的形象功能，向学生展示了大量的背景信息，让学生对宪法的制定、宪法制度的形成与发展有直观的了解。如在讲授政党制度后，给学生放映由中央党校出版社出版的影像资料《世界执政党兴衰史鉴》，同时辅之以必要的解释、引导，使书本上的静态知识变成动态的知识，起到了良好的教学效果。

（八）考试制度的规范与完善

鉴于宪法学课程的重要意义，以及宪法学考试成绩在学生就业、申请出国深造等方面具有的越来越重要的地位，宪法学研究所自2015年起进一步规范了宪法学的出题和考试制度。

宪法学出题和考试制度规范的要点包括：（1）出题工作由命题小组集体进行；（2）严格遵循教务处关于必修课命题的基本规范；（3）宪法学总成绩由卷面成绩与平时成绩组成，并在可能的范围内统一和加大考察平时成绩，提高学生在宪法学课上的分析和动脑能力。

法学实验班的导师课堂教学与教育质量的提升

张 力[*]

摘 要：在研究生培养阶段，导师课堂教学与教育质量的提升之间具有密切关系。法学实验班基于其规模大、实践导向等特点，研究生阶段的导师课堂教学尤为重要。当前研究生课堂教学过程中所采用的讲授式、案例教学以及研讨教学等方式各有利弊，需要奉行整体性、多样化思路，并从定位、运用、导师准备、课堂管理等方面入手，最终实现教育质量的提升。法学实验班研究生阶段的教学也要以此为思路，进一步完善课程群建设，发挥导师课堂教学的作用，兼顾法律实践导向，实现培养目标。

关键词：卓越法律人才 导师课堂教学 教学方法 课程群

在研究生教学过程当中，课堂教学尤其是导师的课堂教学指导对研究生教育质量的提升具有重要作用。"工欲善其事，必先利其器"，课堂教学当中方式方法的改进将有助于整体教育质量的改善。在整个导师指导过程中，课堂教学的部分无疑是重中之重。曾有观点认为，本科生教育以课堂教学为重，研究生教育则以科研为主，课堂教学为辅。不过，无论是从比较的经验，还是从《中华人民共和国学位条例》（以下简称《学位条例》）来看，研究生教育质量的提升都离不开高质量的课堂教学水平。就比较来看，高等教育发达的国家，无一不重视课堂教学环节，即便到了似乎更应该强调科研训练的博士研究生阶段亦是如此，甚至会通过与课堂教学密切相关的资格考试（Qualification Exam）来确保教育质量。而就《学位条例》第5条和第6条有关学位授予条件的规定来看，

---

[*] 张力，中国政法大学讲师，法学博士，研究方向为宪法学与行政法学。

实际上也是兼顾课堂教学和科研能力培养的。❶ 尽管如此，在当前认识中，从导师角度来看，仍有相当比例的观点不重视课程学习。根据我们的调查，在针对普通研究生导师的 48 份有效导师问卷中，仅有 25% 的导师在回答"以下研究生培养环节，您更重视的是"问题时，将课程学习排在研究生培养的优先位置，在所有选项（多选）中居最末位，如表 1 所示。与之形成映照的是，在有效的 130 份研究生问卷中，也仅有 34.62% 的人将课程学习摆放在优先位置，同样位居最末位，如表 2 所示。可见，课堂教学在相当程度上既被导师也被研究生忽视。

表 1　关于研究生培养环节重视度排序的导师问卷结果

选项	小计	比例
学术规范与学术道德的教育	35	72.92%
课题研究与科研训练	38	79.17%
学位论文开题和答辩	17	35.42%
实践能力的培养	17	35.42%
课程学习	12	25.00%
本题有效填写人次	**48**	

表 2　关于研究生培养环节重视度排序的研究生问卷结果

选项	小计	比例
学术规范与学术道德的教育	66	50.77%
课题研究与科研训练	99	76.15%
学位论文开题和答辩	57	43.85%
实践能力的培养	102	78.46%
课程学习	45	34.62%
本题有效填写人次	**130**	

---

❶ 《学位条例》第五条规定："高等学校和科学研究机构的研究生，或具有研究生毕业同等学力的人员，通过硕士学位的课程考试和论文答辩，成绩合格，达到下述学术水平者，授予硕士学位：（一）在本门学科上掌握坚实的基础理论和系统的专门知识；（二）具有从事科学研究工作或独立担负专门技术工作的能力。"第六条规定："高等学校和科学研究机构的研究生，或具有研究生毕业同等学力的人员，通过博士学位的课程考试和论文答辩，成绩合格，达到下述学术水平者，授予博士学位：（一）在本门学科上掌握坚实宽广的基础理论和系统深入的专门知识；（二）具有独立从事科学研究工作的能力；（三）在科学或专门技术上做出创造性的成果。"

以上数据虽然并未区分学术硕士与法律硕士，但所揭示的问题却具有普遍意义。由于当前法学实验班的研究生学习阶段（即第五年和第六年）尚未形成专业方向的课程群，更没有围绕专业导师进行课程设计，因此暂时难以充分评估导师课堂教学与教学质量之间的关系。但是，基于法学实验班实践导向的培养目标以及自入学伊始便确定了专门的指导老师，研究生阶段的学习有必要进一步完善课程体系建设，更为充分地发挥导师在课堂教学中的作用。

有鉴于此，以下将从导师职责、角色的角度出发，针对法学实验班研究生阶段学习的特点，依次讨论导师课堂教学对于研究生素质培养的重要意义、主要课堂教学方法存在的问题，以及导师课堂教学方法的改进思路。

一、导师课堂教学对于研究生素质培养的重要意义

随着研究生数量的增长，多个导师共同辅导少数研究生的场景逐渐消失，甚至慢慢出现一个导师同时辅导10余个研究生的授课化现象，这便使得课堂教学的作用日益凸显。对于当下法学实验班研究生阶段的导师制度来说，导师小范围的指导机制尚未成型，这使得课堂教学的重要性更为突出。由于在一个一级或是二级学科当中，导师们各有专长，就研究生素质培养而论，其课堂教学主要有以下三个方面的意义。

（1）在培养方案的框架内帮助研究生完善知识体系。与本科生相比，研究生阶段的知识培养更偏重研究专长，这对知识体系的完整性和专业性有更高的要求。课堂教学一方面可以促使导师本身从教学出发，系统整理授课所需知识，实现对自己所带研究生的知识传授，避免知识传授的零碎化。同时，也能够在一定专业范围内帮助研究生思考问题、分析问题和解决问题，为此后的论文写作打好基础。考虑到法学实验班学生研究生阶段在实习方面的侧重，导师引导下的有效课堂教学便显得更为重要。另一方面，在培养方案的整体框架内，研究生也可以借助不同导师的常规化、规范化课堂教学寻找问题，完善自身的知识体系。

（2）有助于研究生科研能力的系统提升。在研究生人数规模不大的

情况下，研究生科研能力的提升与各自导师有着较为密切的关系，更近似于一种师徒关系。而在如今，随着研究生数量的增长，研究生教育自然而然地出现了诸如缺乏有力监督和激励机制等问题。❶ 因此，从监督和激励角度来看，导师课堂教学对于系统提升研究生科研能力的重要性开始增加。首先，导师课堂教学将以示范的形式培养和锻炼研究生寻找收集文献的能力。课堂教学必然是围绕着某一个或若干个主题展开的，而要深入了解每个主题，必然需要掌握相关的文献收集方法。专门的文献检索课程固然重要，但导师课堂教学更能做到有的放矢，结合特定主题帮助研究生掌握某个特定领域的文献整理方法。其次，导师课堂教学同样将以示范的方式，帮助研究生掌握独立分析和解决问题的能力。就通常情况而论，研究生独立处理问题的能力不是经过本科学习之后就自然获得的，本科学习主要是知识方面的学习，惟有在此基础上有针对性地进行培养和训练，才有可能从前人研究和日常生活中自觉找到问题。在这个过程中，导师课堂教学可以就当前主要研究思路的生成、既有研究成果如何产生以及分析论证方法进行展示。最后，导师课堂教学可以利用多种教学方法督促研究生关注前沿问题，培养其探索创新能力。虽然，随着研究生招生规模的扩大，有相当比例的研究生是以未来从事实务而非研究为学习导向，法学实验班的培养模式更是强调法律实践导向，但对新兴问题的敏感度和探索能力应是研究生科研能力和思考能力提升的题中之意。作为具体领域的专家，导师通过课堂教学可以系统提示前沿问题所在，同时引导研究生做更进一步的探索。

（3）有助于研究生心理压力的缓解。导师课堂教学的规范化和常规化可以促进导师和研究生之间的交流，心理素质同样也是素质培养的重要一环。在当下，学业、就业等方面的压力骤增，研究生的心理素质同样需要关注。导师课堂教学在完善研究生知识结构和提升科研能力的同时，在相当程度上，也能帮助研究生减轻心理压力，进而游刃有余地处理学业和尽早思考下一步的人生规划，避免因为外界压力过大而对心理

---

❶ 参见熊玲、扶雄等："全日制硕士研究生教学质量保障体系"，载《高等教育研究学报》2010年第1期，第54页。

状况产生不好影响。此外，导师课堂教学还能起到言传身教的作用，与书面交流不同，这将有助于研究生真正以导师为楷模，明确自己的学习乃至生活方向。

二、当下课堂教学主要方法所存在的问题分析

研究生教育质量的提升，除了需要导师高水平的专业能力和先进的培养理念，还需要多样化且契合实际的课堂教学方法。而自恢复法学教育以来，经过30余年的实践，我国的研究生课堂教育逐步与本科生课堂教育方式产生分野，这不单体现在从过去的讲授式教学法转向包括讲授式教学法、案例教学法、讨论式教学法等多种教学方法并存并重的多样化教学，还体现在指导教学方法选择的理念上。之所以出现这种变化，一方面得益于对其他国家和地区研究生培养模式的借鉴，另一方面也是我国研究生教育发展到一个新阶段的必然现象。换言之，正是研究生教育质量的提升带来了新的需求，国家、经济、社会的发展对专业人才有更高的需求，作为教育对象的研究生群体对教育模式和教学方法自然也有更为细致的要求。不过，值得注意的是，教学方法的多样化并不必然等同于教育质量的提升，方法定位不清、运用失当、导师准备不足、课堂管理不善等成为当前困扰我国研究生教育教学方法的主要问题。有鉴于此，以下将对讲授式教学法、案例教学法和讨论式教学法所存在的问题依次进行分析。

（一）讲授式教学法的问题

讲授式教学是最为常见的教学方式，即便是在法学教育中也不例外，而在研究生教育中，这种教学方式依然占据重要的位置。诚然，侧重知识"传授—吸收"的讲授式教学在基础知识学习等方面有其存在的必要性，但随着知识更新速度加快、知识传播技术的发展以及对独立解决问题能力要求的提高，就研究生教育来说，讲授式教学法也出现了一些问题。

（1）讲授式教学法主要定位于知识传授，而研究生教学尤其是法学教育中的研究生教学通常不限于知识的简单传授。由于在此前的本科学习阶段，基本知识的传授已经完成，所以在研究生阶段，导师在进行与

本科课程主题相同或相似的课堂教学时，讲授式教学不免会陷入重复讲授、照本宣科的怪圈，未能体现研究生课堂教学的本质特征。❶ 即便是在讲授不同课程，若定位过于单一，讲授式教学也容易陷入低水平的知识传授，难以调动教育对象的学习积极性。

（2）尽管讲授式教学法是最为传统的教学方式，也是导师课堂教学最熟稔的方法，但是，在定位不清的情况下，该教学法同样可能出现运用失当的情形。尤其是在研究生人数不多的情况下，显然不适合一味简单地适用讲授式教学法，而需要考虑其他教学方法的配合运用。

（3）讲授式教学法使得导师往往忽视调动教育对象的课堂积极性，表面看似乎是导师已经做了充分的课堂教学准备，但若考虑到课堂教学不单有"教"，还有"学"的部分，这实际上表明导师并未做好充分的准备，没能完整考虑到研究生学习的特征和需求，更没能充分准备好面对教育对象在课堂上可能提出的疑问。

（4）讲授式教学法往往缺乏宽阔的课堂管理意识，而是局限于作为讲授者的导师的单方准备，即便布置了阅读材料，该教学法也常常没法把阅读材料置于课堂管理的中心位置，无法在课堂教学过程中使导师和研究生围绕阅读材料形成有效的双方乃至多方互动。于是，讲授式教学法主导下的课堂教学就沦为"课堂上的教学"，而缺乏真正的课前准备和课后成果的总结，难以形成系统的课堂管理体系。

（二）案例教学法

在法学教育特别是研究生阶段的教育中，案例教学法是近些年来日益得到人们重视的教学方法。它来自于普通法系的课堂教学，其背景是在普通法系国家，案例是重要的法律渊源，是法的一部分；而在大陆法系国家，随着案例在实务工作中的重要性日益增长，案例教学法也逐渐成为法学教育的重要组成部分。近些年来，在我国的法学教育中，案例教学法不限于本科课堂教学，它同样存在于研究生的课堂教学中。从近

---

❶ 参见包迪鸿、江雪梅、黄勇："完善我国研究生课程教学的思考与研究"，载《黑龙江高教研究》2005年第6期，第122页。

年的教学实践来看，案例教学法同样在定位、运用、导师准备、课堂管理等环节存在以下四个亟需解决的问题。

（1）案例教学法定位仍存在一定的模糊之处。就比较来看，案例教学法主要侧重于知识的运用和实践能力，其导向是未来的法律实践工作。而在我国，科研能力在研究生教育质量体系中占据重要位置，虽然研究能力与未来的法律实践之间不存在根本性冲突，但是从课堂教学的安排来看，案例教学法仍然需要先明确自身的定位。

（2）案例教学法在运用上可能存在体系性较弱的不足。课堂教学讲求一定的体系性，案例教学法的基本材料是案例，现实中的案例数量众多且琐碎，其中可能涉及多个问题，并非所有的案例都适合用作课堂教学使用，因此，从目前的研究生课堂教学情况来看，运用案例教学法存在碎片化的风险，与所授课程主旨可能存在背离。

（3）案例教学法对授课导师的要求较高，既要求导师对某个领域内的案例拥有充分了解，又要求其对实务问题有相当的关注，否则就会出现在当前课堂教学中时常出现的导师准备不足导致教育对象学习效率低下的弊端。

（4）案例教学法在课堂管理方面也有较高的要求，如果不能从导师和研究生两个方面因地制宜地设计出良好的课堂管理流程，反而将影响案例教学法在促进师生交流方面的优势发挥，使其形式化为导师的"一言堂"。

（三）讨论式教学法

讨论式教学法与案例教学法有着内在的共通性，即二者都强调师生之间的互动和交流，并且此类互动和交流是课堂教学的核心，知识学习与能力培养恰是借助互动和交流完成的。因此，在案例教学法和讨论式教学法的课堂上，导师不是单向的传播者，而是共同学习的一员，师生双方处于一种相互平等、相互尊重、相互学习的范围之中，这与讲授式教学法是截然不同的。❶ 不过，需要注意的是，不同教学法之间并不存

---

❶ 参见沈文捷、朱强："Seminar 教学法：研究生教学的新模式"，载《学位与研究生教育》2002 年第 7～8 期，第 45 页。

在绝对的优劣,而是需要与具体课程、导师和学生的基本情况放在一起,才能寻找到最为妥帖的教学法。就当前的研究生教育而论,讨论式教学法存在的问题主要体现在以下两个方面。

一方面,导师自身的准备不足,这将导致使用讨论式教学法的课堂教学无法达到预期的教学目标。讨论式教学更像是一个小型的主题讨论会,参与的研究生通常并不在同一水平,而且兴趣和文献材料的阅读情况也不尽相同,这便要求导师在课堂教学前对学生各自的情况有较为细致的了解,同时还要对讨论的主题具有充分和最新的了解,以便对课堂讨论予以引导。而就目前的教学实践来看,即便使用讨论式教学法,导师们这方面的准备尚有较大的改进空间。

另一方面,由于课堂管理不善,讨论式教学法有使导师逃避课堂教学任务之嫌。缺乏系统的课堂管理,会使得讨论式教学徒具形式,使得整个课堂讨论更像是学生们漫无主题的低水平讨论,无法帮助学生提高发现和研究问题的能力,同时也无法通过课堂学习形成一定的成果。

综上,就课堂教学来说,不同的教学方法各有其利弊,根据现行的培养方案和过去多年的教学实践,法学实验班在前4年的课堂学习过程中,已经接受了上述教学方式的洗练,对不同教学方法已然较为熟悉。因此,在研究生阶段的课程学习中,需要结合具体授课导师的教学特点和能力,根据内容来考虑选择具体的教学方式,特别是要兼顾培养方案的完成和未来的法律实践导向,在完善知识体系的同时,训练思辨和讨论交流能力。

三、导师课堂教学方法改进的思考

曾有观点认为,研究生教学需要从知识传授为主的讲授式教学向研究性教学方式转变。❶ 然而,从对以上导师课堂教学方法的讨论中,我们发现,不能因为研究生教育与本科生教育的不同,尤其是对研究能力培养的重视,便机械地认为传统讲授式教学法不如案例教学法和讨论式

---

❶ 参见翟亚军、哈明虎:"我国研究生课程教学中存在的问题及对策研究",载《中国高等教育》2004年第6期,第41页。

教学法，就一定不适合研究生教育。反之，也不能僵化地认为案例教学法和讨论式教学必然就与研究生教育，特别是法学研究生教育相互匹配。有鉴于此，导师课堂教学方法的改进应当奉行整体性、多样化思路，根据具体课程情况进行安排，进而充分发挥各种教学方法的长处，而非有所偏废。

就改进思路来看，整体性意味着要从课程方案设计、课程设置、课堂氛围以及课后专业文献阅读等多个方面入手，综合分析上述三种教学方法的改进方向，分析它们在定位、运用、导师准备以及课堂管理等环节的不足，以便同时予以完善。多样化则意味着在研究生课堂教学中，既要抛弃过去单纯地依赖讲授式教学法的传统课堂教学方法，也要避免矫枉过正，避免全然摒弃某种教学方法，陷入一味强调某类特定教学方法的陷阱当中。

就改进方法而论，无论是传统的讲授式教学，还是案例教学法和讨论式教学法，都需要在具体的实践情境中，也就是特定的课程设计中借助上述对问题和不足的分析，进行具体的探讨。

（1）从教学方法的定位来看，需要明确不同的课程有着不同的定位。在研究生培养阶段，讲授式教学法适合宽口径教学中那些跨学科课程的课堂教学以及前沿问题的基础知识传授部分，导师可以利用讲授式教学法完成基本知识背景的铺垫，避免宽泛地使用案例教学法和讨论式教学法等研究性教学方式，容易导致效率低下，不能实现应有的效果。[1] 而案例教学法和讨论式教学法更适合那些学生已经有了一定知识储备的课程。其中，案例教学法因其实践色彩更浓厚而需要更多地考虑真实世界中的法律问题，尤其是对于当前中国来说，案例在司法实践中的地位和作用有所提升，需要导师在课堂教学过程中将案例教学法定位于知识和能力的实际应用，将其作为理论与实践相互关照的重要方法。

（2）从教学方法的运用来看，导师要考虑到所授课程的课堂人数。同样的课程，如果研究生人数较多，如在15人以上时，一般更为适合采

---

[1] 参见刘亚敏、胡甲刚：“研究性教学及其在研究生教育中的实施”，载《学位与研究生研究》2006年第10期，第5页。

用讲授式教学法或是案例教学法，如果人数更多，便只适合采用讲授式教学法，这实际上需要和整个课程设计相配合，实现导师与研究生相互之间资源的有效搭配。反之，较小的课堂规模有利于采用讨论式教学法。不过，需要注意的是，就研究生教育质量提升而论，不同教学方法可以在同一课程的课堂上交叉使用，在需要帮助学生澄清基本概念和掌握基础文献时，导师可以采用讲授的方式，而进入案例或主题讨论时，则可以穿插使用案例教学法或讨论式教学法，如此交叉往复，有助于更好地实现教学目标，提升研究生的知识水平和研究能力。

（3）就导师的准备工作来说，讲授式教学法不但需要导师对所授课程拥有全局性的了解，而且还要求其掌握本门课程较新的知识情况，而非局限于某一本或某几本教材的知识体系。此外，该教学法还需要导师在此基础上能够为研究生提供经典的阅读材料，帮助后者深化对本门课程的理解。案例教学法和讨论式教学法则需要导师在课堂教学之前对相关案例和主题阅读文献做过系统的阅读和编排，能够根据一定的教学目标把这些材料中的相关问题摘取出来；需要导师对不同学生的知识储备和特长有一定了解，以便在课堂教学过程中作出相应安排；需要导师对在讨论和沟通中研究生可能提出的问题有一定的预判，能够对此类问题予以分类，确保案例或主题讨论集中，以有效、较好地实现课堂教学的目标。

（4）就课堂管理来说，讲授式教学法不应局限于导师对学生的单向知识传播，而需要尽可能地明确整个课堂是通过苏格拉底式问答法进行组织和管理的。据此，在课堂教学之前，导师需要让学生了解整个课程的授课内容、每一次课程的内容和相应的文献材料，在确保学生做好事前阅读的基础上，组织课堂教学活动，同时也是在这样的教学过程中检验学生们是否阅读了相应的文献材料，以及其阅读的效果和质量。案例教学法和讨论式教学法的课堂管理则需要在实现学生们相互启发的导向下，充分发挥导师的组织和引导作用，否则便会沦为形式。具体来说，在课堂教学开始时，导师需要先以描述而非评价的方式，明确本次课程的案例和讨论主题，而后由学生们对自己负责的案例或主题进行专题陈述和分析,再由专门指定的学生对此进行评价,形成相互倾听、质疑和评价的良好氛围。❶ 在这个过程中,导师需要倾听研究生的发言,引导讨论,确保不偏离主题,而导师不能离开课堂,不能简单地在最后做一个总结陈述。值得注意的是,在研究生教学阶段,由于案例教学法和讨论式教学法本身具有一定的研究导向,因此,有必要在课程结束后及时地对成果进行总结、编排和固化,比如将研究生讨论成果打印成文稿等。❷ 这么做一来是为了形成学生日后参考回顾的书面对象,二来是给以后的课堂教学留作参考,避免不必要的重复工作。如此才能形成一个科学、完整的课堂管理流程,确保上述教学方法充分发挥其应有的作用。

四、结 语

综上可见,即便进入研究生教学阶段,导师的课堂教学在研究生教育质量管理当中,依然扮演着重要作用,它是整个培养方案不可或缺的一个部分,因此需要结合我国当前的研究生教育,尤其是法学教育现状加以观察和研究。对于当前的法学实验班研究生阶段的课程设计和教学情况来说,现在的课程设计恐怕不能完全满足提升教育质量的需要,也不能完全落实培养目标。而通过对讲授式教学法、案例教学法和讨论式教学法的观察,我们发现,教学方法相互之间很难说存在优劣之分,而需要在整个课程设计和课堂教学目标框架中去考虑其所存在的问题。有鉴于此,笔者认为需要从以下三个方面加强法学实验班研究生阶段的课堂学习,确立导师指导机制,提升教育质量。

一是明确课堂教学在法学实验班研究生阶段学习的重要性。现在已有许多学生表示本科阶段的学习很充实,而研究生阶段的学习找不清方向,也缺乏专业方面的指导。因此有必要先易后难,先从课堂教学入手,建设完善的专业课程体系,尤其是采用课程群的方式,发挥专业导师的

---

❶ 参见郝明君:"研究生教学模式改革的理论与实践探究",载《重庆师范大学学报(哲学社会科学版)》2009年第3期,第118页。

❷ 参见刘国福、李慧等:"研究生课程讨论式教学初探",载《高等教育研究学报》2009年第3期,第38页。

优势，围绕培养方案设定的目标强化课堂教学。

二是明确专业导师在课堂教学中的责任。这里的责任既包括教学目标的设定，同时也包括教学大纲的撰写和执行，以此来确保严格严谨的课堂教学纪律和高效的课堂管理。至于具体的教学方法，可以交由授课导师具体选择。

三是要考虑课堂教学与法律实践的关系，即明确课堂教学要承载一个总体目标和两个具体任务。一个总体目标就是确保培养方案的落实，确保法学实验班学生能够逐渐具备应有的能力。两个具体任务则是一方面要配合毕业论文的写作，这实际上是研究生阶段学习的一个主要任务；另一方面要协调与法律实践的关系，课程群的设计要在学生兴趣基础上配合法律实践的顺利展开，用更好的专业知识和能力为正在进行中的实践提供支持，并为未来的职业能力打下牢固基础。

试论法学实验班专业实习校内指导教学法

袁 钢*

摘 要：面对传统专业实习模式目标不明确，内容不务实，考核不完善，教师不投入等沉疴，中国政法大学在实施卓越法律人才培育计划中开设"专业实习校内指导课"，将专业实习纳入校外法律诊所管理，发挥案件研讨教学方法的独特价值。在运用案件研讨教学法时，应当注意着力解决专门师资、实施过程和关键要点等问题。

关键词：法学实验班 案件研讨 专业实习 卓越法律人才

法学人才培养模式是一个系统性的人才培养工程，这一工程的核心问题是，法学教育如何满足我国社会、经济和文化发展的客观现状对于法学人才提出的客观需求，即如何使教师和学生能够正确把握运用法律知识与解决法律问题之间的平衡点，这是单纯的理论教学所不能替代的重要方面。中国政法大学法学实验班教学中，正试点将案件研讨教学法运用到法学专业实习中，这一教学法正在产生积极效果。

一、法学专业实习的问题与解决

（一）法学教育改革中的专业实习

中国政法大学自建校以来一直为北京地区司法机关、行政机关等各级机关、社会团体培养并输送有专业特色、务实、高效的人才，为经济社会发展作出卓有成效的贡献。面对国家政治、经济、社会发展需要，以及法学教育教学科研的深入，中国政法大学以社会需求为导向，积极

---

* 袁钢，中国政法大学副教授，法学博士，硕士生导师，研究生院副院长。本文系 2015 年中国政法大学研究生教育教学改革项目"法学实验班专业实习校内指导教学研究"的研究成果。

迎接调整，积极探索具有较强应用能力的实践型法学人才培养模式。2008年教育部批准中国政法大学开展法学人才培养模式改革，推行"六年制法学人才培养模式改革"；2010年以"六年制模式"为基准模式的"高级法律职业人才培养体制改革"被确定为国家教育体制改革试点项目；2011年教育部、中央政法委开始实施卓越法律人才教育培养计划。

中国政法大学法学实验班基准学制为6年，实行本硕贯通培养，第五学年至第六学年为应用学习阶段。根据中国政法大学法学实验班的最新培养计划，实验班学生在第八学期和第九学期要完成40周的法检机关实习和律师事务所实习。

（二）亟待改革的传统专业实习模式

根据教育部本科培养计划有关规定以及笔者的调研，❶ 各法科院校在法学本科生和研究生培养阶段，均将专业实习列为必修课。各校专业实习时间基本都限定在4~20周。传统的专业实习模式目标不明确，内容不务实，考核不完善，教师不投入，最终导致学生没兴趣。传统实习模式最终都陷于"放养"式的泥潭，实习学生如断了线的风筝。

（1）目标不明确。传统专业实习中，基本上都将专业实习的目标界定为提高学生的实践能力、动手能力。用空洞的目标来指导学生专业实习，必然使得学生无所适从。

（2）内容不务实。传统专业实习的内容不能与实践实务需求相一致，往往是由院校自行决定，甚至有些院校实习内容是缺失的，这必然导致学生实习的形式化，院校只认公章的官僚化，完全脱离了专业实习的应有之义。

（3）考核不完善。多数高校都制定适用于所有专业的实习考核表格，主要由实习单位根据学生实习表现来写评语和评分，由校内教师对实习报告或者实习论文进行评分。实际考核中，实习指导单位往往都给予满分或者接近满分的评价，实习学生实习效果难以区分。

---

❶ 参见袁钢主编：《实践性法学教育论丛（第四卷）》，知识产权出版社2015年版，第56页。

（4）教师不投入。传统专业实习模式，一般都是由负责学生工作的党委书记或者团委书记领导，具体由辅导员或者行政人员组织实施，联系实习单位安排学生去实习。更有院校直接把实习登记表格交由学生，让其自行寻找实习单位。传统专业实习几乎与专业教师无关，也被绝大多数专业教师当作是负担，没有把专业实习纳入专业课范畴。当然这也与对于实践教学概念的误读有关。❶

面对沉疴，中国政法大学法学院于2014年开始尝试在实验班专业实习阶段引入"专业实习校内指导课"，这是法学实验班与专业实习相结合的重要课程，并且是法学实践教学的重要教学法和教学环节，是法学实验班专业实习的必修课程，其目的在于了解、发现学生在实习单位专业实习中的基本情况和存在问题，进行途中矫正。

专业实习校内指导课程与专业实习同时开设，采用"校外法律诊所"的教学模式，以10~15名同学为一组，每组有一名专业指导教师进行指导，可以邀请实习指导教师参加，主要采用案件研讨、引导、评价和反馈的方法，结合学生实际办理案件的情况，进行汇报、反馈和评价。该课程双周开课，每次为3课时，在专用案件讨论教室举行。另在每学期开始有1次全体师生参加的全体指导课、结束时有1次总结课，共计12次，合计36课时。为加强专业教师对于实验班专业实习进行的有效督导，要求在每次指导中，教师必须认真填写指导表格，其中指导内容中简要填写本次指导过程中与学生会谈中反映的情况和问题，并给予解决，接受指导学生签字为实际参加现场学生的签字，专业指导教师在指导表格上签字确认。从既往实践来看，案件研讨教学法可以极大调动学生学习的积极性。

在法学专业实习过程中运用案件研讨教学法，需要在现有学校教学体系中，最大限度利用现有教学资源，发挥教师的主观能动性，以案件研讨教学方式为突破口，设计、构建、实施与保障一系列的法律实践教学课程体系。该课程体系可以让学生们在走出象牙塔之前接触社会，帮

---

❶ 参见袁钢主编：《实践性法学教育论丛（第四卷）》，知识产权出版社2015年版，第39~41页。

助学生学会、掌握法律的基本技能，让学生真正具备社会急需的基本素质。

二、案件研讨教学法的概述

（一）案件研讨教学法的概念

1. 案件研讨教学法概念界定

案件研讨教学法（Case Rounds），又称反馈评价教学法、案件分析教学法、案件讨论教学法，这来源于医学院教学法。在医学院的教学中教师在固定的时间对实习医生的工作状况进行检查，及时发现问题并现场解决问题，❶ 即大查房和小查房制度。案件研讨教学法是法律诊所的基本教学法。面对现行的法学教育模式偏重于向学生传授必要的法学原理和基于现行规范的法律知识，忽视了对学生实践能力和操作能力的培养的问题，各法科院校陆续引入了"法律诊所教育"。"法律诊所教育"是20世纪60年代美国法学院兴起的一种法学教育方法，其形式借鉴了医学院诊所教育模式，倡导在实践和经验中学习法律和律师的执业技能。法律诊所教育是指法学院学生在一个真实或虚拟的"法律诊所"中，在有律师执业资格的教师的指导下为处于困境中的受援人提供法律咨询，"诊断"他们的法律问题，开出"处方"，为他们提供解决法律问题的方法，并为他们提供无偿的法律援助服务。常见法律诊所模式包括校内法律诊所、校外法律诊所和模拟法律诊所。

20世纪70年代，案件研讨教学法被广泛地运用到法律诊所教学。❷ 在法律诊所教学中，学生们按照指导老师规定的时间，及时向指导教师和其他学生汇报自己所办案件的操作进度，以及自己在实际办案过程中的心得体会和所遇到的问题，并在指导教师的主持下，最终全班共同讨论解决问题的实际方案。在这一过程中，学生能够充分发表自己的意见和观点，教师及时给予评价，学生则通过教师对自己的点评与评议，检

---

❶ 许身健主编：《法律实践教学手册》，法律出版社2012年版，第61页。

❷ Dominick R. Vetri, *Educating the Lawyers: Clinical Experience as an Integral Part of Legal Education*, 50 OD.

验和反思自己的学习能力。❶

2. 案件研讨教学法特征总结

在专业实习中引入案例教学方法，具有以下三个特征。

(1) 案件研讨的主体一般来说主要是法律诊所的学生。在教学实践中，法律诊所的学生在遇到有关案件或参与公民代理时，必然要对案件分析并制定相应的计划。

(2) 案件研讨的对象是现实生活中的案件。同一般案例教学相比，法律诊所案件研讨的最大特点就是案件直接来源于现实生活，从而要求学生发挥其主观能动性解决现实问题。

(3) 案件研讨往往是群体合作，多人共同参加，以求集思广益寻求解决问题的最佳方法，亦即通过集体讨论的形式来分析案件。

(二) 案件研讨教学法的作用

在现有法学教育中，尤其是在法律诊所和专业实习教学过程中，案例教学法的使用具有以下两种独特价值。

1. 增强学生反思的学习能力

在案件研讨教学中，学生们按照指导教师规定的时间，及时向指导教师和其他学生汇报自己所办案件的操作进度，以及自己在实际办案过程中的心得体会和所遇到的问题，并在指导教师的主持下，最终全班共同讨论解决问题的实际方案。在这一过程中，学生能够充分发表自己的意见和观点，教师据以控制教学节奏，学生则通过教师对自己的点评与评议，检验和反思自己的学习能力。

2. 培养学生综合的法律技能

案件研讨教学法是知识与能力相结合的教育，其目标是培养、训练学生法律思维能力、法律推理能力、职业技能和职业素养，它必须给学生传统技能之外的更多的训练。案件研讨教学法要求学生"像一个律师那样去操作"（Do like a lawyer），即如何分析事实和法律，寻找证据，在特定的问题中组织争议点，寻求法律依据，从而提高学生的推理能力。

---

❶ 许身健主编：《法律实践教学手册》，法律出版社 2012 年版，第 61 页。

此外，价值和责任问题、批判性地思考问题、创造性地解决问题等都是案件研讨教学法的重要内容。

在法学教育改革中，案件研讨教学法可以与提高法科生的实务技能和综合素质的教学目标相契合，可以与多种实践性教学方式的运用相配合，需要与具有实务教学经验的专职教师相结合，是与卓越法律人才教育培养计划相衔接的。

三、案件研讨教学法的运用

明确传统专业实习中的问题，在法学教育改革中运用案件研讨教学法，需要充分贯彻法学教育改革的目标。案件研讨教学法关注学生的需求、学生的发展，对于师资提出新的要求。

（一）案件研讨教学法的师资

案件研讨教学法运用的关键是掌握案件研讨教学法的师资。一般来说，运用案件研讨教学法的教师需要至少具有 3 年的法律实务和法律教学经验，真正了解到社会对于法科生的需求是什么，真正掌握先进的教学技能，接受过系统的教学培训，才可以在运用案件研讨教学法中发挥巨大的作用。

教学管理者在推动案件研讨教学法中，需要做好必需的教学组织管理工作，具体包括：（1）确定培养目标，修改培养计划，规划教学内容；（2）组织、实施、运用包括案件研讨教学法在内的各种教学法，调动学生参与实践的主动性，发挥教师的组织教学的积极性；（3）挑选、组织合格教师，教学组织的安排可以为本课程的实施提供制度支持；（4）组织教师结合自身实践经验，在教学实践中不断摸索总结。❶

---

❶ 在《六年制法学实验班专业实习实施方案》基础上，中国政法大学法学院为法学实验班的专业实习专门制定了《法学实验班专业实习校内指导手册》，主要内容包括实习目的与实习要求、实习大纲与实习计划、实习方式与时间安排、实习组织管理、实习指导教师的职责、对实习学生的要求、实习经费与实习时间、专业实习的考核和总结，并附上专业实习周记、专业实习校内教师指导记录、实习考核表（法院岗位、检察院岗位、仲裁岗位、律所诉讼岗位、律所非诉讼岗位、公司法务岗位、司法行政岗位）等。

在运用案件研讨教学法时，教师需要掌握案件研讨教学法三大基本要点：(1)通畅信息传递，汇报反馈教学法对问题的研讨，把反馈放在了主要地位，师生双方都可以根据反馈信息及时进行调控。(2)优化学习途径，通过反馈可以得到启发，在信息的交流中可寻求捷径、少走弯路、选择学习的最佳途径。(3)促进能力发展，师生通过讨论交谈，进行了信息传递，并从中找到自己的不足及产生错误的原因，从而加以改进。因此，通过信息的传递，可以达到互相学习、取长补短、开阔眼界、拓宽思路、提高教师教学能力、促进学生有效学习的效果。

（二）案件研讨教学法的实施

案件研讨通常是遵循以下四个步骤进行：提出事实、发现问题、进行推理、得出结论。❶

1. 提出事实

互动反馈是案件研讨教学法的最主要的特点，包括学生向教师的反馈和教师向学生的反馈。❷ 在提出事实的过程中，学生不仅要给出当事人的基本情况和基本案情，还要给出案件的争议点和当事人的诉讼请求，后者将使案件的讨论和分析更具指向性。某些情况下案件的争议点不甚明确，这就需要实习学生根据当事人的陈述归纳出其争议点所在，以便对案件进行分析。❸ 汇报的形式既可以是单个学生汇报，也可以分组、集体汇报。以固定分组方式来进行集中汇报是最为常见的形式。

2. 发现问题

在案件研讨中提出事实并非最终的目的，而仅仅是分析案件的前提条件和初始步骤。在接触到基本案件事实后，要求实习学生根据现有的材料尤其是案件的争议点提出解决争端的关键方法并就此展开讨论。当然对于这些问题每个学生都可以提出自己的观点，也正是有不同的观点

---

❶ 王立民等：《诊所法律教育研究》，上海交通大学出版社2004年版，第236～242页。

❷ 许身健主编：《法律实践教学手册》，法律出版社2012年版，第62页。

❸ 关于案件事实提出中有关问题，参见陈明祥："诊所法律教育中培养学生认定案件事实的能力"，载《集美大学学报》2006年。

存在才有必要进行讨论,才能通过讨论发现解决问题的方法。

学生提出个人观点时首先应该注意在讨论过程中与其他学生之间的互动与协作,正是要通过讨论来达到互相切磋、锻炼技能的目的,从而解决案件中的各种难题。学生应积极参与讨论,发挥其主观能动性,勇于就相关问题提出自己的观点和想法。积极提出自己的观点对于形成互动也有良好的促进作用。同时,学生在参与讨论的过程中应摆正自己的位置,每个人都是平等的参与主体,都有提出自己观点的权利,没有绝对正确的观点,也没有绝对错误的观点,平等协商与讨论有助于促成讨论者产生共鸣。学生在讨论中要做好角色定位,不能把自己置于裁判者的角色,应该从律师或诉讼代理人的立场出发考虑问题。

3. 进行推理

在案件研讨中,从逻辑上划分的四个步骤实际难以严格按阶段划分,实际上,从提出问题与观点还是进行推理乃至最后结论的得出,这其中都包含了对有关案件事实的分析。学生在给出自己关于某个问题的看法与观点时,还需要对其观点加以说明,给出令人信服的理由,那么其根据有关案情、运用相关的法律原理阐述其所主张的观点的理由的过程就是推理。

推理的基本步骤是,根据已有的案件事实,从中厘清相应的法律关系,分清当事人所享有的权利和应当履行的义务,结合有关法律规定和法律原理,来论证有关问题和个人的观点。这里应当鼓励学生就其提出的个人观点,进行分析论证,允许在提出个人观点的同时对他人的观点进行质疑,通过相互间的讨论,使问题逐渐明朗。

4. 得出结论

结论的得出,是实习学生共同参与讨论的结果,首先,这有助于加深学生对相关法律知识的理解。因为法律知识只有在实践运用中才能更加深刻地掌握和理解,这也是我们常说的理论结合实际,其作用要远远大于仅对书本知识的掌握。其次,这有助于增强学生对具体案件的把握能力。学生正是通过对案件的分析与论证来把握案件的关键问题所在,进而寻求较为适合的解决方法。最后,通过对结论的考评,有助于对学生分析解决问题能力的评估,从而对于不断完善诊所教学的机制具有一定的参考价值。

由于学生分析解决问题的能力有限,需要教师现场就讨论进行协调与指引。在讨论结束时,教师可以发表自己对结论的看法,对讨论的过程和当中的问题进行点评。对于学生在讨论中所表现出的优点应予以肯定,对于不足之处也应一并指出,以便于学生总结经验。在本阶段,学生应当注意的是,一方面,案件研讨没有预设的标准答案,并不一定要必须形成一致意见,允许存在分歧。另一方面,结论并非案件讨论的目的所在,而是要借助这些结论来为随后的活动做准备,通过案件研讨的方式来不断提高学生的分析解决问题的能力。

以上是案件研讨的四个基本步骤,学生在参与案件研讨的讨论过程中,应当有计划地进行,即安排好讨论前后的活动和任务,从而使案件研讨有步骤、有目的地进行。在案件研讨前,学生应当确定讨论计划以确定所要讨论的具体案件、讨论的侧重点、讨论的时间与地点等,这有助于提高正式讨论的效率。案件经过讨论得出一定的结论后,学生应该制定工作计划。制定计划的依据是对现有案件事实的分析所明确的当事人之间的权利义务关系、案件当中的有关证据等。

(三) 案件研讨教学法的要点

教师不仅需要了解、学会案件研讨教学法,更需要掌握案件研讨方法的运用技巧,能灵活控制案件研讨方法的实施过程。

1. 提前制定讨论和评价规则

教师在讨论和评价之前必须拟定好讨论和评价的规则。评价规则包括:学生有积极参与讨论和评价的义务;学生应当公平地分享发言的权利;发表评价意见应当客观、真诚;遇有观点分歧时,应当尊重他人意见等。讨论和评价过程应当保持开放的气氛,让学生共同归纳、形成最终思考的结果而非教师指导的内容,在讨论和评价过程中,指导教师可以进行积极、适时的干预和引导。[1]

---

[1] 许身健主编:《法律实践教学手册》,法律出版社2012年版,第63页。

2. 学会掌握和运用评价的方法

案件研讨教学法的核心在于对学生反馈信息的评价。学生实际办案的反馈信息，既为教师提供调整教学的信息，又为学生提供调整学习的信息。对于来自学生的反馈信息，教师要及时组织评价，积极地再反馈给学生，使学生改进实际操作能力。教师进行评价的时候要做到及时、准确和有重点。

评价是对实习学生的反馈进行的评判或衡量。评价的主体包括其他学生、学生自己、指导教师等，评价的对象主要是学生通过实践所获得的技能以及为获得这些技能而进行的思考，评价的方法是互动性的，评价的标准不应以"分数论英雄"，而应以学生对出现的问题的思考与质量作为评价标准。❶

3. 引发学生参与讨论和评价的积极性

积极鼓励每位学生参与，给学生以充分的信任，特别是鼓励性格内向、害羞的学生积极发表意见。保持讨论的自由与开放的良好氛围，有技巧地处理少数过多发言的情形，防止少数学生垄断发言权，鼓励每位学生积极参与讨论。

4. 控制好讨论和评价的方向，保证评价不偏离主题

这是对指导教师提出的要求。在实习指导中，教师要及时捕捉学生的反馈信息，要迅速、准确地把握学生反馈信息的含义。指导教师应当作出判断，确认信息的真实含义；要及时对反馈作出积极的、适时的干预。

采用校外法律诊所模式来管理、组织法学专业实习是解决目前法学专业实习中存在问题的一种有益的尝试。利用科学化的教学方法，牢牢抓住专业实习学生的"线"，定期规范地将"风筝"拉回学校教学之中，由掌握实践教学方法的教师进行指导、评价，这是在法学专业实习中运用案件研讨方法的重点环节。

---

❶ 许身健主编：《法律实践教学手册》，法律出版社2012年版，第63页。

卓越法律人才培养下法律职业伦理教学问题

刘晓兵[*]

摘　要：法律职业伦理是法律职业者处理职业基本关系的观念和规则。法律职业伦理是可教的，高等法学院校的在校教育阶段是对学生进行法律职业伦理教育的最佳时机。法律职业伦理的教学内容主要涉及职业伦理观念、职业伦理关系和职业伦理规则三个方面，其中的观念培养和规则学习是重中之重。在教学方式方面，法律职业伦理不宜采取传统的课堂灌输模式，案例分析和法律诊所是最为理想的两种教学方式，容易取得良好的教学效果。

关键词：卓越法律人才　法学教育　法律职业伦理

在中国的高等法学院校，法律职业伦理可谓仍属一门需要普及的课程。笔者曾多次问过不同院校的法学教育同行，法律职业伦理是什么？他们都没有给出令人满意的答案。至于法律职业伦理是否可教，教什么以及怎么教，大多数教师也缺乏深入思考。然而，在卓越法律人才教育培育计划中，这些问题都是法律职业伦理教育中最基本的问题，法学教育者无论如何都不应忽视对这些问题的思考。

一、何谓法律职业伦理

在对法律职业伦理进行解释的时候，学界往往把它与法律职业道德混为一谈。的确，法律职业伦理与法律职业道德具有许多共性，二者都蕴含一定的价值观念，都反映一定的社会关系并表现为一定的法律职业行为规范。但是，法律职业伦理和法律职业道德毕竟属于两个不同的概

---

[*] 刘晓兵，中国政法大学副教授，法学博士，法律伦理教研室主任，主要从事法律职业伦理、法律实务技能和法律实践教学三个方面的教学科研工作。

念，从词义上来说也有很大的不同。法律职业伦理是一般伦理的具体表现形式。按照《说文解字》的解释，伦理在本质上是对人在特定社会关系中的角色及其合理行为予以规范的基本准则。❶法律职业伦理应被界定为法律职业者在从事法律职业过程中为了维护相互之间的正常职业关系而应遵从的行为准则。法律职业道德是一般道德的具体表现形式。按照《说文解字》的解释，道德在本质上是为人处事的品行修养，是人们对善恶进行判断的内心标准。❷法律职业道德应被界定为人们关于法律职业者在从事法律职业过程中应当如何行为处事（包括如何处理自身与其他法律职业者之间的职业关系）的善恶标准。显然，在规范的范围内，法律职业道德对法律职业伦理有所涵盖，但前者的主观性较强，后者的客观性较强，这一点在西方语境中并无二致。❸根据黑格尔的法哲学观点，法律职业道德属于主观法则，法律职业伦理属于客观法则，"前者以人的主观性为转移，它是人的主观意志的规定性；后者以理性为原则，是理性的法"❹。

除此之外，法律职业伦理与法律职业道德还有以下三个方面的区别：（1）虽然法律职业伦理和法律职业道德都蕴含一定的价值观念，但前者的价值观念体现在法律职业行为的具体操作中，而后者的价值观念体现在法律职业行为的应当境界中。法律职业行为的应当境界往往采用较高的评判标准，并且无论多高都不为过。法律职业行为的具体操作采用较

---

❶ 在《说文解字》中，"德"的古体是"悳"。"悳"字从直，从心，是正直的意思，所谓"外得于人，内得于己也"。参见许慎：《说文解字》，九州出版社2006年版，第843页。

❷ 在《说文解字》中，"伦"字由"亻"旁加"仑"组成。"亻"意指人与人之间的关系，"仑"是一种音调高低有序的古代乐器，意指世俗的等级。"亻"与"仑"结合一起组成"伦"字，意味着人在特定社会关系中的角色和地位。参见许慎：《说文解字》，九州出版社2006年版，第645页。

❸ 在英语中，伦理（ethics）一词源于古希腊语"ἠθικός"，意指人与人相处的习惯和规则；道德（morality）一词源于古拉丁语"moralitas"，意指人们关于性格和行为之好坏的观念。

❹ ［德］黑格尔：《法哲学原理》，杨东柱、尹建军、王哲编译，北京出版社2007年版，第63页。

低层面的评判标准,这种标准往往具体地规定在一定的规范性文件中。(2) 虽然法律职业伦理和法律职业道德都反映一定的社会关系,但前者反映的社会关系相较于后者反映的社会关系更为具体,更为明确。也就是说,在讨论法律职业伦理时,必须将其与特定的法律职业伦理关系联系起来,但法律职业道德则不必。(3) 虽然法律职业伦理和法律职业道德都表现为一定的行为规范,但法律职业伦理作为维护法律职业者之间相互关系的行为准则,具有较强的外在指向性,不仅应当用于自律,而且可以用于他律,而法律职业道德无论用于法律职业者对自身如何从事法律职业进行评判抑或用于对自身如何处理与其他法律职业者之间的职业关系进行评判,均具有较强的内在指向性,不能用于他律,只能用于自律。

根据上述分析,法律职业伦理在内容上应当包括三个方面,即法律职业伦理关系、法律职业伦理观念、法律职业伦理规范。法律职业伦理关系是法律职业伦理的载体,是在法律职业活动中形成的并由法律职业行为规范予以调整的社会关系。律师与法官之间的关系、律师与检察官之间的关系以及律师与当事人之间的关系是最为基本的法律职业伦理关系。法律职业伦理观念是法律职业伦理的灵魂,是法律职业者在职业伦理方面的价值追求。例如,独立审判和司法公正是法官的基本职业伦理观念,打击犯罪和弘扬正义是检察官的基本职业伦理观念。法律职业伦理规范则是法律职业伦理的具体表现,是法律职业者据以处理职业伦理关系的准则。我国目前已经形成初步完善的法律职业伦理规范体系,除《中华人民共和国律师法》(以下简称《律师法》)、《中华人民共和国法官法》(以下简称《法官法》)和《中华人民共和国检察官法》(以下简称《检察官法》)的规定之外,还专门制定了《律师执业行为规范》《检察官职业行为基本规范》和《法官行为规范》。

二、法律职业伦理是否可教

法律职业伦理是否可教?这看似是一个伪问题,其实不然。在许多人看来,伦理属于个人的先天品质,或者属于大众传媒、公共文化条件、家庭教育和其他道德资源的领域，主要依赖于传统和文化的传递和熏陶，因而是不可教的。❶而作为现实佐证，法律职业伦理教学在法学教育中往往显得不为学生欢迎，因此被归为"缺乏兴趣或者不值得学习的课程"。然而，不可否认的是，伦理与教育之间的确具有极大的内在关联性，包括法律职业伦理在内的全部职业伦理教育几乎无一例外地受到了所有古典伦理学传统的高度重视。例如，亚里士多德将德性区分为理智的德性和伦理的德性，并对二者的获得途径做了区分。❷尽管二者的获得途径有所差异——前者主要依赖于经验和知识的传授，后者主要依赖于传统文化的传递和风俗习惯的熏陶，但均离不开一定形式的教化。在美国，1974 年"水门事件"发生之后，整个法律职业界开始认真对待法律职业伦理教育问题，全美律师协会（ABA）强制其认证的法学院将法律职业伦理开设成必修课。在中国，法律职业伦理教育问题也受到越来越多的关注，越来越多的法学院开始设置法律职业伦理课程。时至今日，法律职业伦理已经成为一门内容体系相对成熟并具有良好教学实效的课程，而这种体系的成熟性和教学的实效性正是法律职业伦理之可教性的充分佐证。显然，法律职业伦理是可教的。

法律职业伦理教育主要在法学院校完成。法学院校是专门培养法律职业人才的机构，其在法学教育方面的任务是双重的：一是传授法律职业技能，使学生具备初步的解决法律问题的能力；二是传授法律职业伦理，使学生树立正确的法律价值观念和法律职业行为规范意识。正因为如此，法学院校应当同时兼顾法学教育的职业技能训练目标和职业伦理培养目标，把学生培养成为德才兼备的法学人才。不仅如此，法学院校在法律职业伦理教育方面还有两个不可替代的优势：其一，法学院校具备专业的师资、必要的办学条件和耳濡目染的学习环境，其对法律人才的培养具有很强的系统性、专业性、目的性和可操作性，这是法律职业

---

❶ 参见李学尧："非道德性：现代法律职业伦理的困境"，载《中国法学》2010 年第 1 期，第 27 页。

❷ ［古希腊］亚里士多德：《尼各马可伦理学》，廖申白译注，商务印书馆 2004 年版，第 34～35 页。

伦理教育的外在因素；其二，相对于毕业后的继续教育，学生在校教育阶段的求知欲较高，在价值观念形成和规范意识培养两个方面更具可塑性，这是法律职业伦理教育的内在因素。有鉴于此，只要学生未来有可能从事法律职业，高等法学院校就应超越通识教育和职业教育之争，尽可能对其进行法律职业伦理教育。

当然，不可否认的是，法律职业伦理教育并不止于法学院校的在校教育阶段，而是一种继续教育过程，但法律职业伦理的在校教育始终是继续教育的前提和基础。在学生立志进入法律职业领域以后，越早对其进行法律职业伦理教育，越有利于防止其在今后的职业生涯中"好心干坏事"或利用职业技能故意干坏事，惟有如此才能造就"仁心仁术"的法律职业者。

三、法律职业伦理教什么

从目前来看，法律职业伦理课程尚无成熟而统一的体系，学界对此也无权威和统一的看法。各法学院校在法律职业伦理课程教学内容的认识和安排上主要有以下四种情况：其一，大多数法学院校以法律职业关系为标准组织教学内容，即把法律职业伦理课程的教学内容限定为不同法律职业伦理主体之间的交往规则，如律师与检察官之间的交往规则、律师与法官之间的交往规则、律师与当事人之间的交往规则、当事人与法官、检察官之间的交往规则，等等。其二，也有不少法学院校，例如中国人民大学法学院，以法律职业伦理主体为标准组织教学内容，其内容主要包括：审判伦理、检察伦理、代理伦理、公证伦理、法律职业伦理责任、法律职业伦理养成、法律职业伦理教育，等等。其三，还有不少法学院校，比如中国政法大学法学院，以律师职业行为规范为标准组织教学内容，其教学内容主要包括：业务保密规则、利益冲突规则、财物信托规则、服务收费规则、律师服务信息的传播规则，等等。其四，也有少数法学院校，如浙江大学光华法学院和上海交通大学凯原法学院，把法律职业伦理作为广义的法理学的一部分，重在讲授法律职业伦理的理论层面，其教学内容主要包括：法律职业主义及其"危机"、法律职业伦理的价值与观念、法律职业技能与法律职业伦理的关系、法律职业伦理的非道德性问题，等等。

综合我国现行律师、法官和检察官的职业行为规范并参考美国律师协会的《职业行为示范规则》（Model Rules of Professional Conduct），法律职业伦理主要涉及职业伦理观念、职业伦理关系和职业伦理规则，故其教学内容亦应沿此三个方面展开。一是观念层面的法律职业伦理亦即法律职业伦理主体在法律职业实践中应当秉持的价值和原则，这是法律职业伦理教学的基本内容。尽管法律职业者分工不同，但同属于法律职业共同体，因而具有共同的职业伦理观念。当然，分工的不同也必然导致不同法律职业者在职业伦理观念上的差异。例如，律师的基本职业伦理观念主要表现为对客户的忠诚和勤勉，法官的基本职业伦理观念主要表现为对诉讼双方的超然和公正，检察官的基本职业伦理观念主要表现为忠于人民、惩恶扬善。二是关系层面的法律职业伦理亦即法律职业伦理主体在法律职业实践中因相互交往而形成的联系，如律师与客户之间的关系、律师与法官之间的关系、律师与检察官之间的关系，这是法律职业伦理教学的载体内容。三是规则层面的法律职业伦理，此乃不同法律职业者在履职过程中进行交往而应遵从的程序规范，❶ 这是法律职业伦理教育的核心内容。

就本科生而言，其初步接触法律职业伦理应以树立正确的职业伦理观念为主，故教学内容应重点讲解法律职业者在执业过程中应秉持哪些基本的伦理观念。正如徐显明教授所说："法学是价值之学，真正的法学教育应是价值观的教育，应是法律正义观的教育，高等法学院校应是法律价值观的集散地。"❷ 到了研究生阶段，教学内容则应进一步细化和深化。一方面，对法律职业伦理的讲授可以具体职业为标准，分为律师职

---

❶ 虽然法律职业伦理规则可能间接影响到实体公正的实现，但本质上仍属于法律职业者围绕一定法律业务如何处理相互关系的技术性操作规则，因而属于程序规则。参见孙笑侠："法律家的技能与伦理"，载《法学研究》2001年第4期，第14页。

❷ 转引自喻玫、王小萍："法学教育中的法律伦理教育问题研究"，载《河北法学》2006年12月，第197页。

业伦理、法官职业伦理和检察官职业伦理进行条块讲授。另一方面，每一种职业伦理又可以划分为职业伦理观念、职业伦理关系和职业伦理规范三个层次，故可对其进行纵深讲授。

四、法律职业伦理怎么教

由于历史和现实的各种原因，法律职业伦理教育在我国高等法学院校一直没有受到应有的重视，法律职业伦理课程与法律职业伦理师资在高等法学院校的课程设置和师资建设中一直处于边缘地带。尽管如此，笔者接触的大多数法律职业伦理教学同行仍然不离不弃地致力于这门课程的教学，不少教师能自觉地在传统讲授方法之外有意识地引入讨论教学法、案例教学法或模拟教学法，从而在一定程度上提高了本门课程的教学效果。但是，总体而言，本门课程在教学方式上仍然存在以下三个方面的问题：其一，忽视课堂互动。不少教师片面关注对书本知识、法条的单向讲解而忽视学生的主观能动性以及对课堂的参与性，致使课堂气氛比较沉闷。其二，忽视启发教学。不少教师习惯于对学生进行"填鸭"式的灌输教育，难以激起学生的学习兴趣。其三，忽视多种教学方式的集合运用。有的教师习惯于在法律职业伦理课堂中采用单一的传统讲授形式，即使采用其他现代教学方式，也是固守其中的某种教学方式不变。

笔者认为，法律职业伦理不但具有很强的理论性，而且具有很强的实践性。因此，教师不应仅仅局限于在传统课堂中对法律职业伦理知识进行灌输式的讲授，而应该充分利用多种实践教学途径，以案例研讨和法律诊所的方式提高学生的学习兴趣和课程的教学效果。案例研讨方法一般包含六个环节，即确定主题、选择案例、案例研习、个人发言、相互讨论以及总结提升。其中，案例选择是案例研讨的重要一环，好的案例可以起到事半功倍的作用。对此，教师应当注重选择具有趣味性和代表性的法律职业伦理案例进行演练。以"律师对客户的保密义务"这一主题为例，教师可以美国的"快乐湖谋杀案"❶为标本组织学生研讨，让学生在熟悉案件的基础上发表个人意见。学生发表意见的过程就是"头脑风暴"❷的过程，它不但可以为进一步的相互讨论提供丰富的素材，而且能够活跃课堂气氛。教师也可以参与讨论，并围绕主题适时提出问题。有针对性的提问不但可以激发学生的思考，而且能够增强课堂的互动性。以"快乐湖谋杀案"为例，教师可以提出以下问题供学生思考和讨论：律师在调查该案过程中得知嫌疑人先前还犯有另外一桩命案，而控方对此完全不知情，是否应该把这个信息告诉控方？如果告诉控方，是否意味着违反对嫌疑人的职业伦理义务？中国对此有无职业伦理规范？中美在这个问题上有何职业伦理观念差异？这些问题在一定程度上也起到了总结提升的作用。当然，法律职业伦理教学不一定都用国外的案例，国内的法律职业伦理案例也很多，各地司法行政部门以及律师协会每年都会公布一些违规案件，它们都是鲜活的教学素材。

在现有的诸多法律实践教学途径中，法律诊所是最为突出的。法律诊所是一种实践性的、体验式的教学方式，同时也是一门法学实践教育的课程和高等法学院校师生实施法律援助的平台。从 21 世纪初借鉴和引入诊所法律教育模式至今，诊所法律教育在中国已经历 10 年多的发展。为数众多的诊所学生在教师的指导下，通过为当事人提供各类法律援助，

---

❶ 1973 年夏天，美国两名律师法兰西斯·贝尔格（Francis Belge）和富兰克·阿玛尼（Frank Armani）共同为被告罗伯特·格鲁（Robert Garrow）出庭辩护。格鲁被指控在露营中谋杀了菲力普·敦布普斯基（Philip Domblewski）并将其尸体埋于树下。在同律师的会面中，罗伯特·格鲁除了承认杀害敦布普斯基之外，还承认犯有另外三起命案。两名律师根据格鲁提供的地点找到了其中一具尸体，但他们决定为其保守这一秘密，没有向任何人提起。直到格鲁最终在法庭上承认另外犯有三起谋杀案时，两名律师才公开承认格鲁早已向其透露过三起谋杀案的情况。贝尔格和阿玛尼后被起诉到纽约联邦地区法院，但联邦上诉法院认为律师在职业伦理上对当事人负有的保密义务是律师制度的基石，因而最终判决两名律师无罪。该案详细案情参见 People v. Belge (1975) 50 App. Div. 2d 1088 [376 N. Y. S. 2d 771]。

❷ 头脑风暴（Brain-storming）是由美国精神病理学家 A. F. 奥斯本提出的一种激发集体智慧和提出创新设想的思维方法。在头脑风暴中，每一个人都被鼓励就某一具体问题及其解决办法，畅所欲言，提供己见，从而产生尽可能多的观点。

可以在实践中自觉培育自己的法律职业伦理观念并更为具象地学习和体验法律职业伦理的规则。例如，在传统课堂中，无论教师强调律师保密义务有多重要，大多数学生仍然难有切身体会。相反，如果让学生在法律诊所中接触和处理一件与律师保密义务相关的案件，让学生站在当事人的角度思考问题，就能很快形成律师保密义务的职业观念并掌握其相关的伦理规范，从而真正促成这一法律职业伦理观念的内化。当前，从已有的课程设置和教学方式来看，法律诊所无疑是法科学生在校学习期间掌握和体悟法律职业伦理规则的最佳途径。这是因为，学生在法律诊所中会遇到诸多职业伦理的问题，这些问题需要学生学会比较与权衡，进而作出选择，而这种基于自身实践而进行的比较、权衡和选择是在课堂中无法学习和体验的。

法学实验班教学改革的三方面问题

雷 磊[*]

摘 要：中国政法大学法学实验班开设以来取得了不错的成效，但也存在不少问题。这些问题大体可以被分为三个方面。在教学方面，问题主要集中在课程的时间安排、课程的强行置入问题和内容安排问题。在实习阶段，问题集中于实习的时间安排与内容安排问题。在激励和退出机制方面，缺乏更有效和更灵活的举措。为此，需要从整体上对实验班的培养目标和机制运行进行再思考，逐步制定并实施更为细节化的培养方案。

关键词：法学实验班 改革教学 激励与退出机制

"4+2"法学实验班是近年来中国政法大学法学人才培养体制改革的一个举措。从法学院整体上承担起法学实验班培养任务起算，至今已经过8年的历程。从总体上看，实验班的培养模式取得了不错的成效，但也存在不少的问题。作为一名法理学的任课教师，笔者并未参与过实验班的培养模式规划与课程设计。但从2011年起，与其他教师一样，笔者每年都担任两位实验班学生的导师，在日常交流的过程中从学生的口中了解到现行模式的一些问题。由于掌握的信息并不全面，在此只是结合个人的一些初步思考，提出来供大家参考。这些问题大体可以被归为三个方面。

一、教学方面的问题

教学方面的问题主要集中在课程的时间安排、课程的强行置入问题

---

[*] 雷磊，中国政法大学法学院法理学研究所副教授，法学博士，主要研究方向为法哲学与法学方法论。为本科生开设"法理学导论""法理学原理""法理学研讨课""法学方法论"等课程。

和内容安排问题。

课程的时间安排是同学们反映较多的一个问题。就本科阶段的学习而言，最主要的问题集中于专业必修课程前3年的时间安排不尽合理。按照现行的教学计划安排，实验班的课程进度与普通法学班级的并没有区别，只是对于任课教师有职称（教授）的要求而已。现在专业必修课的安排为：大一第一学期"法理学导论""中国法制史"；大一第二学期"宪法学""民法总论"；大二第一学期"债法""刑法学总论""法律职业行为规范与法律职业伦理""民法总论案例课""宪法案例课"；大二第二学期"物权法""商法""刑法学分论""民事诉讼法学""行政法与行政诉讼法学""债法案例课""刑法总论研讨课""宪法学研讨课"；大三第一学期"知识产权法""刑事诉讼法学""经济法原理""物权法案例""商法案例课""刑法分则案例课""民事诉讼法学案例课""行政法案例课"；大三第二学期"国际法学""国际私法学""国际经济法学概论""刑事诉讼法学案例课""经济法案例课"。学生普遍的反映是大一太轻松，而大二、大三太累，学习时间过于紧张而导致学习质量下降。按照现在的基本模式，在6年的时间里要完成普通法学学生本科和研究生的课程，并且这其中包括半年（甚至1年）的实习时间。而在本科学习进度与普通法学本科生基本持平的情况下，实际上压缩的是研究生的学习期限（实际上只有1年）。可以考虑将部分课程适当提前，如将"宪法学"课程提到大一第一学期，将"宪法学案例课""刑法学总论""法律职业行为规范与法律职业伦理"提前到大一第一学期、第二学期，并将大二第二学期和大三的部分课程适当提前。这样可以保证课程比较均衡的分配。另外，大四上半学期是安排给学生来自由选择选修课程的。但据学生反映，很多学生提前选修完了选修课程，这样大四上学期一个学期的时间空出来几乎没有安排。大多数学生都是回家休养一个学期。这样的时间安排不尽合理。可以考虑将实习时间提前，并将研究生课程适当延伸至1年半（往前延伸半个学期）。

教学方面反映的比较多的第二个问题是课程的强制置入问题。强制置入问题反映在以下三个方面：（1）专业必修课程任课教师的安排。现在学校课程的通行模式（无论是必修课还是选修课）都是由学生来自由选择听课教师，选满为止。但是实验班的专业必修课程教师是由学院强制分配的。当然，为了确保教学质量，学院要求给实验班学生上课的必须为教授。但这客观上限制了学生的选课自由。个人认为实验班最大的优势在于用较短时间完成本硕课程，并不在于本科阶段的学习内容与其他法学学生有何差异，所以似乎没有必要区别对待。（2）专业研讨课。法学院要求实验班学生选修 4 门研讨课，但学院本身就置入了 3 门，只留 1 门由学生自己去选择。不知道学院这一措施的具体考虑是什么。这似乎并无必要，而应由学生根据自己的兴趣来选择。就研究生的课程而言，个人认为也应当少设必修课，多设选修课。学生到了研究生阶段对于自己的兴趣和择业方向会有比较明确的认识，应当尊重其选择的意愿。（3）其他课程。大一一学年除了专业课程外，尚开设了文科高数、现代科技概论、计算机基础、外语课、体育课和中华文明通论、西方文明通论等课程。这应当是学校统一的要求。但是学生的反映是，有的课程对专业的学习帮助不大，而且上课认真听讲的学生很少，如有可能建议减少这方面的课程。建议开设一些双语课程和逻辑类课程。现代法律人涉外事务越来越多，用中英双语进行法律知识的学习是一个大趋势。同时，逻辑思维是法律人的基本思维能力，像逻辑学、批判性思维这样的课程应当多开设。

第三个问题是课程内容安排。实验班课程内容是否应当有别于普通班级，或者是否应当有额外的课程内容，直接涉及实验班的培养目标。对此笔者个人没有成熟的观点，仅就法理学专业的课程内容谈一谈。整个"4＋2"阶段，法理学的专业课共有两门，即大一第一学期的"法理学导论"和大五第二学期的"法理学专题课"。一方面，与普通法学本科生相比，实验班本科阶段的法理学要少一门课程，即"法理学原理"。"法理学导论"与"法理学原理"的最大区别在于，导论围绕的是法学的基本概念，而原理是从法理学的基本问题来展开。与一般高校的法理学课程（基本只涉及本校导论的内容）相比，法学实验班课程最大的优势在于原理学习，其主要应当学习真正帮助他们能够思考和反思制度和行为背后的一般理论问题，而不只停留于法律"工匠"水准，这也正是法学实验班设置这门课程的出发点。普通班的学生尚开设这门课程，实验班的学生是优中选优上来的，更应该开设这门课程。另一方面，研究生阶段的法理学专题课现在的定位尚不完全明确。现在这门课程由3位任课老师根据自己的兴趣来确定专题讲授内容。当然，实验班学生其实相当于法律硕士（法本），毕业时拿的是法律硕士学位，无须像法理学专业（或任何其他专业）的研究生那样细致全面地学习某一个法学分支学科的内容，但是对于研究生阶段的每一门课程应当有一个大体上的系统性要求。一个比较便捷的方式是为实验班学生同样开设法理学原理的课程。因为"法理学原理"课程的系统性比较强，而且比本科一年级的"法理学导论"的深度要大大提高。

二、实习阶段的问题

实习阶段的问题主要包括两个方面：一个是时间安排，一个是内容安排。

实习的时间安排涉及两点，一是实习的起始与终止。实习现在安排的时间是大四第二学期和大五第一学期。据前面所说，大四第一学期实际上许多学生就已经处于空闲状态。况且学校马上要实行3学期制。可以考虑让学生在前3年完全结束本科阶段的学习，而将实习的起始时间提前到大四第一学期。二是实习本身的时间长度。有的学生反映，现行的实习要求参加两个种类的单位的实习。但目前实习的内容（见下文）较为单一，后期的提高不多，所以显得时间有些长。

现在的实习内容过于单一。以目前的法院实习模式为例，绝大多数实习生每周5天全勤，共4个月，偶尔有加班等情况。实习时工作种类较为单一，主要为辅助书记员整理卷宗、收发邮件、取打印材料等杂务，以及书写裁判文书、旁听庭审或担任庭审记录、接待当事人等。法院本身事务性工作繁重，尤其是送达工作和归档工作，在案件数量巨大的基层法院最缺少人手，故实习生主要工作内容为此是必然的（如一位学生以她所在的海淀区人民法院民四庭为例说明，每周平均每名法官都会新收十几个新案件，而手中待结的案件有一二百件，已结案但未归档的案卷则有四五百件）。即便在考核标准中整理3份以上案卷即为满分，就一位学生的实习经历而言，平均每周就会整理10本案卷，而整理的案卷基本内容相同（银行金融借款合同调解结案、公告送达、撤诉等）。而且接触案件与分配到的法官直接相关，部分同学接触案件种类单一。据反馈，实习生在4个月中多方面一直有新收获的不到1/4。

综合以上情况，有两种改革的方式可供选择。一是在不改变现有的实习时间的前提下，增加实习的单位种类和实习内容的丰富程度。如德国国家考试的两次考试之间有长达两年的实习期限，要求见习生在法院、政府部门、律所、检察机关、企事业单位法务部门都实习一遍，其中法院、政府部门和律所都规定了必要的实习时间，而留下一段自由实习的时间让见习生结合自己的兴趣及今后的择业方向去选择。我们也可以参考这一模式，以"2个固定实习单位＋1个自由选择实习点"的方式来安排这一年。2个固定实习单位为法院和律所，1个自由选择实习点则由学生自行选择。二是在保留现有实习内容的前提下压缩实习时间至半年，将另一个学期留给研究生阶段的学习，这样就与普通研究生的学习时间等长了。

笔者对实习阶段具体的建议有以下三个方面。（1）建议每周实习3~4天。实习阶段毕竟是实习而非工作。据学生反映的情况，现在全勤5天类似于工作，且工作内容大多为事务性工作，很少有时间阅读和思考。可以考虑1周空出至少一两天留待学生自由选课、阅读或旁听其他法庭庭审。（2）在法院的实习工作必然主要为事务性工作的前提下，进行庭室的轮转。以起初选择的法院为单位进行安排，不跨单位轮转。由负责人负责一个单位内的人员协调，换人不换岗位，彼此之间做好交接；轮转时间点为实习2个月后、3个月后，这样每人可接触3个庭室的案件内容。（3）可以考虑与学校教务部门协商，鼓励学生预先规划好实习期间的研究项目，并为此提供一定的资助。如调查研究某一诉讼程序的应用情况、某一实体问题的举证问题等。这样，在进入实习的后期时，学生就会有一定的空间对某些主题进行更为深入的了解，而不是单纯重复事务性工作。

三、激励与退出机制的问题

按照现行的培养模式，尽管在本科和研究生两个学习阶段之间安排了一个面试的环节，但是基本上属于"直升"的模式。据部分学生反映，由于缺少普通法学本科生的升学压力，所以有的学生学习状态比较松懈，缺乏斗志和学习的动力。另外，大部分学生和学生家长在选择实验班时并不清楚法学硕士和法律硕士的区别，所以入学后会有一些不满的情绪，也一定程度上影响了学习的积极性。在现行学位制度不变的前提下，是否可以考虑采取更加灵活的激励和强制退出机制。一方面是激励，如对于前3年学习成绩优秀、达到保研条件的学生，可以让他们自主选择保送法学硕士研究生，与普通保研生一起竞争。另一方面是强制退出，对于前3年学习成绩比较差（当然这个标准要比普通本科生挂科标准要高）的学生强制退为普通本科生。

另外，是否还可以考虑设置更灵活的自愿退出机制。现在的自愿退出机制只有一种，那就是读完4年拿本科学位。但事实上，现在学生面临的选择很多，能否更宽容地对待学生的"中途"选择，而不是一选定终生，将对于学校各项机制的衔接提出更高的要求。例如，学校现在除了法学院的实验班外，尚有国际法学院的涉外法学实验班和西班牙语法学双语实验班。是否可以考虑减少制度上的限制，让优秀的实验班学生有更多的项目选择权利。此外，如果实验班的学生想要报考法学硕士，现在只能选择退出实验班项目，然后按常规渠道报考。如果不能录取，实验班项目也无法再次接收了。是否可以更加宽容一些，在保留实验班资格的同时让学生有多一次选择的机会。

精英教育与竞争机制：中国政法大学法学实验班培养模式之改革

王 蔚[*]

摘 要：高等教育大众化趋势成为显性潮流，教育部及各高校又开始重新反思并实践精英教育模式。2008 年，教育部批准中国政法大学进行法学教育模式改革试点，实施"六年制法学人才培养模式"改革，迄今已经实施 8 年。8 年后回看，改革有值得推广的成功经验，也有反思之处。本文拟首先证成实验班教育的定位，再围绕这一精英教育之定位提炼出实际问题：特别是具体培养机制的目的与效果的错位。而后再针对这一问题论证如何引入竞争机制从而激发这一教育模式新的活力。

关键词：精英教育 法学实验班培养模式 竞争机制 庇护流动模式

2008 年，教育部批准中国政法大学进行法学教育模式改革试点，实施"六年制法学人才培养模式"改革。2010 年以"六年制法学人才培养模式"为基准模式的"高级法律职业人才培养体制改革"被确定为国家教育体制改革试点项目。"六年制法学人才培养模式改革实验班"（以下简称法学实验班）以培养高级法律职业人才为目标。法学实验班培养方案由教务处根据实验班培养目标组织中国政法大学具有丰富教育教学经验的专家多次研讨论证后提出草案，经学校教学指导委员会审议通过。[❶]

---

[*] 王蔚，中国政法大学法学院副教授，法学博士。
[❶] 中国政法大学教务处：《中国政法大学六年制法学人才培养模式改革实验班培养方案》。

2008年开始,国家和教育部推行"六年制法律人才培养计划",这一试点模式迄今已经实践8年。法学院师生积极探索人才培养的新模式、新思路,2014年首届六年制法学实验班已实现全员就业,他们的整体素质得到用人单位好评。

然而,伴随时间推移,我们也发现了很多问题。这些问题使精英教育的目标开始出现异化,可能也会影响到实验班本身的定位,因此本文试图通过分析实践问题,提出针对性的改革方案。

一、实验班教育定位:精英教育对高等教育大众化的重塑

法学实验班培养具有厚基础、宽口径、高素质、强能力的复合型、应用型、创新型高级法律职业人才。学生具有广泛的人文社会科学与自然科学领域的知识基础;具有较坚实的法学理论基础,系统地掌握法学知识和法律规定,了解国内外法学理论发展及国内立法信息,并能用一门外语阅读专业书刊;❶ 具有较高的政治理论素质、较强的分析能力、判断能力和实际操作能力;能较熟练地应用有关法律知识和法律规定办理各类法律事务,解决各类法律纠纷,并具有从事法学教育和研究工作的基本能力和素质。

精英人才是宏大人才队伍中的核心人才,专业技术人才是我国人才队伍的主体,这就要求我们在实行大众化高等教育的同时更加重视精英人才的培养,大众化高等教育和精英教育是现代高等教育的两个方面。

法学实验班第一阶段为基础学习阶段,从第一学期到第七学期,第二阶段为应用学习阶段,从第八学期到第十二学期。基础学习阶段主要完成通识教育相关课程和专业学习中的课堂教学相关课程以及与之有关的实践教学环节,使学生建立较为宽广的知识结构,形成良好的法学思维方式,掌握初步的专业技能,为学生进入实践学习进一步发展职业技能创造条件。学生完成基础学习阶段,经考核合格,获得本科毕业证书与学士学位证书并进入到应用学习阶段。应用学习阶段主要包括三部分

---

❶ 中国政法大学教务处:《中国政法大学法学专业本科培养方案》。

内容，其一是为期 1 学年的专业实习，旨在使学生全面掌握法律职业相关实务，其二是专题课程，旨在以基础阶段学习和专业实习为基础，深化学生法学专业学习深度，达到法律研究生应有的学术水平，其三是毕业学位论文，旨在反映学生运用所学理论与知识综合解决法律职业中面临的理论和实践问题的能力。

法学实验班的专业课程设置是根据实验班培养目标，遵循法学教育教学规律，参照教育部高等学校法学学科教学指导委员会核心课程确定的。❶ 法学实验班培养方案设置专业必修课程 30 门，其中包括借鉴国外著名大学开展案例教学的成功经验开设的"宪法案例研习"等 12 门案例研习课；专业选修课 78 门，实验班学生在基础学习阶段修满 18 学分专业选修课，应用学习阶段修满 8 学分专业方向讲座课程。

二、实验班培养模式：庇护流动模式

美国社会学家特纳将精英培养模式分为两种：一种为美国式，即将选择过程尽可能地推迟，所有人都可参加公开竞争，最后产生少数精英，谓之"竞争流动模式"；另一种以英国 20 世纪 50 年代的教育为参照，即在文法学校实施早期淘汰机制，胜出者接受专门的精英教育，称为"庇护流动模式"。而法国的精英教育特点体现在美国模式和英国模式之间，只有那些高中毕业会考的佼佼者，经过大学预备班的洗礼之后，才能登上大学这一通往精英的坦途。❷ 与这三种模式相对比，法学实验班培养模式接收高考中取得优异成绩的学生后，不再进行淘汰而直接保送研究生，体现了学校对其成才路上全方位的支持和保障，庇护其再次受到研究生考试的筛选。在此过程中，实验班相较于其他班享有以下五点特权。❸

---

❶ 中国政法大学教务处：《中国政法大学六年制法学人才培养模式改革实验班培养方案》。

❷ 吴祚来："我们需要什么样的精英教育"，载《环球时报》2006 年 10 月 30 日第 11 版。

❸ 感谢林毅阳、宋泽政同学提供调查资料。

(一) 优良师资植入和课程安排

中国政法大学专业必修课程原则上采用选课制。由于师资配比有差异，学生会耗费一定精力用于课程的选择和安排，并且在实践中，特别是"名师"之课，"前期抢课、后期抢座"的现象已为常态。法学实验班为了"庇护"培养学生主要通过以下两种方式使得学生可以获得更好的师资培养：(1) 法学实验班悉心邀请全校优良师资到法学院承担授课任务；(2) 法学实验班通过制定六年制的培养方案，将学生的学习课程按照相应的课程逻辑和学习阶段进行安排，设计出一套适合法学实验班学生的学习课表。

通过上述两种"庇护"方式，一来尽量解决学生选课困难的问题，同时还让学生的学习过程更具有规划性，学习的体系更加具有逻辑性和进阶性，让学生们少走弯路，甚至不走弯路。

此外，大班大规模教学也是影响课堂质量的一大因素。法学实验班为了加强对专业必修课的课堂质量把控，尽量避免大规模的教学模式。特别是通过开设案例研讨课、案例研习课等小班式的课程，改善学生们的上课质量，加强师生之间的互动和交流。

(二) 本科生导师制度

导师制由来已久，早在19世纪，牛津大学就实行了导师制，其最大特点就是，其促使师生的关系更加亲密。在中国政法大学中，导师制度绝大多数被运用在研究生阶段和博士生阶段，在本科生阶段基本不会给学生配备导师，主要是因为本科生基数大，需要的导师数量多，若是每个本科生都配备导师亦不现实。

然而，在实践中，本科生在学习过程中必然会遇到多种多样的问题，但是由于本科生阶段上课具有流动性，每位授课老师仅负责特定学期的特定课程，很难连续地指导某一位或某一批学生。在这样的大背景下，学生很难有大量的时间可以和老师进行连续性的指导和交流，从而容易造成"问题积压""问题无人解答""问题解决不完整"等尴尬局面。

为了解决这样的情形，同时为了将本科生培养和研究生培养进行连贯的衔接，法学实验班在本科生阶段也为学生配备本科生导师。法学实验班邀请了校内诸多在各领域研究具有代表性的老师来担任本科生导师。并且，本科生导师制度效仿了研究生导师制度，由一位专业的老师指导2~3名学生，从而确保导师制的质量。

因此，通过本科生导师制度，使得导师们可以针对学生的个性差异，因材施教，指导学生的思想、学习与生活，有效地、及时地解决学生在学习生活中所遇到的问题，给予相应的指点和引导，避免了学生自己"摸爬滚打"而走弯路的情形发生。

（三）实习课程设置

实习课程的安排是法学实验班六年制培养模式的一大亮点。在通常的本科教育阶段，大部分的教学时间安排以学习理论基础为主的基础教育，实践教育几乎被安排在假期阶段，因而造成了实践教育的落实性差、效果不明显的现象。法学实验班，一改以往"轻实践、重理论"的本科教育模式，以培养实践型的复合法律人才为出发点，设置了为期1年的实习课程。

法学实验班的实习课程主要安排在大四第二学期与研一第一学期，时间长度横跨1学年。实习课程主要被分为两个阶段：一阶段为公职机关实习，包括在法院、检察院、司法局、劳动争议解决部门等机构的实习；另一阶段为律师事务所实习，这为学生今后的就业选择和职业规划提供了一定的借鉴基础。其中值得注意的是，这两个阶段的实习单位都由法学实验班进行洽谈后，向学生提供选择名单，学生仅需要选择自己感兴趣的单位报名后进行面试通过即可。由此减轻了学生寻找实习机会的时间成本，同时扩宽了学生的选择机会。

此外，为了提高实习课程的质量，法学实验班采用"双实习导师"制度，不仅在校内配备一名实习导师，在实习单位同时也配备一名实习导师。"双实习导师"制度，不仅可以有效、及时解决学生在实习过程中遇到的问题和困难，同时还能有效地监督学生们的实习情况，认真落实实习课程的执行。

（四）时间上的优势

法学实验班的学生相对于其他普通学制的学生而言，他们在时间上具有很大的优势。这归根到底还是其培养制度的优越性，具体体现在以下三个方面。

（1）在学制层面上。由于法学实验班对学生采用"庇护流动模式"的教育方式，使得学生仅需要 6 年即可本科与研究生毕业。这相对于其他普通学制的需要攻读 7 年才可以研究生毕业的学生而言，具有很大的时间优势。

（2）在时间规划上。法学实验班的学生对于大四学年的利用率相比其他普通学制的学生而言要高得多。这主要取决于"庇护流动模式"的教育方式下，学生不再进行淘汰而直接保送研究生，庇护其再次受到研究生考试的筛选。在此基础上，法学实验班充分利用大四学年的时间，在这一学年中安排学生进行国家司法考试和实习课程开展，避免了法学实验班学生和大多数普通制学生一样将该学年的大部分时间虚度和荒废。

（3）在课程设置上。正如在前文已经阐述过的，法学实验班采用专业必修课程植入的模式来有效安排学生的学习进度。这样的安排，使得绝大部分学生在大三学年结束后便可以完成全部的本科阶段学习任务，从而为后续的国家司法考试复习和实习课程开展提供了有利的时间条件。

（五）重视对外交流

法学实验班对学生的对外交流活动十分重视，着力培养学生的外语能力和对外交流的技能。法学实验班为学生提供了世界各国、各地区的交流项目，包括中国台湾地区、美国、澳大利亚、英国、欧盟等地区的知名学府，并且针对这些交流项目设立了奖学金，鼓励和支持学生参与到这些项目中去。由此，扩大学生见识的广度，为打造复合型的法律人才奠定基础。

三、培养模式实践中出现的问题

如果说庇护式培养体现了学校对于实验班的重视与关怀，那么不得不提及的问题就是此种教育模式所带来的"温室化现象"。过多的庇护将导致处在此种环境下的学生失去竞争意识和忧患意识，始终保持着不合时宜的优越感，这将导致一定的问题——主要是分层严重、群体固化；

课堂表现积极性不高；自主性规划能力不强；竞争意识不强。这些问题都与实验班本身的培养模式有关，值得进一步关注与研究。

（一）分层严重、群体固化

不可否认，实验班中，有诸多优秀的学生，他们始终保持着很高的学习热情和学习积极性，并且已经形成了良好的学习习惯和学习方法，具有自觉、自律的良好习惯。通常来说，这部分学生学习成绩保持在年级前列，是年级中的佼佼者，在学习方面无须担心。此外，这类学生对自己的目标和未来十分明确，有目的性地学习，也会积极主动地学习法学知识。

然而，令人担忧的是另一部分学习处于中游或下游的学生。由于实验班的培养方案本身即囊括研究生方面的培养，这使得一部分学生在心理上具有惰性和侥幸，不求上进，不积极进取，往往表现为满足于现状，不懂得反思学习上的问题。实验班保研体制也成为怠惰与敷衍产生的"温床"。未来的确定性，在一定程度上给予他们心理上的安全感，在现实中则缺少积极进取的动力和压力，所谓无压力则无动力。正是由于处在一种安逸的环境下，他们才愈加放松，对于学习也丧失了应有的热情和态度，始终报之以"无所谓"的态度。

这种两级分层的情况令人担忧。两类学生不同的做事风格、学习态度、学习方法导致了这种差异的固定化，使得分层难以打破。因此，需要对这一问题加以更多的关注，并改善我们的教学培养制度，来解决这一问题。

（二）课堂表现积极性不高

另一大问题表现为法学实验班的学生课堂表现积极性不高。通过对平时的教学实践和法学院学生上课情况的了解，笔者发现相比较于其他学院的学生，法学实验班的学生上课表现整体不错，但是依然有所欠缺，如仅有一部分学生积极发言，而大部分学生发言积极性不高。

（三）自主性规划能力不强

法学实验班的学生自主性规划能力不强。如前文所述，由于法学院培养方案内置对于研究生的"庇护",法学实验班的学生缺少一种对未来职业的自主性规划能力。不了解自己对未来职业的规划,不了解自己真正的兴趣在哪里,则难以作出有效的自主性规划。

(四) 竞争意识不强

法学实验班的学生缺乏竞争意识。这一问题与自主性规划能力不强问题密切相关。正是由于他们不知道自己真正的目的与想法,缺乏对未来有效的规划,因此竞争意识也极为缺乏。与其他普通学制的学生横向对比,其他学生都积极参加各种创新项目的申报、模拟法庭竞赛,而法学实验班的学生则更为缺乏此种竞争意识,缺乏竞争能力。

四、改革思路——引入竞争机制

法学实验班现有的"庇护模式"虽然给学生带来很多发展上的便利,但是现有制度对于学生的过度保护,使学生缺乏学习上的动力和积极性。法学实验班最大的特色就是学生只要通过方案中规定的本科阶段的标准都能顺利免推进入研究生阶段,这也是很多学生在报考这一专业时最看重的一点。但是凡事都具有两面性,也正是由于这种"庇护"的存在,很多学生在校对自己的标准仅仅局限于完成方案的要求。但是方案中的标准仅仅是对一个法科学生学业和实践能力最基本的要求,如果想在诸多的法科学生中脱颖而出,这个标准是远远不够的。相对于那些在高考报专业时并没有选择"本硕连读"的学生,法学实验班学生虽然少了考研的压力,不需要花费精力在这一方面,但也正是因为缺少压力而更容易失去动力,在安逸的环境中容易逐步丧失高考时获得的优势。

竞争是进步和创新的动力,要想在现有的培养模式下使学生保持学习动力,为法学实验班的培养体制引入新的活力,就必须要进行改革,大力引入多元化竞争机制。对此,笔者有以下三点建议。

(一) 培养学生全方面发展,促进学生综合素质提高

首先,法学是专业性很强的学科,对法学学生的培养必须着力于对专业能力的培养。丰厚的学术底蕴和扎实的法学功底是一个法学生所应具备的最基本素质,没有这些素质,法学生是不可能符合将来的社会需

求的，更不可能发展成为一个优秀的法律人。如果我们培养出的法律人才连最基本的法律素养都不具备，那么这种培养体制毫无疑问是不成功的。因此，在本科生和研究生阶段，我们都应当加大法学生的专业课程教育。

其次，社会责任意识是每一个受过高等学历教育的人应当具有的品质，而对于法学专业的学生来说尤为重要。法学院的学生以后大多数会从事公检法、律师等与法律有关的行业，会成为未来法治事业发展的中坚力量，他们必须要肩负起应当承担的社会责任。曹植在《白马篇》中曾说："弃身锋刃端，性命安可怀"，"捐躯赴国难，视死忽如归"。我们所培养出的法学学生应当是具有为法治事业献身的胸襟与抱负的。法律不应当仅仅作为一个人谋求生活品质的工具，而是有着维护社会公义、公正的价值。只有在培养过程中加大对法学生社会责任意识的培养，才能使他们树立更强大的社会责任观念，成为有使命感、责任感的法律人才。

除此之外，法律是一项社会科学，人文精神对法学生理解法律，了解法律的价值和目的有着不可替代的作用。法学是与社会现实联系十分紧密的一门学科，因此它要求法学生有着关注现实、关心社会的人文意识，而这与大学期间对于学生人文精神的培养是分不开的。法学生应当有一种"悲天悯人"的情怀，这对他们法律职业道德和法律职业观念的形成有着极其重要的影响。一个正直的法学生是有极强的人文精神在的，这种精神随着法学生工作年限的增加会显得愈发重要。法律中有人文关怀的存在，才能让法律显得更加符合人们理想中的价值追求，与现实的契合度更高。而法律中的人文关怀，则需要具有人文精神的法律人来实施。可以说，一个不具有人文精神的法学生，是不可能理解法律背后的真正价值取向的。

为此，要想培养出更符合现实要求的法律人，必须注重他们的全面发展，既要加强专业知识的培养，又不能忽视社会责任意识、人文精神的重要性。因此，我们应当把竞争机制引入法学生培养的各方面，使法学实验班的学生成为全面发展的健全的法律人才。

（二）分层鼓励、加大流动性

在前文中我们提到，法学实验班出现了学生分层的情况。要想使实验班的学生都尽可能地参与到竞争机制中来，就应当根据不同层面的学生的实际状况，做到因材施教。

对于那些自制力强，有明确方向和规划的优生来说，我们应当着重于挖掘他们的潜力，使他们展现出更大的竞争力。实验班中不乏一些优秀的学生，他们比较会利用学校中的各种资源，也能很好地规划自己的时间，但是由于竞争机制的缺乏，他们还有许多潜力没有被激发出来，对于他们来说，应当给予他们机会参与到更大、更高的竞争平台当中去。学院应当创造更大的平台，鼓励他们把视野放到校园之外，多引导他们与其他国内外名校法学院的学生进行竞争。例如，我们可以在原有的基础上，引进更多的国内外名校的交流项目，鼓励更多的优秀学生去国内外知名法学院学习，开阔视野；除此之外，我们可以多举办、参与各种全国性或者国际性的大型赛事，使这些学生在比赛中与世界各地的优秀学子相互竞争、相互学习。此外，亦要加强与知名公司、律所、业务能力强的司法部门的合作，通过选拔的方式定期输送学生到单位进行实习，提高学生的实务水平。

对于那些处于中间水平的学生，我们应当激发他们的学习动力，调动他们的积极性。这些学生的最大问题是缺乏学习动力，学习热情不高。他们其中一部分人是由于对于法学学习的兴趣不够，另一部分则是因为学习环境过于安逸优渥，缺少学习压力。对于法学学习热情程度不够的学生，我们可以通过多组织竞争条件相对宽松的大型活动、导师引导学习制度等方法，使他们多参与到法学学习的过程中，逐步培养他们对法学学习的兴趣。对于学习不积极的学生，我们应当建立相应的激励制度以及实习输送选拔制度，来提高他们对学习的积极性。

对于处于末端的学生，我们应该适当提高对实验班学生的要求标准，使他们增强竞争忧患意识，逐步向上流动。现有的法学实验班培养方案中对学生的要求不算严格，因此很多学生的目标仅仅在于完成培养方案中的标准。我们可以适当提高标准，通过与保研挂钩来提升学生们对自己的要求，促进末端学生向上流动。除此之外，我们可以建立进步类的奖学金或者其他奖励机制，对于那些进步较大的学生予以奖励。

（三）奖学金评定制度的设置改革

正如前文所谈及的，奖学金作为一种激励机制，在人才培养过程中发挥着非常重要的导向作用，其目的是引导学生的学习积极性和鼓励学生自主学习，从而实现学业水平的不断提升。

根据《中国政法大学优秀学生奖学金评定办法》（法大发［2008］52号），中国政法大学学生奖学金共有6种，包括校长奖学金（10000元）、优秀本科生奖学金（3000元，2000元，1000元）、优秀研究生奖学金（3000元，2000元，1000元）、学生科研创新奖学金（2000元，1000元，500元）、竞赛优胜奖学金（2000元，1500元，1000元）和志愿服务奖学金（2000元）。从目前中国政法大学的奖学金设置情况来看，虽然奖学金种类较多，但是覆盖面较为单一，不能充分地发挥奖学金的作用，因此可以从奖学金的分配设置方面进行改进。

（1）在奖学金评定时应增加各奖学金区分度。以优秀本科生奖学金为例，其属于一个综合型奖学金，主要是奖励综合成绩优秀的学生，但目前社会所需要的人才不是单一的，而是多层次的，不仅需要综合成绩优秀的全才，也需要单科成绩优秀的或者某一方面表现优秀的人才。因此，应当增设局部优秀者的奖学金，增加各奖学金评定条件的区分度，起到对不同方向人才发展的激励作用。

（2）通过增加竞赛优胜奖学金的额度和覆盖面的方式，促进国家级、校级、院级竞赛平台建设。如今在教育方面更侧重于理论知识灌输和专业培养，虽然法学实验班通过实习课程的设置加强了理论实践的培养，但是相对于理论知识培养而言依旧有所不足，致使学生的实际应用知识的能力不强。因此，无论是学校还是学院都可以加强资源整合，加大力度创设竞争性平台，通过提高竞赛优胜奖学金的额度鼓励学生积极参与，同时暂时逐步放宽竞赛优胜奖学金对竞赛平台的要求，构建校级、院级相结合，系统完整，功能多样的竞赛平台体系。

因此，要充分发挥奖学金的导向激励作用，才能更好地引导学生激发自身的学习热情和学习积极性，促进学生全面素质的协调发展，使奖学金成为培养实践型、复合型、创新型法律人才的良好激励。

五、总　结

法学实验班已经开展了 8 个年头，目前仍然处于在摸索阶段，因此法学实验班的培养机制需要在不断开展的过程中，根据实践中学生所存在和反映的问题，及时修改和纠正。在现阶段，应当保持和继续扩大法学实验班的优势之处，从根源上保证优质生源接受良好教育。从另一方面看，应当及时引入竞争机制，激发学生的学习主动性和积极性，避免"庇护模式"下的教育方式成为学生们的温床。对于学生的分层现象，法学实验班应当采取不同的措施，有针对性地引导各层级的学生。亦可以调整奖学金的比重，增加对有进步的学生的鼓励和奖励，从而使得每个层面的学生都能有所进步，有所收获。法学实验班任重而道远，需要学院、老师和学生共同努力，互创共赢。

卓越法律人才的标准与六年制法学实验班培养方案的设计

侯淑雯*

摘　要：卓越法律人才培养是教育部根据国家人才培养目标而提出的人才教育方针。六年制法学实验班的设置也是这个教育计划的一个部分。各试点大学都在研究探索并总结经验。本文通过对人才标准的理论分类与教育部发布的卓越人才培养标准，以及六年制实验班设立初衷的分析，提出在六年制实验班教育培养方案设置中存在目标与模式的悖论，并提出了两个调整方案，以期使我们的教育创新真正为培养出卓越的法律专业人才发挥作用。

关键词：卓越法律人才　六年制法学实验班　教育培养方案

一、卓越人才与卓越法律人才的认定标准

目前在我国，卓越人才培养不仅仅是教育的目标，同时也是国家的人才战略目标，当然也是法学教育的培养目标。但究竟什么样的人才是"卓越人才"？什么是"卓越法律人才"？这在教育理论界还是一个莫衷一是的问题。

有人把人才分为四类，即干才、将才、帅才、通才，认为：干才是在社会人才结构中占有大部分数额的群体，通常比较务实，非常精干，工作踏实，有一定工作经验和实务操作能力，能带领下属很好地完成任务；将才在社会人才结构中占的比例较小，通常在部门里担任领导、管理工作，具有专业知识，能制订业务计划，能组织、指挥、激励、监督

---

* 侯淑雯，中国政法大学教授，研究领域为法理学、立法学。

下属，执行坚决、修正及时；帅才在社会人才结构中的比例更小，他们是领袖型、统帅型人才，有全面管理的能力，熟悉部门的宏观控制和微观运作，对组织以外的事物也能产生兴趣，敏感度、判断力、决策力、精力、韧性都很强，有卓越的创新意识，有很强的人格魅力；通才又称复合型人才，这种人才在社会人才结构中也相对稀少，他们具备丰富的知识，有较全面的工作经验，在职场中至少能担任或从事三种以上不同的相关工作。❶也有人认为，人才就是有创造性，无论在哪方面具有创造才能就是人才。❷后一种标准虽然有道理，但是过于笼统，对于人才的有目标培养缺乏操作性。

在教育部的卓越人才培养标准的类别和层次划分中，卓越人才培养标准分为两大类：通用标准和行业标准。其中，通用标准规定的是各类人才培养都应达到的基本要求；行业标准规定的是行业领域内具体专业人才应达到的基本要求。也即基本素质要求和专业行业要求。如果根据这样的标准，上述所列四种人才都当在"卓越人才"之列。

那么，法律领域的"卓越法律人才"应该达到什么样的标准？毫无疑问，"卓越法律人才"也应该具备这两个方面的基本要求。基本素质要求根据教育部有关卓越人才培养计划的文件精神包括以下四个特征。（1）责任感，是一种自觉主动地做好分内分外一切有益事情的精神状态。有积极的人生价值观和较强社会责任感的人，往往具有明确的生活准则和工作目标，工作积极乐观，面对困难勇于克服，善于和他人协同工作，勤奋踏实。责任感的形成和提升，除受意识形态、家庭及社会文化环境的影响外，主要靠教育来完成，包括自我教育。（2）创新性，卓越人才要能够适应高度竞争和不断变化的国内外环境，对所面临的问题要能够不断提出新思路、新方法和新策略，并能够付诸实践，取得预期的结果。（3）应用性，卓越人才要能够适应工作岗位的需求，较快适应工作环境，能够发现问题和解决问题。为了达到这个目标，高校与企业之间必须建

---

❶ "卓越人才的衡量标准"，http：//www.360doc.com/content/14/1015/20/15505702_417256630.shtml，访问日期：2014年10月15日。

❷ 关原成："衡量人才的标准"，载《知识就是力量》2011年第2期。

立起人才的联合培养机制,共同制订培养目标、共同建设课程体系和教学内容、共同实施培养过程、共同评价培养质量。(4)国际化,卓越人才要具有在国际视野和跨文化环境下的交流、合作与竞争的基本能力,也即国际化的能力。❶ 在专业行业要求上,教育部对法学专业也提出了标准,即"信念执着、品德优良、知识丰富、本领过硬的高素质法律人才",同时打破传统培养模式,对法律人才进行分类培养,其中应用型、复合型法律职业人才,是实施卓越法律人才教育培养计划的重心。❷ 当然,法学界的认识还不完全统一。但具备深厚扎实的法学基础,认识理解中国国情,具有公平正义的法律理念,具有现代法律精神和法律视野应该是共同的专业和行业认知。

除了上述基本标准外,教育部还主张各高校在本行业领域提出更具体的学校标准,即体现各学校办学优势的特色标准,结合自身办学定位、办学目标、服务对象和行业特点来制定。因此有高校提出根据学位教育的3个层次确定3个标准所占的比重。在本科层次中,通用标准占主要部分,行业标准次之,学校标准最少;硕士层次中,行业标准和学校标准的比重应明显增大,也就是说,专业教育和学术能力培养在硕士阶段占主要部分,虽然其通用标准部分比例不是很大,但是也应该涵盖本科阶段的通用标准,所以硕士层次的通用标准从绝对层次和水平上说,是应该多于和高于本科层次通用标准的;博士层次中,行业标准和学校标准占主要部分,也就是说,在博士教育阶段,应该以专业能力和学术能力的教育和培养为主,大学的学科研究优势和专业教育优势主要在此阶段反映出来。尽管此阶段的通用标准比重较小,但从绝对水平上说,通用标准要多于和高于硕士层次的通用标准。❸ 这是根据教育部的两种类型划分,从学位层次角度作出的横向分析。笔者认为这是个错误认识。

---

❶ 王庆石、刘伟:"卓越人才的内涵与素质标准构建",载《光明日报》2012年10月16日第16版。
❷ 参见2011年12月23日教育部颁发的"卓越法律人才教育培养计划"文件。
❸ 王庆石、刘伟:"卓越人才的内涵与素质标准构建",载《光明日报》2012年10月16日第16版。

无论在任何层次的教育中,通用标准都是不能打折扣的,这是一个基本标准。不同学位层次的区别只能是专业职业向度的区别,即在不同的职业中,对不同层次的专业要求应有所不同。

二、六年制法律实验教育的初衷与创建

法学教育改革是 2005 年前后教育部提出的一项重要课题,当时主要是针对我国法学教育中普遍出现的四大问题提出来的:一是教育规模迅速扩张与学生就业率低下的问题。二是教育机构和教育层次过多与法科学生优势不明显的问题。综合大学、专门大学、研究所、党校、法官学院、检察官学院都在培养法科学生,学历从中专到博士,但法科学生司法考试通过率却和非法科考生通过率相差不多。三是重知识教育与轻职业道德和技能训练。四是教育的研究化与学生务实就业去向。于是教育部提出六年制改革模式,主张让学生在基础学习阶段主要完成通识教育课程、专业基础学习中的课堂教学课程、与之有关的实践教学环节,建立起较为牢固和完善的专业基础知识体系,形成良好的法学思维方式,掌握初步的专业技能,为进入应用学习阶段进一步培养职业技能创造条件。

学生在应用学习阶段需要完成四大任务:一是完成为期 1 年的专业实习,主张让学生像医学院学生那样在固定实习基地实习,全面掌握法律职业相关实务;二是学习司法考试辅导课程,帮助学生在毕业前顺利通过司法考试,取得法律职业资格;三是设置专业课程学习,旨在基础阶段学习和专业实习基础上,深化法学专业学习深度,达到法律硕士应有的学术水平;四是撰写毕业论文,检验综合解决问题的能力。在这样的思路指导下,教育部通过比较考察,在 3 所法学院校中确定实验试点,开始招收六年制实验班。❶

试点大学之一的中国政法大学在《中国政法大学六年制法学人才培养模式改革实验班培养方案》中提出的"培养目标"是:培养具有厚基

---

❶ 徐显明、郑永流:《六年制法学教育模式改革》,中国法制出版社 2009 年版,第 10 页。

础、宽口径、高素质、强能力的复合型、应用型、创新型的高级法律职业人才。

三、六年制实验班教育培养方案设置中的目标达成与模式悖论

根据上述内容，我们发现，实际的人才标准、人才要求和六年制法学实验班的培养目标与要解决的问题并不十分一致。主要有以下四个方面的相悖之处。

（1）卓越人才要求有创新性的、突出的专业才能，有更深厚的法学素养，其中包括理论和实践两个方面。但六年制实验班把学制缩短了1年，将专业课也压缩了1年，专业理论课的时间更是有限。这使实验班的学生单在理论学习上就比普通班学生要薄弱不少。而且一般来说，实验班要比法学硕士班级人数多，学习效果很难说比法学硕士研究生要好。加上虽然到硕士阶段也有专业导师，但据笔者所知，专业导师对实验班的学生基本上是不管不问的，学生与导师接触很少，导师对他们也没有什么专业要求，认为他们是专业基础较为薄弱的一群。在这样的学习状态下，希望他们成为比普通班学生更为卓越的法律人才恐怕是比较困难的。

（2）六年制实验班究竟是先做实验，为将来的普及做先导的班级？还是一种精英班级？如果是前者，那是不是就意味着如果将来被认可为成功模式，就要在整个法学教育领域普及开来？毕业生学习年限将从原来的7年减至6年。专业学习时间缩短了，毕业周期却加快了，这对于解决上述四大问题中的第一项"教育规模扩张和就业率低下的问题"不会有任何帮助；如果是作为"精英班"培养，那毕业后得到法律硕士学位显然是不适宜的，而且这种"职业"培养方向，显然与"精英"理念也不相符。

（3）六年制培养模式的"司法中心主义"与中国政法大学培养模式中的"厚基础、宽口径的复合型人才"也不一致。六年制培养模式中特别注重"实用性"，关注司法考试的通过率，强调公检法司和律所的实

习，着重提高司法业务能力。实际上，法律实践不仅仅是在司法机关，在党政部门、行政机关、立法机关也有很大的需求。中国政法大学提出的"宽口径"就是要面对各个法律人才需要的领域。那在课程设置上就不能只关注司法的实践操作，同样也需要加强各方面理论素养的培养。相比于司法实践操作，深厚的学术理论素养是更难达到的，而制度和理论创新没有深厚的学术理论素养也是不可能实现的。

（4）中国政法大学实验班的学生都是以高于普通班的分数招进来的，最后却是以低于普通研究生的法律硕士身份毕业的。虽然在这其中也有学生自己的考虑——免试直升，可以免去考研之苦。但现实的"职业目标"会影响学生未来的发展，与卓越人才培养目标也不完全一致。如果完全定位于职业教育培养，不但有自我降格之虞——事实上，目前确实存在这种心理划分——而且对我们学生的未来发展也是不负责任的。作为中国法学最高学府，中国政法大学有责任让每一位学生获得最广阔的发展空间，而不是由于学校的职业设计被局限于某一个局部领域。

四、方向调整与合理的设计

毫无疑问，以职业设计为目标的教育培养，也是国家人才培养的一部分。但正如前述所言，人才同样是可以分类的，既有普通人才，也有精英人才。就六年制法学实验班设置的初衷来看，提高法学院学生在司法考试中的通过率，彰显法学专门教育的优势，提高法科学生的就业率，提高法学学生的专业职业技能等，都是普通人才培养的标准。这种普通人才培养没必要采用精英人才培养的方式，这种培养也是可以作为未来普及培养的方向。但就中国政法大学来说，这种培养不应该成为主要的培养对象。中国政法大学应该有更多的非职业化培养的目标，不必和他人比司法考试通过率，那只是其中的一部分。而是要把目光放在培养更多的具有深厚理论素养的法律精英身上，即要培养更多的将才、帅才和通才。这与教育部提出的对"法律人才进行分类培养"的精神也是一致的，只是侧重点上笔者有不同的看法。故此，笔者认为中国政法大学的培养设计应该做以下两个方面的调整。

（1）将现有的六年制实验班作为精英班，继续采用遴选高分学生的方法，实行本硕连读，加强理论学科的学习，但毕业后颁发法学硕士学位。人数可以保持现有数量或稍有增加，不作职业方向的培养。目标是进入高层次学位学习或进入党政机关、立法机关、社会团体等相应的法律部门，给这些在名校经过正规、系统的专业学习的学生以进入学术研究队伍和党政机关的机会。这不但是中国法治社会发展的需要，也是中国政法大学与外校人才竞争的需要。

（2）以低分入学的学生作为普通培养对象，把目前用于实验班培养的方式用于本类学生的培养，强化职业型、技能型教育，注重司法考试通过率，注重就业率，让那些无意于考取更高学位的学生为进入职业队伍做好准备。

总之，六年制实验班的设置不仅需要在课程安排和管理上作出调整，更需要从理论和发展方向上进行更深入的研究和论证，使我们的教育创新真正为培养出卓越的法律专业人才发挥作用。

卓越法律人才培养中学生发展需求的变化对学生发展工作的挑战

樊昌茂[*]

摘　要：高校对学生的教育管理和服务，从供求关系上看就是高校根据学生发展的需求，为学生提供优质的有针对性的教育。学生需求的满足需要高校和学生积极性的合力，学生自我供给是内因，是满足和实现自身发展需求的根本渠道；学校的有效供给属于外因，推动着内因渠道的实现。适应学生就业多维度、基层化的需要，需要按照主导性和精致性的原则从提升学生发展意识、完善主题教育、创设平台着手完善学生工作。

关键词：卓越法律人才　学生工作　学生发展

经济学理论认为产品的供给和需求是一个国家经济正常运行的必要条件，供求关系的状况决定着一个国家经济健康发展的程度，也决定着经济发展的后劲。需求决定着供给的实现，推动着供给的继续进行；供给决定着需求的满足，又创造着新的需求。高校学生在高校的发展也符合供求关系的原理。学生的就业和发展是需求，推动学生发展需求的实现的是高校教育的目的；满足学生就业和发展需求措施的实施是有效的供应，有效的供应是实现高校教育目的的手段。手段和目的的关系说明了高校和学生之间的关系，那就是，高校根据学生发展的需求，为学生提供优质的、有针对性的教育。

学生发展的供求关系目前面临着结构性的矛盾。在大学初期，学生

---

[*] 樊昌茂，中国政法大学思想政治教育专业副教授，博士。

对自身的发展需求知之甚少，学校的教育供应却不足和不到位。学生的需求取决于自身的专业兴趣和社会需求，但很多学生在大学前3年对自身的兴趣特点和能力特点了解不足，对社会对人才的能力要求也知之甚少。这一阶段往往是集体活动最为密集，班级活动和社团活动最为密集，自我认知和能力培养非常关键的阶段，也是学生适应处理集体活动、提升各种能力与学习之间矛盾的阶段，但很多学生却不能明确地树立自己的职业规划，不能设计出明确的职业步骤，在迷茫中度过了关键的3年。如何改进高校学生工作，有效地调动学生自身发展的积极性，帮助学生充分了解社会需求，有效地了解自身的特点是高校学生教育管理工作的重中之重。

有效供给的实现符合内外因相互作用的原理。有效的供给需要学校向学生提供往届生就业发展的信息、提供往届生就业发展的经验和教训、帮助学生明确就业发展的步骤和条件，创设平台调动和激励学生发展的积极性。需要学生在了解社会需求和自身兴趣与能力特点的基础上，通过学习和实践活动锻炼自己，丰富和增强自身满足社会需求的能力。所有的这些信息都需要最后转化为学生的自觉行动才能真正实现有效的供给。学生自我供给是内因，是满足和实现自身发展需求的根本渠道。学校的有效供给属于外因，推动着内因渠道的实现。

一、学生需求变化具有多维度、基层化的特点

根据对中国政法大学法学院2007级300名普通本科生就业（包括就读研究生的学生）情况的跟踪调查统计，毕业两年后70%的学生进入公务员系统主要是公检法岗位，其中本科生毕业就进入公检法系统的占20%；15%的学生从事律师行业，15%的学生进入银行、证券、事业单位。2008级实验班学生有52%的学生进入公检法岗位，44%的学生在企事业单位和律所从事法务工作。

根据对学校最近几年本科生就业去向的统计，显示继续求学的占50%，其中30%的学生考取研究生（包括保研的学生占10%左右），15%的学生读取双学士，5%的学生出国深造，40%的学生签约工作；

6％的学生进入单位录用前的实习阶段。

　　国家就业形势和政策的变化决定着就业去向的基层化。对于法学专业的学生来说，考取公务员是一个重要的就业去向，主要包括毕业直接考取公务员、就业几年后转考公务员。根据国家公务员关于报考条件和岗位设置的情况，可以看出绝大多数岗位都附设了两年基层工作经验的限制，并且规定公务员不能再继续考公务员，这两项规定直接导致了就业地点和去向的地方化、基层化趋势，进一步让学生确立了先工作，再考省级别以上公务员的顺序关系。再加上随着法学实验班实习的开展，拓宽了学生的就业视野，越来越多的学生从事律师行业。律师行业既成为一次就业的平台，也成为二次就业的跳板。

　　社会需求决定着就业的质量，满足社会需求的能力决定着就业岗位的档次。社会需求是一个导向杆，它决定着学生在校期间应该培养的能力，也决定着学校应该着力做的事情。根据对2008级实验班同学和往届毕业生关于大学期间最应该提升的就业能力的问卷调查统计，排在第一位的是司法考试证书；第二位的是语言和文字表达能力，其中写作总结能力尤为重要；第三位是管理时间的能力；第四位是交际能力；第五位是英语表达能力。其中语言表达能力和交际能力可以通过参加班级活动、社团活动、班会演讲、实习等渠道获得；文字表达能力通过论文写作、实习、社会调研渠道获得；管理时间的能力需要目标明确、毅力和意志、实践活动来锻炼；英语表达能力需要在平时训练和出国交流中得到增强。

二、顺应学生发展需求的满足，学生教育工作必须做到工作主导性、工作精致性

　　主导性是主动性、超前性的统一。在学生对自身发展需求和社会能力需求不甚了解的情况下，学生工作的主导性往往起到画龙点睛的作用。主动性要求辅导员自觉而非被动、热情而非消极地开展学生工作，能够及时地向学生传递发展的信息，廓清学生发展的迷茫；超前性要求辅导员帮助学生提前了解和规划自身的发展需求及步骤，在有效的时间内进行有效的活动，而不使学生浪费必要的时间。

精致化作为一种人文性和科学性相统一的教育管理理念，是满足高质量需求的迫切要求和必要保证。要求在工作的细节、过程和结果方面追求卓越、精益求精、周到细致、精雕细刻。对于辅导员工作来说，精致性强调内容的有用性，要求辅导员工作围绕学生的发展需求精心设计，精心安排，精心组织，有的放矢，注重活动的实用性和渗透性，使学生在活动中明确自身的发展需求、自身特点、发展步骤，调动学生自我发展的积极性和主动性。

三、顺应学生发展需求的变化，学生教育工作的完善

（一）唤起学生发展需求的危机意识、目标意识和行动意识

唤起学生危机意识和目标意识是学生发挥主观能动性，提升自身能力而付出行动的前提。行动意识决定着能力的提升效果。唤起意识必须让学生明确就业形势、目标和能力需要以及在大学阶段应该采取的步骤。目前，就业面临着严峻的形势，就业工作也必须早入手，早做准备，提前向学生灌输竞争就业的意识。首先，需要帮助学生明确就业去向的选择，明确去向所需要的条件，明确司法考试、英语登记证、注册会计师、证券从业资格、公务员考取的条件以及规划时间和步骤；其次，要帮助学生明确就业能力的内容以及培养能力的步骤和平台。

（二）组织优质服务，有针对性地指导学生群体和个人发展需求的实现

学生综合素质的提高是通过各学期的主题教育实现的，所以说精致化地做好学生需求满足的工作必须规划好和做好各学期的主题教育。有针对性的主题教育，既需要教育内容具有延续性，又使各学期的工作有所侧重，这样既确保了教育的连续性，又加强了教育的效果，从而提高学生的各种素质，实现国家和学校的教育目标。不同学期，主题教育是不同的，各有侧重点。要根据每年学生的实际问题组织有针对性的主题教育，既要强调阶段性，也要强调连续性和系统性。对于大一、大二的学生来说，教师要帮助学生根据国家的就业形势和国家教育的要求进行职业规划，初步明确努力的方向；帮助学生解决如何在班级搞好人际关

系问题；帮助学生探索适合自己的学习方法；帮助学生树立正确的世界观、价值观、人生观和恋爱观，进一步对自己进行性格、能力定位；帮助学生开始有针对性地培养自己的各种能力。对于大三、大四的学生教师主要帮助他们优化世界观和价值观，明确自己的奋斗方向，明确自己的兴趣爱好；帮助他们继续加强各种能力的培养，加强各种证件的获取。研一解决的是就业的问题，比如简历的制作，找工作的技巧培养和通过各种考试，以及在找工作时如何处理心理困惑等。

（三）创新能力提升平台，推动学生自我能力的提高

学生自我能力的提高既需要激励，也需要压力推动。平台是一种制度，需要物质和人力的推动，好的平台必须靠制度来保证和推动。

教师应优化班会、团支部、党支部会议内容，增设主题发言，以锻炼学生的语言表达能力；创设班刊，以增强文字表达能力；严格班委分工制和工作内容考核制，增加学生锻炼的机会；严格论文写作的规范。首先，应该在大二进行论文写作的培训，包括收集资料、选题、开题、格式等程序的规范；其次，严格质量把关，严肃打击造假、糊弄行为，实施重写和不及格制度，对于重写和不及格的不能参与评优；再次，学年论文成绩计入奖学金评定成绩中。

增设论文大赛并集结出版。将国家科研创新项目、校院级优秀论文作为本科学年度和研究生研一国家奖学金评定的重要要素进行考量。

创设就业和出国交流平台。通过年级大会和微信群组平台增强与往届毕业生的交流活动，通过交流平台了解就业形势、就业信息、就业历程、就业心理、出国形势和就业前景、前期准备等。

社会的需求是变化的，学生自我兴趣的发展也是变化的，在变化中调整学生工作的思路和步骤是一个永恒的课题。永恒中渗透着红线，那就是学生工作一定要有的放矢，以提高学生发展能力为己任，满足学生发展的需求。

法学实验班学生文字表达水平培养调研报告

岳红池[*]

摘 要： 文字表达能力是法学专业毕业生的必备素质之一，在毕业生就业、升职过程中发挥着举足轻重的作用。法学专业学生对不同职业所需求的文字表达能力存在认知上的误差；虽然绝大多数学生都能意识到文字表达能力的重要性和主要培养途径，但在校期间参与的培养文字表达能力的活动却比较少。对于法学专业学生培养而言，应当着重引导学生进行正确的职业认知，建立系统、科学的文字表达能力培养体系，同时调动学生培养文字表达能力的主动性。

关键词： 法学专业　法学实验班　文字表达能力

一、调研的基本情况

文字表达能力是法学专业毕业生的必备素质之一，在毕业生就业过程中发挥着举足轻重的作用。进一步的，在学生走向工作岗位后，文字表达能力也会成为其职位晋升的"利器"。无论对于在校的学生，抑或职场人士，拥有好的"文笔"，无疑会更加受到他人的青睐。

那么，文字表达能力在应聘或职场中的作用具体有多大？不同的法律职业对文字表达能力的价值评价有哪些不同？未涉职场的在校法学专业学生，对文字表达能力是否存在认知偏差？在校期间提高文字表达能力的有效途径有哪些？在学生培养过程中，学院应该着重在哪些方面突破，以提高学生的文字表达能力？这些问题是本次调研重点关注的，也是本次调研的目的所在。

---

[*] 岳红池，中国政法大学法学院辅导员。

（一）调研对象

为了进行对比研究，本次调研区别了法学院毕业生和法学实验班在校生。

1. 法学院毕业生

该类别的调研对象针对法学院历届毕业校友，毕业年限从新近毕业到毕业 10 年以上，年限分布较为广泛。

2. 法学实验班在校生

对于在校生，仅针对法学院毕业实验班学生。除 2016 年的新生外，大二到研二的实验班同学均参与其中。

（二）调研形式与内容

本次调研问卷采用电子问卷形式，电脑或手机客户端均可进行操作，实现了问卷样本的广泛性和信息搜集的及时性。

毕业生的调研问卷主要问题包括以下四个方面：（1）基本信息，包括毕业年限，目前从事的职业；（2）对职业所涉及的文字表达能力内涵及外延的理解；（3）文字表达能力在应聘、职业发展和职位晋升中的作用；（4）在校期间，有效提升文字表达能力的途径。

在校生的调研问卷主要问题包括以下四个方面：（1）基本信息，包括目前所在年级，毕业后的理想职业；（2）对理想职业所涉及的文字表达能力内涵及外延的理解；（3）文字表达能力在应聘、职业发展和职位晋升中的作用；（4）在校期间，参加的有助于提升文字表达能力的活动。

本次调研共回收毕业生组问卷 170 份，在校生组问卷 224 份，全部为有效问卷。

二、针对毕业生的调研结果分析

(一) 调研对象基本情况

1. 毕业生毕业年限

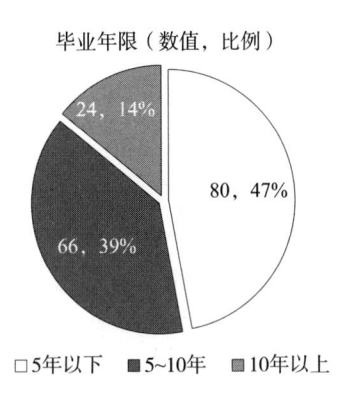

毕业年限（数值，比例）

- 5年以下：80, 47%
- 5~10年：66, 39%
- 10年以上：24, 14%

图1 毕业生毕业年限情况统计

2. 毕业生职业分布情况

职业分布

- 法官或检察官 22%
- 政府机关工作人员 24%
- 律师 22%
- 企业法律顾问 11%
- 金融机构工作人员 10%
- 高校教师 2%
- 其他 9%

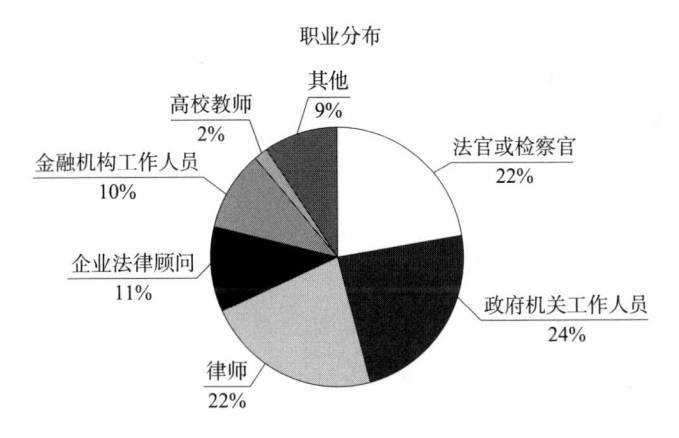

图2 毕业生职业分布情况统计

（二）对职业相关文字表达能力的理解

1. 文字表达能力强弱的标准

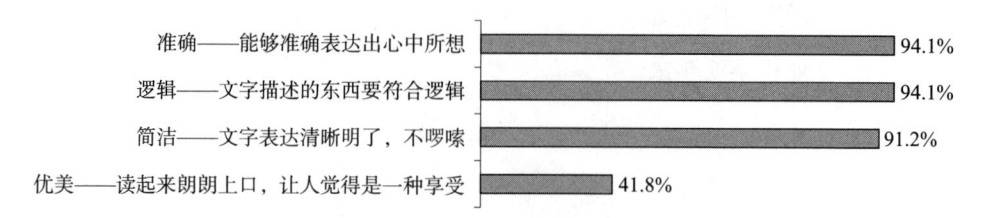

- 准确——能够准确表达出心中所想：94.1%
- 逻辑——文字描述的东西要符合逻辑：94.1%
- 简洁——文字表达清晰明了，不啰嗦：91.2%
- 优美——读起来朗朗上口，让人觉得是一种享受：41.8%

图3　毕业生对文字表达能力强弱的标准的理解情况

2. 不同职业的文字表达能力载体不同

法官或检察官：有92.1%的从事法官或检察官职业的毕业生选择了法律文书选项，表明法律文书撰写在其工作中的重要地位。其他文书基本也都涉及。在文书形式和类别上，法官和检察官职业的要求比较全面。如图4所示。

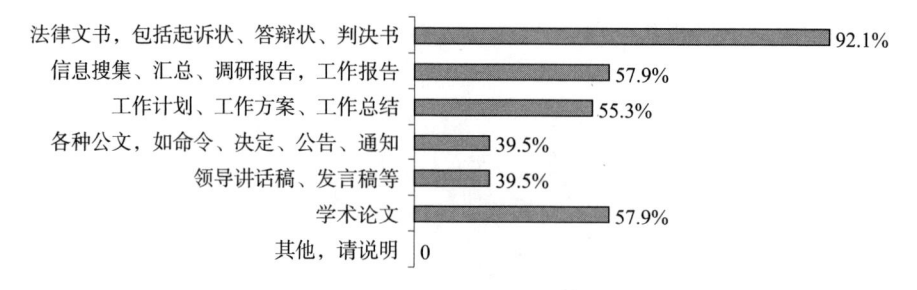

- 法律文书，包括起诉状、答辩状、判决书：92.1%
- 信息搜集、汇总、调研报告、工作报告：57.9%
- 工作计划、工作方案、工作总结：55.3%
- 各种公文，如命令、决定、公告、通知：39.5%
- 领导讲话稿、发言稿等：39.5%
- 学术论文：57.9%
- 其他，请说明：0

图4　法官或检察官的文字表达能力载体情况

政府机关工作人员：对于政府机关工作人员来说，各种报告，工作计划、工作方案、工作总结，各种公文，以及领导讲话稿和发言稿都是在工作中较常使用的文书载体，而法律文书和学术论文则不太常用。如图5所示。

法学实验班学生文字表达水平培养调研报告

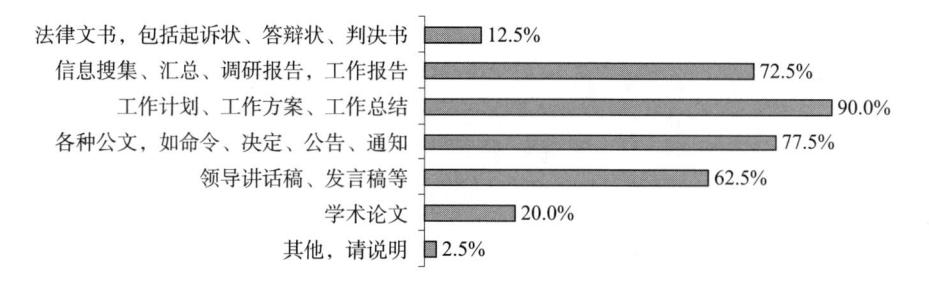

类别	比例
法律文书，包括起诉状、答辩状、判决书	12.5%
信息搜集、汇总、调研报告，工作报告	72.5%
工作计划、工作方案、工作总结	90.0%
各种公文，如命令、决定、公告、通知	77.5%
领导讲话稿、发言稿等	62.5%
学术论文	20.0%
其他，请说明	2.5%

图 5　政府机关工作人员的文字表达能力载体情况

律师：律师工作中所涉的文书较为简单，最主要的必然是法律文书，其次是各种报告，还会有部分涉及工作计划、工作总结和工作方案。但对于其他类别，律师基本未涉及。如图6所示。

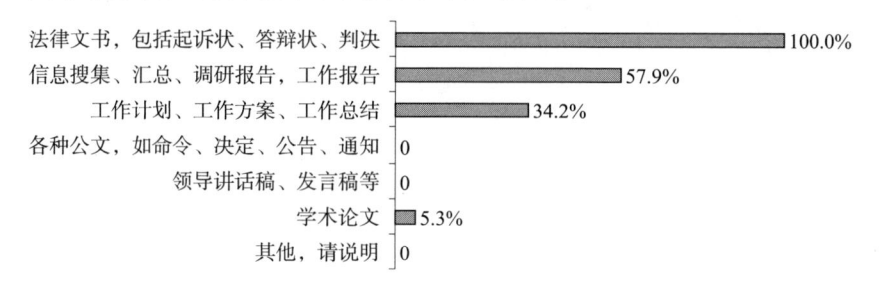

类别	比例
法律文书，包括起诉状、答辩状、判决	100.0%
信息搜集、汇总、调研报告，工作报告	57.9%
工作计划、工作方案、工作总结	34.2%
各种公文，如命令、决定、公告、通知	0
领导讲话稿、发言稿等	0
学术论文	5.3%
其他，请说明	0

图 6　律师的文字表达能力载体情况

企业法律顾问：相比于律师来说，企业法律顾问所涉及的文书较为广泛，基本都有涉猎，可以看出企业法律顾问对文书的形式要求比较全面。如图7所示。

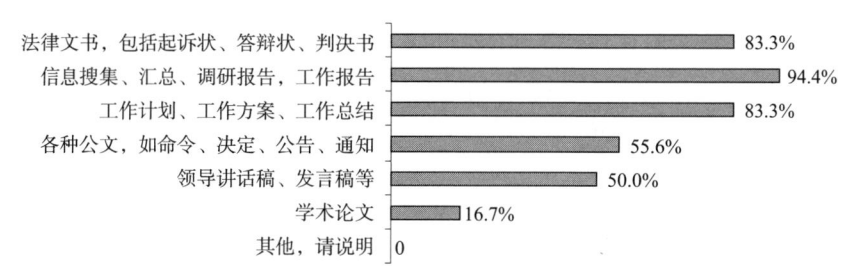

类别	比例
法律文书，包括起诉状、答辩状、判决书	83.3%
信息搜集、汇总、调研报告，工作报告	94.4%
工作计划、工作方案、工作总结	83.3%
各种公文，如命令、决定、公告、通知	55.6%
领导讲话稿、发言稿等	50.0%
学术论文	16.7%
其他，请说明	0

图 7　企业法律顾问的文字表达能力载体情况

金融机构工作人员：金融机构工作人员在工作中对各种报告，工作计划、工作方案、工作总结等涉及较多。如图8所示。

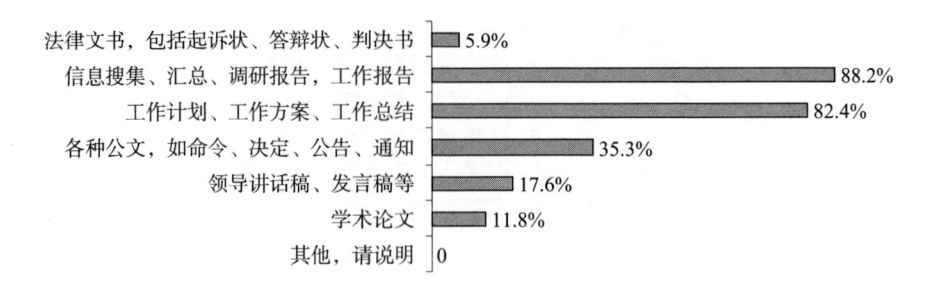

法律文书，包括起诉状、答辩状、判决书	5.9%
信息搜集、汇总、调研报告，工作报告	88.2%
工作计划、工作方案、工作总结	82.4%
各种公文，如命令、决定、公告、通知	35.3%
领导讲话稿、发言稿等	17.6%
学术论文	11.8%
其他，请说明	0

图8　金融机构工作人员的文字表达能力载体情况

高校教师：高校教师的文字表达能力主要体现在学术论文和工作计划、工作方案、工作总结等。如图9所示。

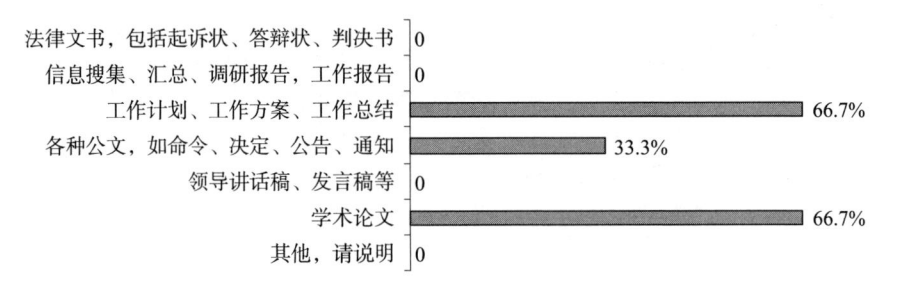

法律文书，包括起诉状、答辩状、判决书	0
信息搜集、汇总、调研报告，工作报告	0
工作计划、工作方案、工作总结	66.7%
各种公文，如命令、决定、公告、通知	33.3%
领导讲话稿、发言稿等	0
学术论文	66.7%
其他，请说明	0

图9　高校教师的文字表达能力载体情况

（三）文字表达能力的重要意义

（1）以文字表达能力在工作中的重要性为判定标准，对其进行打分（1～7分，其中1分为非常不重要，7分为非常重要），97%的毕业生打了5分及以上，表明文字表达能力在毕业生工作中比较重要。如图10所示。

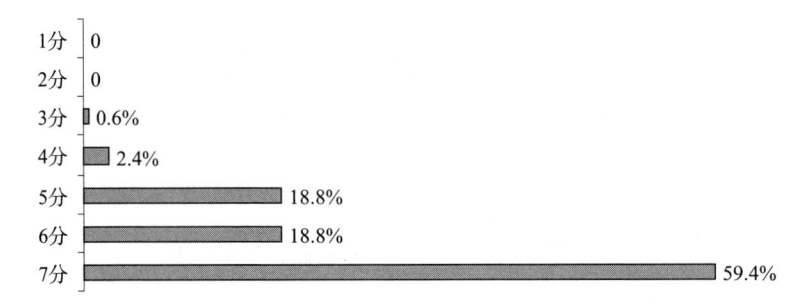

1分	0
2分	0
3分	0.6%
4分	2.4%
5分	18.8%
6分	18.8%
7分	59.4%

图10　毕业生对文字表达能力在工作中的重要性的打分情况

(2) 以文字表达能力在应聘中的重要性为判定标准，对其进行打分（1~7分，其中1分为非常不重要，7分为非常重要），91.2%的毕业生打了5分及以上，表明文字表达能力在应聘中比较重要。如图11所示。

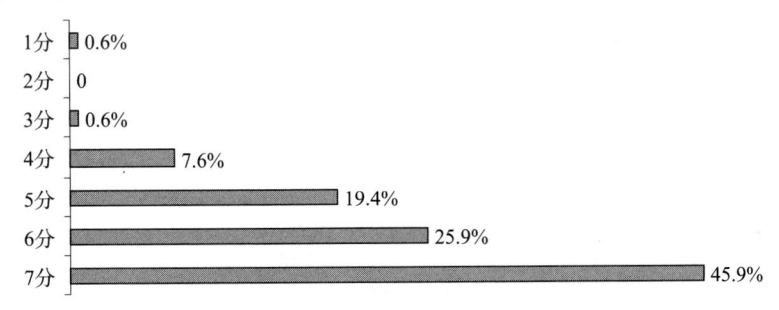

分值	百分比
1分	0.6%
2分	0
3分	0.6%
4分	7.6%
5分	19.4%
6分	25.9%
7分	45.9%

图11 毕业生对文字表达能力在应聘中的重要性的打分情况

83.5%以上的毕业生认为：就其职位来讲，在招募新人时，会考察其文字表达能力。如图12所示。

是	83.5%
否	16.5%

图12 毕业生对招募时是否考察文字表达能力的认识情况

76.5%的毕业生认为：文字表达能力在职位晋升中的作用非常重要。如图13所示。

非常重要	76.5%
一般	23.5%
不太重要	0

图13 毕业生对文字表达能力在职位晋升中的重要性的认识情况

（四）在校期间对文字表达能力的培养

(1) 仅有55.3%的毕业生认为：在校期间，其文字表达能力有很大提升。说明在学生文字表达能力培养方面法学院还大有可为，如图14所示。

是，有很大提升	55.3%
否，没太大变化	44.7%

图14 毕业生对其文字表达能力在校期间是否提升的认识情况

(2) 就在校期间提高文字表达能力的途径而言，撰写学术论文、毕业论文，参加实习活动，参与老师课题，参加各种调研项目、实践项目，选修法律文书写作等相关课程，找到学术水平较高的老师进行指导，都是比较有效的方式。此外，大量的阅读与写作也是毕业生们比较认可的提高文字表达能力的途径。

三、针对在校生的调研结果分析

（一）在校生调研对象的基本情况

（1）所在年级：本次参与调研的在校生共 224 人，其中大二 88 人，大三 77 人，大四 15 人，研一 25 人，研二 19 人。如图 15 所示。

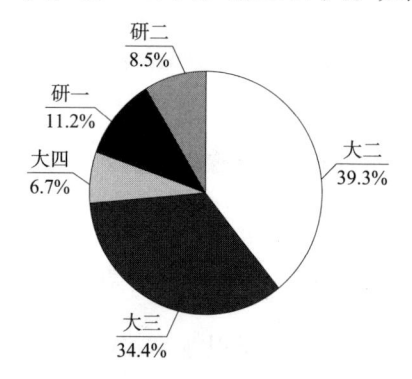

图 15　在校生调研对象所在年级分布情况

（2）在校生调研对象的理想职业比例：其中律师占比最多，接近一半；法官或检察官占比接近 1/4，如图 16 所示。

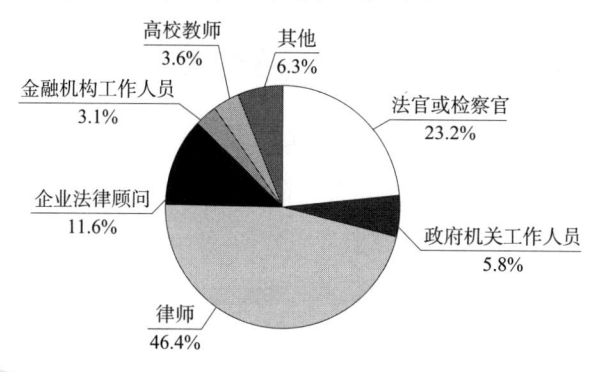

图 16　在校生的理想职业分布情况

（二）对职业相关文字表达能力的理解

1. 在校生提升文字表达能力的诉求情况

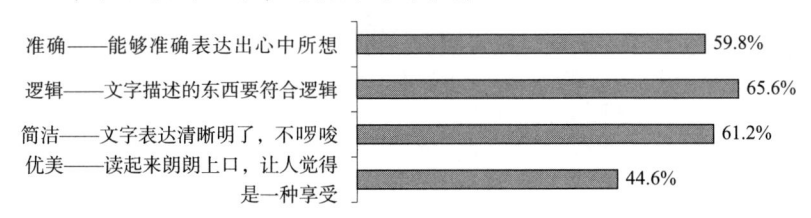

诉求	比例
准确——能够准确表达出心中所想	59.8%
逻辑——文字描述的东西要符合逻辑	65.6%
简洁——文字表达清晰明了，不啰唆	61.2%
优美——读起来朗朗上口，让人觉得是一种享受	44.6%

图 17 在校生提升文字表达能力的诉求情况

2. 针对理想职业将会涉及的文字材料的内容的认识

（1）法官或检察官：98.1%的以法官或检察官为理想职业的在校生认为该职业会涉及法律文书的撰写，也有部分同学认为会涉及其他类别的文书。如图 18 所示。

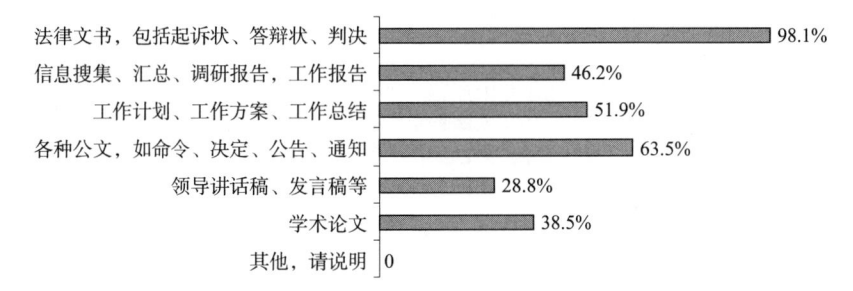

内容	比例
法律文书，包括起诉状、答辩状、判决	98.1%
信息搜集、汇总、调研报告，工作报告	46.2%
工作计划、工作方案、工作总结	51.9%
各种公文，如命令、决定、公告、通知	63.5%
领导讲话稿、发言稿等	28.8%
学术论文	38.5%
其他，请说明	0

图 18 以法官或检察官为理想职业的在校生对将会涉及的文字材料内容的认识情况

（2）政府机关工作人员：对于以政府机关工作人员为职业理想的在校生来说，他们多数都选择了各种报告，工作计划、工作方案、工作总结，各种公文，以及领导讲话稿和发言稿。如图 19 所示。

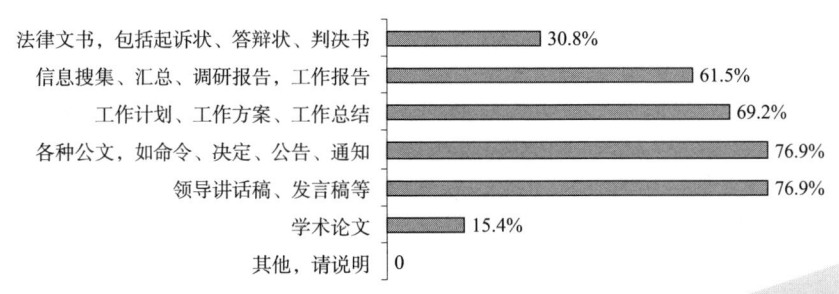

内容	比例
法律文书，包括起诉状、答辩状、判决书	30.8%
信息搜集、汇总、调研报告，工作报告	61.5%
工作计划、工作方案、工作总结	69.2%
各种公文，如命令、决定、公告、通知	76.9%
领导讲话稿、发言稿等	76.9%
学术论文	15.4%
其他，请说明	0

图 19 以政府机关工作人员为理想职业的在校生对将会涉及的文字材料内容的认识情况

(3) 律师：对于以律师为理想职业的在校生而言，法律文书仍然是他们对律师文字表达能力载体的绝对多数的选择，其次也包括各种报告，工作计划、工作方案、工作总结等。如图 20 所示。

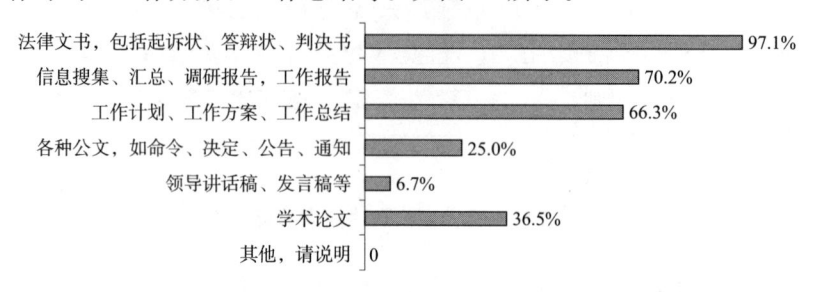

法律文书，包括起诉状、答辩状、判决书　97.1%
信息搜集、汇总、调研报告，工作报告　70.2%
工作计划、工作方案、工作总结　66.3%
各种公文，如命令、决定、公告、通知　25.0%
领导讲话稿、发言稿等　6.7%
学术论文　36.5%
其他，请说明　0

图 20　以律师为理想职业的在校生对将会涉及的文字材料内容的认识情况

(4) 企业法律顾问：选择以企业法律顾问作为理想职业的在校生，对法律文书，各种报告，工作计划、工作方案、工作总结等进行了较多的选择。如图 21 所示。

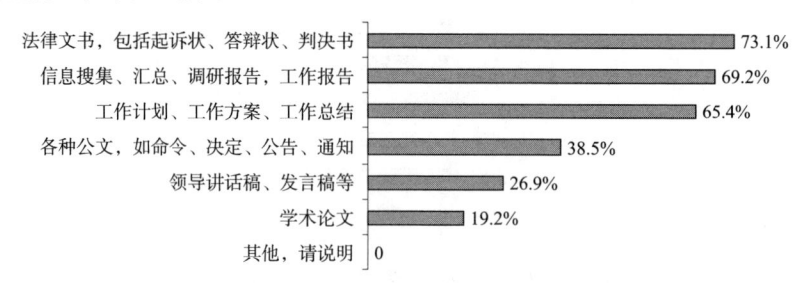

法律文书，包括起诉状、答辩状、判决书　73.1%
信息搜集、汇总、调研报告，工作报告　69.2%
工作计划、工作方案、工作总结　65.4%
各种公文，如命令、决定、公告、通知　38.5%
领导讲话稿、发言稿等　26.9%
学术论文　19.2%
其他，请说明　0

图 21　以企业法律顾问为理想职业的在校生对将会涉及的文字材料内容的认识情况

(5) 金融机构工作人员：以金融机构工作人员为理想职业的在校生，认为工作中常涉及的文书主要是各种报告，法律文书，工作计划、工作方案、工作总结等。如图 22 所示。

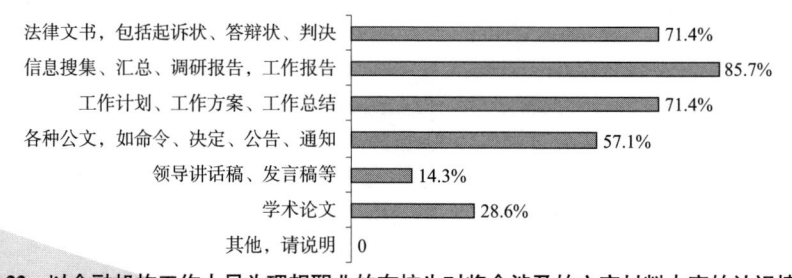

法律文书，包括起诉状、答辩状、判决　71.4%
信息搜集、汇总、调研报告，工作报告　85.7%
工作计划、工作方案、工作总结　71.4%
各种公文，如命令、决定、公告、通知　57.1%
领导讲话稿、发言稿等　14.3%
学术论文　28.6%
其他，请说明　0

图 22　以金融机构工作人员为理想职业的在校生对将会涉及的文字材料内容的认识情况

(6) 高校教师：那些选择高校教师为理想职业的在校生，则对各种报告，学术论文等进行了较多的选择。如图 23 所示。

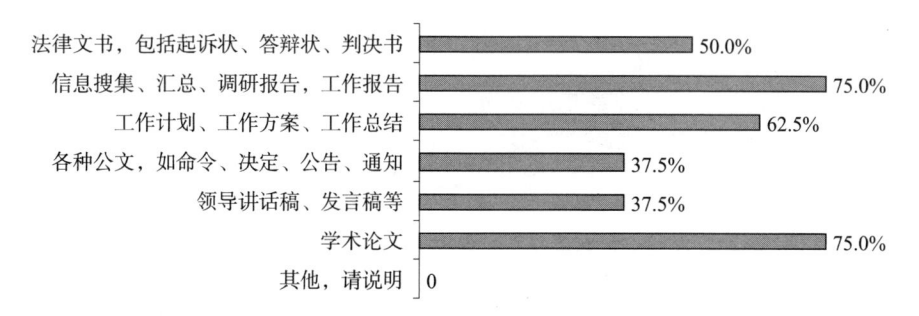

文字材料	比例
法律文书，包括起诉状、答辩状、判决书	50.0%
信息搜集、汇总、调研报告，工作报告	75.0%
工作计划、工作方案、工作总结	62.5%
各种公文，如命令、决定、公告、通知	37.5%
领导讲话稿、发言稿等	37.5%
学术论文	75.0%
其他，请说明	0

图 23　以高校教师为理想职业的在校生对将会涉及的文字材料内容的认识情况

（三）文字表达能力的重要意义

（1）以文字表达能力在理想职业中的重要性为判定标准，对其进行打分（1～7 分，其中 1 分为非常不重要，7 分为非常重要），92.3％的在校生打了 5 分及以上。如图 24 所示。

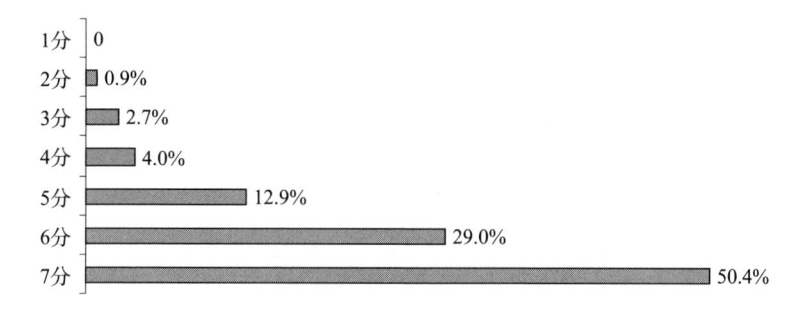

分数	比例
1 分	0
2 分	0.9%
3 分	2.7%
4 分	4.0%
5 分	12.9%
6 分	29.0%
7 分	50.4%

图 24　在校生对文字表达能力在工作中的重要性的打分情况

（2）以文字表达能力在应聘中的重要性为判定标准，对其进行打分（1～7 分，其中 1 分为非常不重要，7 分为非常重要），90.6％的在校生打了 5 分及以上。如图 25 所示。

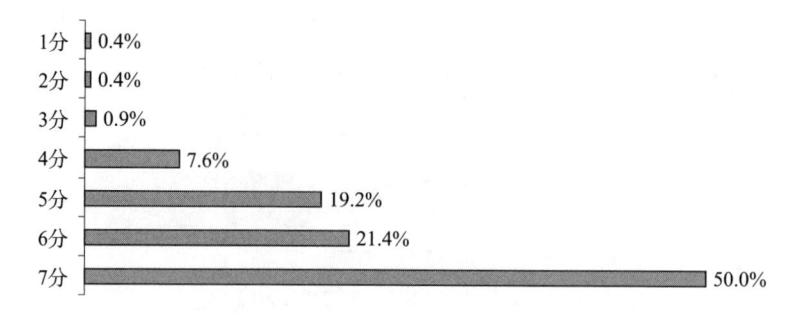

```
1分  0.4%
2分  0.4%
3分  0.9%
4分  7.6%
5分  19.2%
6分  21.4%
7分  50.0%
```

图 25　在校生对文字表达能力在应聘中的重要性的打分情况

（3）93.3％的在校生认为：就其理想职位来讲，在招募新人时，会考察其文字表达能力。

（4）74.6％的在校生认为：文字表达能力在其理想职业的职位晋升中的作用非常重要。而认为一般和非常重要的在校生比例则达到了98.7％。如图 26 所示。

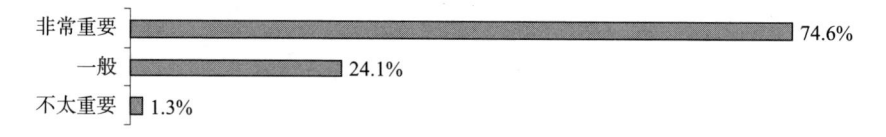

```
非常重要  74.6%
一般      24.1%
不太重要  1.3%
```

图 26　在校生对文字表达能力在其理想职业职位晋升中的重要性的认识情况

（四）在校期间对文字表达能力的培养

（1）68.3％的在校生希望在校期间参加各种活动以获得文字表达能力的有效提升。

（2）就在校期间提高文字表达能力的途径而言，撰写学术论文、毕业论文，参加实习活动，参与老师课题，参加各种调研项目、实践项目，选修法律文书写作等相关课程，找到学术水平较高的老师进行指导，都是在校生认为比较有效的方式。

（3）截至目前，仅有 54.5％的在校生认真撰写过学术论文，仅有 5 人（占比 2.2％）公开发表过学术论文。

（4）截至目前，在校生中共有 60 人参加过 3 个月以上的社会实习或实践，其中 73.3％的同学认为其文字表达能力在实习或实践中得到了有效提升。如图 27 所示。

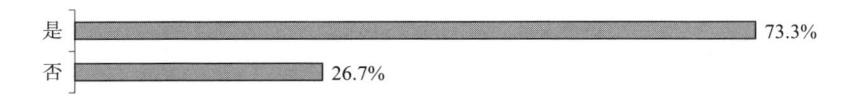

是 ▇▇▇▇▇▇▇▇▇▇▇▇▇▇▇▇ 73.3%
否 ▇▇▇▇▇ 26.7%

图 27　在校生对其文字表达能力在实习或实践中是否得到提升的认识情况

（5）截至目前，86.6％的在校生未参与过科研课题并承担文字撰写工作。如图 28 所示。

是 ▇▇ 13.4%
否 ▇▇▇▇▇▇▇▇▇▇▇▇▇▇▇▇▇▇ 86.6%

图 28　在校生参与科研课题并承担文字撰写工作的情况

（6）截至目前，73.2％的在校生未参加过大学生创新计划等需要文字撰写的实践活动。如图 29 所示。

是 ▇▇▇▇▇ 26.8%
否 ▇▇▇▇▇▇▇▇▇▇▇▇▇▇▇ 73.2%

图 29　在校生参加需要文字撰写的实践活动的情况

（7）截至目前，71％的在校生未选修过法律文书写作等相关课程。如图 30 所示。

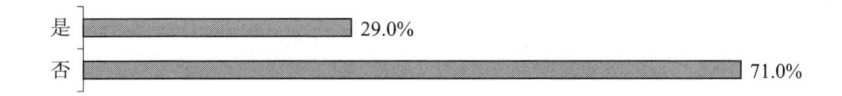

是 ▇▇▇▇▇▇ 29.0%
否 ▇▇▇▇▇▇▇▇▇▇▇▇▇▇ 71.0%

图 30　在校生选修法律文书写作等相关课程的情况

（8）截至目前，78.1％的在校生未与老师专门探讨过有关文字表达能力的问题。如图 31 所示。

是 ▇▇▇▇ 21.9%
否 ▇▇▇▇▇▇▇▇▇▇▇▇▇▇▇▇ 78.1%

图 31　在校生与老师探讨有关文字表达能力的问题的情况

综上,尽管绝大多数在校生都认为文字表达能力在应聘求职、毕业工作、职位晋升中的作用非常重要,但仅有少部分同学会在学校中真正行动起来,采取有效措施去提升自己的文字表达能力。

四、毕业生与在校生调研结果对比分析

(一)针对文字表达能力在不同职业中的表现形式,在校生与毕业生存在认知上的偏差

1. 法官或检察官

已毕业且从事法官、检察官工作的同学认为其工作常写的文字材料依次是:(1)法律文书;(2)各种报告;(3)学术论文;(4)工作计划、工作方案、工作总结等,如图4所示。而在校生对法官、检察官涉及的文字材料的使用情况的排序是:(1)法律文书;(2)各种公文;(3)工作计划、工作方案、工作总结等;(4)各种报告等,如图18所示。在校生低估了学术论文的重要程度,而高估了公文的重要性。

调研结果反映出在校生对法官或检察官职业中所涉及的文字材料的内容的认识,与实际工作中的情况有所偏差。

2. 政府机关工作人员

对于政府机关工作人员而言,有90%的毕业生会在工作中涉及撰写工作计划、工作方案、工作总结等,而仅有69.2%的在校生认为会涉及工作计划、工作方案、工作总结等。相反,更大比例的在校生认为法律文书在政府机关工作人员工作中有所涉及,而毕业生这一项的比例比在校生低约18%,如图5、图19所示。

3. 律师

对从事律师工作的毕业生而言,所有人都会在工作中涉及法律文书的撰写,其次是各种报告等,也会涉及工作计划、工作方案、工作总结,学术论文仅有较小比例,文字材料形式相对比较集中,如图6所示。

但对在校生的调研结果显示,并不是所有学生都认为从事律师工作会涉及法律文书。此外,有部分学生认为会涉及各种公文,领导讲话稿、发言稿,这是毕业生没有选择的,如图20所示。认为律师行业涉及学术

论文写作的在校生比例也大大高于毕业生比例。

4. 企业法务顾问

在对企业法务顾问这一职业所涉及的文字材料的认识上，在校学生整体而言对各种文字材料的重要程度认识不够。除学术论文一项外，其他选项的比例均低于毕业生的选择的比例，如图7、图21所示。

5. 金融机构工作人员

金融机构工作人员所涉及的文字材料比较集中，基本为各种报告、工作计划、工作方案、工作总结等，其他的文字材料涉及的相对较少，如图8所示。而在校生认为法律文书和各种公文等也是在金融机构工作会涉及的文字材料，如图22所示。

(二) 对文字表达能力重要性的认知

在文字表达能力重要性方面，在校生与毕业生的认知基本一致。

（1）以文字表达能力在工作中的重要性为判定标准，对其进行打分（1~7分，其中1分为非常不重要，7分为非常重要），97%的毕业生打了5分及以上，表明文字表达能力在毕业生工作中比较重要。而在校生的这一比例为92.3%。

（2）以文字表达能力在应聘中的重要性为判定标准，对其进行打分（1~7分，其中1分为非常不重要，7分为非常重要），91.2%的毕业生打了5分及以上，表明文字表达能力在应聘中比较重要。而在校生的这一比例为90.6%。

五、关于提高学生文字表达水平的建议

(一) 引导学生进行正确的职业认知

"知己知彼，百战不殆"。在学生成长、成才及就业、职业发展的过程中，学生越能够清楚理想职业的相关情况，就越能把握平时学习、工作的重心，也越容易成功。否则，容易南辕北辙，白白浪费自己的时间和精力。

尽管很多学生都意识到了文字表达能力的重要意义，但大多对理想职业的要求却是一知半解，对很多职业的认知还停留在自己的主观臆想

和推测中。

因此，对学生文字表达能力的培养，必须兼顾学生的职业规划，加深学生的职业认知。

(二) 建立系统、科学的文字表达能力培养体系

对文字表达能力的培养，应建立系统、科学的培养体系。

(1) 兼顾第一课堂与第二课堂。开设并优化文字表达能力培养相关课程，比如文书写作课，有可能的话，对不同职业的文字表达能力进行区分教学，重点培养。在其他专业课程方面，也可以通过严格要求结课论文等方式来培养学生的文字表达能力。第二课堂方面，举办能够提高文字表达能力的专门性活动。比如论文大赛、法律文书大赛、相关讲座等。学业导师在对学生进行指导的过程中，也可以侧重对其文字表达能力的引导与培养。

(2) 兼顾校内教学与校外实践。在学校内部通过课堂教学、学生活动等方式锻炼学生的文字表达能力。在学生实习、实践，参与社会调研等各种校外社会活动过程中，尤其是在实验班实习阶段，指导老师可以有意识地引导学生在工作过程中加强对文字表达能力的锻炼与培养，并通过指导课程等方式对学生进行指导。

(三) 调动学生培养文字表达能力的主动性

目前在校学生存在的重要问题是：虽然已经意识到文字表达能力的重要性，但在行动上却落实得较少。因此，任课教师、辅导员等要强化学生锻炼文字表达能力的意识，积极督促学生参加相关活动，调动学生培养文字表达能力的主动性。

面对新挑战的实践教学

构建法学理论教学与实践的中间桥梁
——法学实验性教学课程

杨春华[*]

摘　要： 目前国内教学内容与经济发展断层比较严重，实务技能的课程太少，夹杂在讲授课程中的案例教学与真正的案例教学法相差甚远，缺少实践知识与技巧的闭合式训练致使实践流于形式。在以讲授法律知识授课模式为主的现实教育环境中，必须设立一个实务相关知识和技能的传授与培训课程，从而形成一个从理论到实践的闭合式知识体系，即实现一个从"传统课程"—"法律职业技能课程"—"法律诊所课程"（实习）的闭环式学习体系，实验性教学课程可以担当此任。设立实验性教学课程作为中间环节弥补欠缺，以实现知识传授与技能练习的和谐统一。

关键词： 法学教育　案例教学　实践教学

一、探讨的缘由

法学教育是中国高等教育的重要组成部分，也是实行依法治国，建设社会主义法治国家的重要保障。[❶] 但有人说中国的法学教育"病"了，病症表现在：一是越来越多的法科毕业生找不到工作；二是许多单位招不到理想的法律职业人才。[❷] 法学教育与法律职业的脱节已经在深层次

---

[*] 杨春华，暨南大学法学院教授，博士研究生，本文系2014年暨南大学教学改革研究项目阶段性成果。

[❶] 参见王利明："卓越法律人才培养的思考"，载《中国高等教育》2013年第12期，第27页。

[❷] 参见尹超：《法律文化视域中的法学教育比较研究——以德、日、英、美为例》，中国政法大学出版社2012年版，第21页。

上制约、影响甚至阻碍着我国法学教育进一步改革和发展。❶ 2012年，教育部正式启动"卓越法律人才教育培养计划"，培养应用型、复合型法律职业人才，是实施卓越法律人才教育培养计划的重点。适应多样化法律职业要求，坚持厚基础、宽口径，强化学生法律职业伦理教育、强化学生法律实务技能培养，提高学生运用法学与其他学科知识方法解决实际法律问题的能力，促进法学教育与法律职业的深度衔接。❷ 构建以法律职业为目标导向的法律人才培养机制已经达成共识。

二、目前国内实践性教学存在的问题

（一）教学内容与经济发展断层比较严重

目前我国的教学未能顺应时势发展偏向新事态下的法律领域。迄今我国已经步入经济大国，不论是电子商务还是资本市场都以异常迅猛的速度在发展，并在国家"一带一路"的指引下积极向海外发展，但现在的国内法教育并没有对此作出呼应，不但各校的课程与学生的心态没有因此有太多的改变，对于电子商务法、资本市场的运作以及域外投资等领域的法律仍是投入很少。其实就法律业务的范围而言，可以根据诉讼或非讼，国内与国际分为四个主要的法律市场，即国内诉讼、国际诉讼、国内非讼与国际非讼四大领域。但目前的法学教育比较偏重国内诉讼这个领域，而对国内非讼与国际非讼这两块具有潜力的市场却未能积极加以关注，以致国内企业在国内难觅相关的法律人才，不得不利用外国律师或者在国外留学的人员。

（二）实务技能的课程太少

法律是一门职业。"职业是这样的一种工作，人们认为它不仅要求诀窍、经验以及一般的'聪明能干'，而且还要有一套专门化的但相对（有

---

❶ 参见符启林："中国法学教育的过去、现状与未来"，载《太平洋学报》2007年第6期，第11页。

❷ 参见教育部、中央政法委员会：《关于实施卓越法律人才教育培训计划的若干意见》（教高〔2011〕10号），2011年12月23日。

时则是高度）抽象的科学知识或其他认为该领域内有某种知识结构和体系的知识。"❶ "必须具备从事这一职业的基本技能"也成为各国的普遍要求，如美国律师协会法学教育与律师资格部下设关于法学院与法律职业特别工作组的报告（即《麦考利特报告》）对法律职业基本技能作了详尽的描述，将其归纳为 10 类；❷ 英国律师公会于 1988 年发表的改革报告中列出了 24 项律师需要掌握的技能；❸ 英国上议院议长法律教育与法律行为咨询委员会在其首份法律教育与培训报告中提出了 7 项基本的职业能力；美国律师协会于 1992 年出版的专门报告列举了 10 项能力。我国也有学者从我国法治建设的实际需要出发，探讨了进入法律职业的人员应当具有的基本的职业技能："沟通、协商的能力；谈判、妥协的能力；辩论的技巧和方法；制作法律文书的能力；获取、掌握和应用信息的能力；制定规则的能力；起草合同的技能；审核、鉴别和有效运用证据的能力，等等。"❹ 苏力教授则认为应包括：（1）针对具体法律纠纷提炼法律争点、撰写法律文书的能力；（2）针对具体法律或者诉讼问题整合法律和相关材料的能力；（3）同客户以及其他法律人谈判和交往的能力；（4）解决具体纠纷的能力；（5）在具体案件中熟练运用诉讼程序应对诉求的能力；（6）就具体案件在法庭辩论、说服法官的能力；（7）在立法中就特定法律事项游说和推定法律变革的能力。❺

相较于美国专门设立的基本的面谈与咨询（interview & counseling）、上诉辩护（appellate advocacy）、审判前诉讼（pre-trial litigation）等已成为传统性的课程而言，我国专门为实务进行训练的课程太少。

---

❶ 参见［美］理查德·A. 波斯纳：《超越法律》，苏力译，中国政法大学出版社 2001 年版，第 44 页。

❷ 转引自杨欣欣：《法学教育与诊所式教学方法》，法律出版社 2002 年版，第 6～9 页。

❸ 转引自何美欢："理想的专业法学教育"，载《清华法学》第九辑，清华大学出版社 2006 年版，第 113、115 页。

❹ 参见霍宪丹："法律职业与法律人才培养"，载《法学研究》2003 年第 4 期，第 83 页。

❺ 参见苏力："中国法律技能教育的制度分析"，载《法学家》2008 年第 2 期，第 32 页。

(三) 夹杂在讲授课程中的案例教学与真正的案例教学法相差甚远

在国内,法学院的授课已不再是单纯的理论讲述,也往往运用案例分析的方法进行教授。但其与美国采用"案例教学法"所达成的功能可以说是相去甚远,甚至可以说是天壤之别。

案例(Case)这个词在英文中被作为"事实""规范"来解释,因此我们可以将"案例"解释为:事件,情况,例子,实例,含有问题的讨论或决定的陈述,有力的主张或证据、法律行动或调查等,这就意味着案例教学中的案例并不仅限于司法文书判决,非讼领域的并购、上市等都可以成为所讲授的对象。对于诸如诉讼的案例,学生在上课之前必须对预先发给他们用于课堂讨论的案例进行研读,并归纳为以下问题:案件事实、问题争点、原告主张、被告主张、诉讼过程、可适用的法律、理由、结论(一审判决)、判决(非一审判决)。❶ 然后通过采取苏格拉底式的教学方法对上述问题进行梳理与讨论,逐步引导学生了解法院作出判决的推理过程以及用来支持判决结果的若干法律原则。从而培养学生在思考上的独立性与批判性,使学生将来在面对任何新型疑难案件时,都可以找出适用的法律原则。

如此教学不论是学生还是老师都需要花费很长时间。在我国每一门课程的课时有限的情况下,例如笔者讲授的民事诉讼法仅区区 54 学时,却要教授 284 条法律规定的内容,完全采用美国式的案例教学法无疑是行不通的,所以,目前案例教学法所讲解的案例也只是另一种对法律规定从理论上进行阐述的方式而已,根本达不到独立性与批判性思考的训练。

(四) 缺少实践知识与技巧的闭合式训练致使实践流于形式

在美国,除了通过上述案例教学法训练学生独立思考和批判思考的能力外,还配有诸如面谈与咨询、上诉辩护、审判前诉讼,法律写作、"问题讨论解决"课(Seminar)等课程,在形成了一个从"面谈与咨询"

---

❶ 参见陈惠馨:"谈案例教学法",载《月旦法学》2007 年第 149 期,第 109 页注释 7。

"问题讨论与解决"—"法律文书写作"—"上诉辩护"—"审判前诉讼"—"案例教学"闭合式的实践传授与培训后,再进入真正的实操性场所——法律诊所(实习)去进行真实案件的处理。

而在暨南大学法学院没有开设"谈判"等属于"面谈咨询"的课程,这类课程在国内也是几乎难觅踪迹,也没有常设的讨论训练,法律文书写作虽然有但与实际脱节较大,虽然有模拟法庭,每年也都在进行模拟法庭大赛的比赛,但是并没有对其进行专门的训练和传授,至于案例教学更是有其形无其质,在如此匮乏的实践知识与技巧的传授及训练下,就如同一个孩子,根本就不会爬和走,却直接让他去跑一样,只能是欲速则不达,无论是模拟法庭,还是法律诊所等实践性的课程都是收效甚微,达不到暨南大学法学院教学的培养目的。

三、设立实验性教学课程作为中间环节弥补欠缺

如前所述,在我国法学教育中的职业能力问题比较突出,在没有基础性的培养上,直接放手到实操环境中不能达成良好的效果,必须弥补理论授课与实际操作中间缺失的环节,在以讲授法律知识授课模式为主的现实教育环境中,必须也设立一个实务相关知识和技能的传授与培训课程,从而形成一个从理论到实践的闭合式知识体系。即实现一个"传统课程"—"法律职业技能课程"—"法律诊所课程"(实习)的闭环式学习体系。实验性教学课程可以担当此任。

知识既是手段,也是目的。作为手段,知识是学习职业能力的必要条件。例如,如果希望学习适用法律,学生必须先有一定数量的法条在其记忆中,适用职业能力才有用武之地,即从记忆中挑选合适的法律套入给定的事实,得出答案。作为目的,知识本身具有价值。任何专家都需要有一个庞大的组织良好的"数据库"。而且传授知识的最具效率的方法就是讲课。法学院应该有意识地利用讲课方式。

从培育职业能力的角度看,职业能力的知识与技巧也可以用讲课传授。

对于职业能力在人们的潜意识里或许都认为只能通过训练才能达成,

但其实职业能力仍然离不开相应的理论知识，就如同学习汽车驾驶一样，没有文化的司机只会在车的某个部位做一个记号，让你对应训练，但对于懂汽车运行原理的司机就会先告诉你相关的知识点，然后再教你如何操作。法律职业技能也是一样，必须先教授相关的实务技能知识点，然后让学生在教师介入的情况下不断地练习。为此，法学院必须提供给学生学习、练习适用、归纳、评价法律及练习"超越"认知能力的机会。不先进行相关实务技能的讲授，而直接进行实务操作学习是非常低效的方法，因为通过这种方式得到的知识量很少。正如美国埃默里大学法律教授托马斯·D.摩根所言："对一个课程的价值来说，在技能和理论之间没有明确的区别。"❶ 对培养法科学生法律技能来说，知识传授与职业能力训练具有不可或缺性，二者的和谐统一是培养法科学生法律职业能力的核心。构建实验式教学课程能实现知识传授与技能练习的和谐统一。

四、实验性教学课程的具体构建

（一）教学内容

（1）实验性教学的目标定位。

（2）立德树人中的职业伦理。

（3）咨询。

（4）谈判。

（5）庭审前的准备。

（6）法律文书的写作。

（7）庭审辩论。

（8）自我总结与老师总结。

（二）课程要求

实验性教学课程没有标准教科书，教学材料由老师复印或通过网络发给学生，内容涉及当下诉讼中的热点难点案件，如王老吉与加多宝的

---

❶ 参见［美］托马斯·D.摩根："为21世纪培养法律学生"，李凌燕译，载《环球法律评论》1988年第3期，第62页。

系列案件、奇虎与腾讯的反垄断纠纷案等。该课程也不安排期末考试，而是要求学生就法律问题撰写一系列的小文章（法律意见）；在课程学习中学生不能单打独斗，必须像律师那样组成小组合作，并且作为团队完成作业；学生成绩只有"通过"与"不通过"之分，而没有分数之别。法律问题材料会在上课之前提早分发给学生，以便学生有充分时间查找资料和分析，但必须在上课前一天提交法律意见。除了按照课表安排到教室上课外，学生可以根据课程内容安排进行小组讨论，小组讨论不必安排在教室，学生可以选择任何他们认为方便的地方。为了增进小组讨论与协作的效率，每个学生必须随身携带笔记本电脑。

（三）案例的选择

美国法中的案例究竟是什么，很难一言以蔽之。从某种意义上看，美国的案例与中国的成语故事有异曲同工之处。案例是法官的书面判决——更确切的叫法是判例。每一个判例似乎都在讲一个故事，短则数千字，长则数万字。判例有其固定格式：首先是点题，开宗名义说明此案所涉及的法律问题，然后陈述事实经过，再理论，最后得出结论。听到或看到中国成语，根据上下文或出现的场合即可悟出言者特定的用意或寓意。同样，只要提到美国某一经典判例的名称、法官、检察官或律师便立刻心领神会，明白了对方的用意。比如，只要提到"美国诉尼克松"案，圈内人就知道言者要说的是，总统任职期间可以要求不受刑事或民事诉讼的困扰。[1]

（1）人民法院推行的"案例指导制度"将把律师、法官等群体越来越紧密地联系起来，应是实验性教学案例的重要素材。

（2）案例可以是多样的，不仅仅限于法院的判决，为了适应经济的发展，各种跟法律有关的领域案例都可以。在具体案例上，不仅仅是司法实务的审判案件，也可以是企业的某个采购案件或者并购案件。也可以是证监会所公布的上市公司被核准和被否决的案件。

---

[1] 参见朱伟一：《法学院》，北京大学出版社2014年版，第153~154页。

（四）案例的学习

1. 克服流于记忆性与欠缺自我反省能力等弊病

在进行案例分析训练时，要求学生必须在上课前对预先发给同学们用于课堂讨论的案例进行研读，归纳以下九个问题。(1)案件事实。如在民事案件中，原告与被告双方当事人发生争执的原因；刑事案件中，检察官起诉被告的理由。(2)问题争点。即双方当事人对于事实或法律的看法有何不同的意见。(3)原告的主张。指原告向法院提出的具体诉讼请求。(4)被告的主张。即被告向法院提出的反驳或者反辩及诉讼请求（反诉）。(5)诉讼过程。即本案以前经历的审理过程及其诉讼程序。(6)可适用的法律。一个案件的争点分为对于事实的争点及法律争点两部分。所谓可适用的法律是指有可能规范案件中争点的所有法律，以及这些法律如何解释，应给予如何评价等。(7)理由。法律只是一种抽象的标准，实际将法律带入事实中的适用，以判断哪方胜诉，其实是非常困难的工作，在理由中必须说明，为何适用某种法律，法院决定的标准是什么等。(8)结论（一审判决）。对于双方当事人争议问题应该适用何种法律解决，法律如何解释，法院所给出的结论。(9)判决（非一审判决）。❶

在具体案件中，学生可以看到案件的当事人如何从自己的观点诉说案件的事实，也可以通过法院的审判论述看到法院如何认定事实并将确定的事实与法律规范进行相互匹配的过程。这使得法律规范可以从抽象的文字组合跟生活经验产生结合关联，使得规范理论的论述可以在事实中被检验。

通过对上述问题的梳理与讨论，逐步引导学生了解法院作出判决的推理过程以及用来支持判决结果的若干法律原则。从而培养学生在思考上的独立性与批判性，将来在面对任何新型疑难案件时，都能找出可以适用的法律原则。

---

❶ 参见陈惠馨："谈案例教学法"，载《月旦法学》2007年第149期，第109页注释7。

从笔者的实施效果看，这样的教学确实可以改善目前在法学教育中普遍存在的师生互动的缺乏以及学生的学习效果不佳与欠缺自我反省能力等弊病。

2. 真实感受法律规范在生活中的运用

通过案例可以让学生了解法律规范在真实生活中运作的情形，进而思考法律在社会中的功能与意义。通过与学生互动可以看到法律规范如何被解读或被理解，对于教者的研究也会有很大的回馈并可以提高教师的教学乐趣与意愿。在具体实施过程中，笔者真正感到了教学相长的乐趣。在跟学生互动的过程中笔者发现，学生并非如我们想象中的对于生活毫无经验，事实上他们的观察力有时连笔者都自叹不如。

3. 让学生了解法律规范所追求的价值跟社会一般人的共识有何不同

通过案件可以让学生感受到法律规范有时候可能跟社会一般人的期待有所落差，并借以反省法律规范的合理性。

社会对于一个案件的描述可能有多重版本，例如有媒体报道的案例、法院审判的案例。在法院的判决书中可以看到不同当事人之间对于案件的描述以及法官对于案件的描述。在自媒体时代，也可以从专家、学者的观点看到案件如何被描述。上述几种不同描述案例的方式，可能呈现出的是对案件的不同角度的观察。在法学课中，可以通过这些来自不同描述案件方式的资料，让学生了解一个法律案件，社会可能有不同的观察切入点，并且这些切入点都是代表社会的某种观察角度。但对于法学人士而言一定要从法律的视角进行评论，避免将法律案件当成政治案件或社会案件来评论，而忽略了法学的考量。

（五）法律写作

在美国，法律研究与写作（或者是法学方法）课程各校都有，虽然着重的内容可能有所不同，但是主要的目的都是在培养学生的研究、分析与写作能力。

法律写作需要训练。即使是美国名校的本科毕业生，上法学院后对写作仍然有一个适应过程，最好是有人悉心指导。

习画和学音乐都需要一对一的指导，写作也是艺术，也需要一对一的悉心指导。培养一个具有批判性思维的人，一直是美式教育最核心的目标，而在 James 博士看来，完善的写作训练是实现这一目标最有效的方式。

如何就一个空泛的话题正确地提出问题，如何找到强有力的论据证明问题，如何清晰有效地和他人沟通，表达出自己的问题，这样的训练，最终培养的是一种具有理性精神的思维能力。"哈佛教育的目的并不是让学生掌握机械化的知识，而是让学生用明辨的头脑去思考问题。对于进入哈佛大学的学生来说，有一门课是所有大一学生必修的，那就是写作课。""这也是所有哈佛学生唯一的必修课。"

这门写作课叫作"说明文写作课"（Expository Writing Course），或者"创造性写作"（Creative Writing）。"写作是一个复杂的能力，学生在学习写作的过程中会走各种各样的弯路。"

首先，学生往往无法进行清晰的表达，很难清楚地表述论文应该讨论的思维难题。

其次，学生们经常会给出无法进行议论的观点——它们既不是明显正确又不是完全错误。

再次，学生往往很难有效地运用资源。

最后，他们倾向于避免谈及与自己观点相对的反方观点。

这些都是学生通常需要指导的主要方面，在课程结束后，他们通常会在这些方面做得好很多。各学校必须对基本的法律文件进行写作训练。如在 Cornell Law School 分别进行 3 次的法律研究与撰写，每次都要由指导者进行修改。通过这种严格的研究与写作的训练，使学生研究、分析与写作的基础得到确定。❶

法律写作重在分析。什么是分析？按照《现代汉语词典》的解释，分析指把一件事物、一种现象或一个概念分成较为简单的组成部分，找出这些部分的本质属性和彼此之间的关系。在一个案件中，事实的组合与排列、法律的不同组合与排列，再加上事实与法律组成不同的组合与

---

❶ 参见冯震宇："从美国法学教育与考试制度看我国法学教育与考试之改革"，载《月旦法学》2003 年第 96 期，第 251 页。

排列，可以像无穷变化的魔方。这正是律师的技巧所在，也是律师工作的乐趣所在。写作课教给了学生两种能力：第一是论证，学生要学会在一个空泛的论题中找到真正的思维难题，并作出有力的论证；第二是写作，如何从一个原始的想法到一个粗略的草稿，再到修订过的文章，"写作课引导学生成为一个真正厉害的写作者"❶。

1. 多训练

第一堂课，首先大致介绍学术写作的基本目的，应该如何发起议论的基本规则，还有一些相关概念。哈佛大学有一些古老的写作纲要，界定写作的一些基本规则，据说这些写作纲要从1872年创立之后，便成为每一个哈佛学生的"新生指南"。我们将参照此规则摸索出适用我国学生的写作规则。

介绍完大致规则之后，给学生一些在他们知识范围内的话题，指导学生起草第一篇、第二篇文章。"即使学生一开始没有很深的背景知识，也能尝试写作；或者在经过一两个礼拜的背景阅读和讨论之后，能够聪明地成文。"

以什么是正当防卫为例。为了避免形成漫无边际、大而无当的讨论，第一步，学生需要阅读一些阐释"正当防卫"这一概念的论文；第二步，学生要去学习一两个关于正当防卫相关知识的案例；第三步，在初稿中，学生要将这些资料中的知识和观点，用哲学思辨的方式组织出来。最重要的部分是，学生不是简单陈述其他学者的观点，而是"使用"其他学者已有的观点，来揭示自己真正想要说明的问题。

在课堂上，要引导学生进行讨论，并且这些讨论是写作之前必要的练习，学生在小组讨论中调整自己的思路，打磨论题。接着，学生将各自拟定话题，起草作文，然后将作文草稿分发给小组其他同学阅读。

因为学生来自不同背景，看待问题的视角会非常不同，同学之间会直接地以自己的思维逻辑和阅读感受提意见，比如哪里逻辑不完善，哪里的结论并不确切……收到各种反馈之后，学生们会对一些建议进行反

---

❶ 参见吴微："哈佛所有学生唯一必修课'写作课'是怎么上的？"，载《外滩教育》，http://edu.qq.com/a/20150609/020719.htm，访问日期：2015年11月30日。

思或反驳某些质疑,然后修改自己的文章,再交换修改。这样周而往复的草拟、修改过程磨练了学生对自己论题的思考,这个过程将他们塑造成真正的写作者。想让学生们写出好作文,就必须让他们持续参与到一个实际的思维难题中去,而做到这一点的唯一方法就是深入钻研一个主题。

第一篇作业,写作导师会和学生一起,进行特定问题的分析,在之后的作业中,学生就要学会自己对问题进行界定和分析,导师要做的,就是告诉学生在面对宏大主题时,如何分析问题,如何主导文章的脉络发展。

2. 多阅读

对写作练习的建议是多阅读,当一个人读了足够多的好的文章,他就会把一些精髓吸收,转换成自己的东西。接下来是通过分析阅读去做一些思维上的训练。学生必须要学会带入批判眼光的阅读方式,分析一篇文章所以优秀的关键因素,或一篇不完善的文章逻辑缺失的部分在哪里。多做这样的思考,才能慎重评估自己的优势和弱势。❶

3. 通过对不同案件的描述训练法律文件的写作

让学生通过法院判决或者新闻媒体的报道描述某个案件,不仅使学生知晓法律事实与法律如何被适用,同时也是让学生学习法律写作的方法。学生可能通过尝试描述案件的过程发现,个人的生活经验与对事情的评价甚至人生态度,都在影响我们对案件事实的认知与评价。

(六) 授课者

许多美国法律教授有共同的发展轨迹:名校法学院毕业—《法学评论》的编辑—为美国最高法院或联邦上诉法院做过1~2年的书记员❷—在美国著名律师事务所做过1~2年律师。但中国法学院的教授大多数都是从法学院到法学院,在各法学院的法学期刊中任编辑的很少,虽然国

---

❶ 参见吴微:"哈佛所有学生唯一必修课'写作课'是怎么上的?",载《外滩教育》,http://edu.qq.com/a/20150609/020719.htm,访问日期:2015年11月30日。

❷ 美国法学院没有博士后,为美国最高法院或联邦上诉法院工作一两年就相当于博士后。

家规定法学院的教师可以兼职从事律师工作,但却呈现出兼职律师做得好的教师并不是法学院的主力的现象,法学院目前仍以科研成果作为评判标准。因为实验性课程是实务性比较强的课程,没有实务经验的教师很难胜任此课,为此,建议以从事兼职律师工作的教师为主。

(七) 授课对象

建议实验性课程首先适用于硕士研究生教学中。现在学生攻读硕士研究生学位后很少继续攻读博士学位,从事研究性的工作,绝大多数都是投入实务部门的工作之中。另外将此课程放入硕士研究生课程中,是因为硕士研究生已经经过了本科阶段的学习,尤其是法律硕士和法学硕士已经学习相关的法律课程,在实务知识的培训中会更好地讨论、思考并掌握。而本科生不仅在法律知识上储备不足,还会因为参加司法考试及就业而无大量时间投入此课程的学习之中,但此课程若想学得好,学生必须有大量时间的思考及讨论的配合。

如果在本科生课程中设置实验性课程,建议放在大学一年级或者大学四年级。大学一年级的学生虽然在法律知识上没有太多的储蓄,但因为他们刚刚结束填鸭式的高中学习生活,亟需打破缺乏独立性和批判性思考的习惯,养成像法律人一样的思维模式,并且因距离司法考试和毕业找工作尚远,可以积极投入学习。而大四学生即将毕业,马上要真正步入实践中去,他们也有了相应的法律知识储备,考完了司法考试,但因面临毕业估计不会太积极投入学习,学习效果会稍差一些。

法律职业资格制度下
法学教育的机遇、挑战与对策

张峰振*　毛宁仙**

摘　要：中央深改组通过的完善国家统一法律职业资格制度的具体制度和措施，为法学教育带来了发展机遇。但封闭的法学教育体系、轻视法律职业技能、忽略法律职业伦理的培养模式无法承载统一法律职业资格制度赋予法学教育的重任。为此，应改革法学教育，明确法学教育机构在法律职业共同体中的基础地位，加强法律职业技能的培养，注重法律职业伦理教育。

关键词：统一法律职业资格制度　法学教育　法律职业技能　法律职业伦理

2015年6月5日，中央全面深化改革领导小组第十三次会议审议通过了《关于完善国家统一法律职业资格制度的意见》（以下简称《意见》），12月20日，中共中央办公厅、国务院办公厅印发了《意见》。《意见》正式确立了完善国家统一法律职业资格制度（为行文便利，下文有时简称新制度）的目标任务和重要举措，规定了法律职业范围和取得法律职业资格的条件，要求建立国家统一法律职业资格考试制度和改革法律职业资格考试内容。《意见》规定了取得法律职业资格的教育背景条件，虽然《意见》为非法学专业学生进入法律职业留了个"口子"，但法律职业人才主要来源于普通高校法学院系的大势已经确立。这无疑为法

---

* 张峰振，江苏师范大学法学院副教授，硕士生导师，浙江大学光华法学院博士后。主要从事行政法与行政诉讼法、法学教育研究。
** 毛宁仙，江苏师范大学法学院硕士研究生。

学教育的发展提供了机遇。同时,我们也应反思,中国的法学教育是否适应完善统一法律职业资格制度的各项要求,是否可以为建设法治国家提供合格的法治人才保障。如果当下的法学教育存在问题,我们该如何利用《意见》提供的机遇,彻底革除中国法学教育的弊端,从而走出法治人才培养的创新之路,此即本文的研究缘起和探讨对象。

一、统一法律职业资格制度下法学教育的机遇

(一)确立了法学教育在法律职业共同体塑造中的基础地位

从取得法律职业资格的条件看,全日制普通法学类本科学历和法学学位是取得法律职业资格的基础性条件。《意见》规定的法律职业资格取得条件中,对于教育背景的要求是:"具备全日制普通高等学校法学类本科学历并获得学士及以上学位,或者全日制普通高等学校非法学类本科及以上学历并获得法律硕士、法学硕士及以上学位或获得其他相应学位从事法律工作三年以上。"

(1)《意见》确立了取得法律职业资格中的基本教育背景条件,即"全日制普通法学类本科学历+学士及以上学位"。那么,不具有全日制普通法学类本科学历,但具有全日制普通法学类研究生学历,是否符合报考条件?从规定看,不具有全日制普通法学类本科学历,就不符合基本的教育背景条件。即使具有全日制普通法学类研究生学历,也不适用基本教育背景条件的规定。但这种情况可以适用替代性条件规定。因此,可以说《意见》在规定法律职业资格的取得条件时,确立了法学本科教育的基础地位。

(2)在不符合前项基本教育背景条件中的学历要求时,该规定确立了第一个替代性条件。即"全日制普通高等学校非法学类本科及以上学历+法律硕士、法学硕士及以上学位"。此处的"以上学历"应指全日制普通高校研究生学历,在学历层次上,既包括硕士研究生,也包括博士研究生;在专业类别上,既包括非法学类研究生,当然也包括法学类研究生。此处的"以上学位"则仅指法学博士学位。

(3)在既不具备基本教育背景条件中的学历条件,也不符合第一个

替代性条件中的学位条件时,上述规定又确立了第二个替代性条件。即"全日制普通高等学校非法学类本科及以上学历＋获得其他相应学位＋从事法律工作三年以上"。此处"其他相应学位"应仅指非法学、法律类硕士及以上学位,不包括学士学位。因为从上述规定的逻辑顺序和结构看,在不具备基本条件中的法学本科学历时,第一个替代性条件是在非法学本科及以上学历基础上,将学位层次提高并限制为"法律硕士、法学硕士及以上学位"的范围,这种对学位层次的提高和限制可以弥补非法学学历在法学专业知识上的缺陷或不足。第二个替代性条件,是在第一个替代性条件的学历基础上,以"其他相应学位＋从事法律工作三年以上"替换掉"法律硕士、法学硕士及以上学位"这个条件。如果将"其他相应学位"理解为包括学士学位的话,就会将"法律硕士、法学硕士及以上学位"这一较高的专业学术水平条件降格为"从事法律工作三年以上"实践经验条件,而这二者其实具有本质的差别。从常识和经验判断,"从事法律工作三年以上",很难将一个非法学专业本科学历的人训练成具有法律硕士、法学硕士及以上学术水平的人,且不说"从事法律工作三年以上"这种实践条件很容易流于形式。因此,如果将"其他相应学位"理解为包括学士学位,不仅会架空第一个替代条件中较高的法学类学位条件("法律硕士、法学硕士及以上学位"),而且还会消解基本教育背景条件("全日制普通法学类本科学士及以上学位")的价值和意义。同时,这种理解也不符合上述规定所遵循的逻辑顺序和结构。

  其实,域外很多国家法律职业资格的取得也是以接受法学教育为前提条件的。在日本,原则上只有法科大学院毕业才有参加司法考试的资格,而法科大学院属于法学研究生教育。[1] 与日本类似,在韩国也只有法科专门大学院的毕业生才能参加律师资格考试,只有取得律师资格的人才能成为法律界人士。[2] 在美国,申请律师执业许可的首要条件是毕

---

[1] 何东:"日本司法改革的最前沿——日本新司法考试制度及法科大学院述",载《浙江社会科学》2008第8期,第120~125页。

[2] 姜海顺:"韩国法学教育的转折——论法科专门大学院的设立方案",载《东疆学刊》2009年第1期,第96~100页。

业于一所美国律师协会认证的法学院。而美国的法学教育属于研究生教育。❶ 在德国，司法考试分两次举行。只有大学法学院的学生才可参加第一次国家司法人员考试。及格后经过2年实习，再参加第二次国家司法人员考试。❷

综上，从法律职业准入条件上，《意见》确立了法学教育的重要地位。这种准入条件上的限制，使得法学教育成为塑造法律职业共同体的重要力量。当下中共中央十八届四中全会《决定》提出建立正规化、专业化、职业化的法治工作队伍目标，《意见》的出台无疑为我国法学教育的发展提供了重大的发展机遇。

（二）促进了法学教育与法律职业的衔接，有利于彰显法学教育的职业化特征

法学教育本质上是学术教育还是职业教育，在新中国法学教育的发展历程中并非一成不变。从1950～1953年，中国人民大学的建立和苏联模式的引进、"院系调整"和"政法教育"代替法学教育，改造、清除旧司法人员和重建司法队伍等举措，奠定了法学教育机构的基本布局，形成了法学教育与法律职业分离的局面。❸ 1978年法学教育复兴后，各法学院系的专业设置和课程体系也主要是围绕培养学术型人才而展开，法学院的课程设置和教材内容仍然主要是传授法学理论。但学者已经开始探讨法学教育的本质性问题了。如有学者认为，大学本科法学教育的职能只能是职业教育，指望仅仅凭借法学院的教育而成为法学大师，是一个从来没有实现的梦想。❹ 有学者认为，法学教育的职业化趋势的基本形成，是法学理论界与法律实务界共同的期待。❺ 在域外，美国法学院

---

❶ ［美］Judith A. McMorrow："美国法学教育和法律职业养成"，载《法学家》2009年第6期，第20～30页。

❷ 陈新民：《公法学札记》，中国政法大学出版社2001年版，第316页。

❸ 方流芳："中国法学教育观察"，载《比较法研究》1996年第2期，第116～144页。

❹ 同上书。

❺ 徐显明："中国法学教育的发展趋势与改革任务"，载《中国大学教学》2009年第12期，第4～6页。

的认证标准在培养方案方面，要求法学院"应当制订一个严格的法学教育方案，以培养其学生在毕业时能够获得法律职业资格，并能够高效地、合乎法律职业伦理和负责任地参与法律职业"❶。德国的法学教育主要目标是培养学生具备"法官能力"。❷ 可见，无论中外，法学教育本质上是一种职业教育，已经形成共识。2011年通过的《关于实施卓越法律人才教育培养计划的若干意见》也确认了法学教育的目标是培养高素质法律人才。这些都表明，无论是认识上还是政策上，法学教育的职业教育本质已经确立。但我国法学院由于缺少改革的动力和激励，导致在课程设置、教材内容、师资能力等方面无法适应职业教育的要求，呈现出实然与应然之间的紧张关系。《意见》的出台为消解这种紧张关系创造了条件。

《意见》提出，建立国家统一法律职业资格考试制度，改革法律职业资格考试内容。原来的统一司法资格考试着重考查理论知识，而现在的统一法律职业资格考试着重考查宪法法律知识、法治思维和法治能力，以案例分析、法律方法检验考生在法律适用和事实认定等方面的法治实践水平，强调加大法律职业伦理的考查力度，使法律职业道德成为法律职业人员入职的重要条件。这些改革必将对高校法学教育模式产生重要影响。偏重法律理论讲授的传统教学模式已无法适应法律职业资格考试内容的要求，法学教育必将由单纯重视理论讲授转向法律理论、法律职业技能和法律职业伦理并重的发展模式，法学教育的职业化特征愈发鲜明。

（三）扩大了法学毕业生的就业范围和渠道，增强了法学专业的吸引力

《意见》明确了法律职业人员的范围，即具有共同的政治素质、业务能力、职业伦理和从业资格要求，专门从事立法、执法、司法、法律服务和法律教育研究等工作的职业群体。这些法律职业人员是否都要取得法律职业资格？2008年《国家司法考试实施办法》第2条第2

---

❶ （2015—2016）ABA Standards 301 for Approval of Law Schools.
❷ 葛云松："法学教育的理想"，载《中外法学》2014年第2期，第285~318页。

款规定，初任法官、初任检察官，申请律师执业和担任公证员必须通过国家司法考试，取得法律职业资格。法律、行政法规另有规定的除外。而《意见》则扩大了适用统一法律职业资格的人员范围。《意见》提出了强制适用的人员范围和鼓励适用的人员范围，即担任法官、检察官、律师、公证员、法律顾问、仲裁员（法律类）及政府部门中从事行政处罚决定审核、行政复议、行政裁决的人员，应当取得国家统一法律职业资格。国家鼓励从事法律法规起草的立法工作者、其他行政执法人员、法学教育研究工作者等，参加国家统一法律职业资格考试，取得职业资格。《意见》一方面将取得法律职业资格的人员范围主要限缩为接受法学教育的人员，同时又扩大了法律职业资格的适用范围，当下全面推进依法治国、建设法治国家亟需大量法治人才，《意见》提出的这些改革措施必将大大拓展法学专业学生的就业空间，增加其就业渠道和选择，进一步提升法学专业的生源吸引力，为法学专业的发展创造更多的机遇。

二、统一法律职业资格制度对法学教育的挑战

（一）封闭的法学教育模式无法胜任新制度赋予的重任

《意见》确立了法学教育在法律职业共同体塑造中的重要地位，但当下的法学教育具有明显的封闭性，无法承载新制度所要求的功能和赋予的重任。

（1）法律实务部门几乎不参与高校法律人才培养方案制定和课程设置。在我国，法学人才培养方案是各高校法学院系在教育部法学教育指导委员会指导下制定的，法学院具体承担课程设置、标准设定、考核方法选择等职能，因此，法学教育实际上是教育部门和高校承担的一个封闭的、自给自足的办学系统。❶ 这也导致当下法学教育模式无法承载培养高水平法律职业人才的重担。与我国不同，美国律师协会

---

❶ 王健："构建以法律职业为目标导向的法律人才培养模式——中国法律教育改革与发展研究报告"，载《法学家》2010 年第 5 期，第 138~155 页。

（ABA）通过为法学院设立认证标准，将法律职业的基本条件融入法学教育中，❶ 保证了法学教育与法律职业的衔接。在德国，大学法学教育分为基础阶段和职业训练阶段，职业训练阶段的课程由大学法学院和法律实务部门共同负责安排和承训。❷ 在英国，法律教育的第二阶段，越来越多的法学院与律师学院联合开设法律技术训练课程。❸ 由此可见，封闭的法学教育模式无法承担法律职业人才培养任务，法学院很难在没有实务部门参与的情况下制定出适应法律职业要求的培养方案和课程体系。

（2）实务部门各自承担内部人员的职业教育和培训职能，鲜有交集。我国的法学本科教育，长期以来过多强调通识教育和综合素质的培养，在法学本科教育制度内外都缺乏必要的法律职业教育和法律实务训练。❹ 对于法律职业教育则是学生进入不同的实务部门后，通过"师傅带徒弟"的方式，由实务部门各自承担法律职业技能教育的任务。这一定程度上造成了不同法律职业部门在是非标准和价值判断上的偏差与分歧，阻碍了法律职业共同体的形成。更有甚者，不同法律职业之间发生冲突的现象也时有发生。如法学教授批判司法个案不公的"孟勤国事件"，❺ 法官侵犯律师权利、律师"死磕"法官的事件等。这种法律职业内部的失范，很大程度上是由于没有"形成法律职业共同体同质的思维方式和推理方式"，没有"秉承独立的法律职业传统与原则"。❻ 美国法学家庞德曾于1948年就中国法官、法学教师和律师等所受的训练"分歧，殊觉惊异"，

---

❶ （2015—2016）ABA Standards for Approval of Law Schools.
❷ 种若静："试论德国司法考试与法学教育的协调统一"，载《中国司法》2007年第10期，第102~105页。
❸ 张丽英："英国的法律职业与法学教育及其借鉴"，载《西安电子科技大学学报》2007期第6期，第103~109页。
❹ 霍宪丹："法律职业与法律人才培养"，载《法学研究》2003年第4期，第80~89页。
❺ 孟勤国："法官自由心证必须受成文法规则的约束"，载《法学评论》2015年第4期，第144~152页。
❻ 夏锦文："法律职业化：一种怎样的法律职业样式——以司法现代化为视角的考察"，载《法学家》2006年第6期，第120~129页。

明确主张中国法学教育的首要问题就是彻底统一。除了法律教育的性质和目的、某些政策性的内容以及数据材料上的差异，庞德所涉及的问题与今天我们面临的问题几乎完全一样。❶但是，当前中国封闭的法律教育模式显然不能实现"推进法治工作队伍正规化、专业化、职业化"的目标。与我国不同，英美等国家都非常重视法律职业人才同质性的培养。在美国，法官大多选自经验丰富的律师，也有少数选自法学教授，这就从很大程度上保证了法官对于律师执业的了解，保证了其共同的法律信仰。

综上，《意见》规定法律职业人才具有"共同的政治素养、业务能力、职业伦理和从业资格要求"，但我国当前封闭的法学教育模式无法胜任这一要求。如何明确法学教育机构在法律职业共同体构建中的地位，培养法律职业人才共同的法律信仰，是《意见》对我国当下法学教育模式的一大挑战。

（二）轻视法律职业技能的培养模式不适应新制度的要求

《意见》要求法律人才的培养过程应当是一个有机衔接的整体，而中国传统的法学教育模式人为地割裂了法学教育与法律职业教育，无法充分发挥法律人才培养模式的整体效能。❷

（1）课程设置上，重理论课程，轻实践课程。高校在法学教育理念上仍然把法学看作是理论知识，而没有看成是知识、见识和能力的综合体。❸当下，我国高校在课程设置上仍然以理论课为主。即使设有实践课，也多是选修课，且学分要求较少。在教材选择上仍然以理论类教材为主。并且，中国大陆大多数教材的内容都在某种程度上与实践脱节。❹《意见》强调加强法律职业人才的培养与选拔，明确了要遵循法律职业人

---

❶ 王健："构建以法律职业为目标导向的法律人才培养模式——中国法律教育改革与发展研究报告"，载《法学家》2010年第5期，第138～155页。

❷ 霍宪丹："法律职业与法律人才培养"，载《法学研究》2003年第4期，第80～89页。

❸ 何志鹏："我国法学实践教育之反思"，载《当代法学》2010年第4期，第151～160页。

❹ 同上书。

才培养的客观规律，注重对职业素养、职业能力、职业操守的考核。当前法学教育在课程设置上偏理论的价值取向明显不能满足《意见》对于提高学生实践能力的要求。

（2）教学方法上，重课堂讲授，轻实践操作。首先，当前我国法学教育仍然是以课堂讲授为主要教学方式，即使是实践操作技能，也主要是在课堂讲授中完成。这种填鸭式的课堂讲授方式无法胜任学生实践技能的培养要求。其次，学生考核方式单一。高校法学院对于学生的考核方式仍然没有克服书面考试的局限。书面考试的题型通常包括名词解释、单选、多选、简答、论述、案例分析等。学生通常可以轻易地通过死记硬背获得高分。这种考核方式也无法调动学生参与实践操作课程的积极性。在域外，法国为了培养学生分析和解决实际问题的学术研究能力，设立了多元化、开放性的考试方式。❶ 德国对法科生的考核也附加了职业技能的要求。❷ 法学教育缺乏实践指标的考核不利于提高法科生的实际操作水平。再次，法科生实践流于形式。我国的法学专业学生即使进入实务部门实习，通常由于实习期限较短，从事的多是无技术含量的事务性工作，如寄送传票、送达法律文书、整理卷宗等，很难实现训练实践操作技能的目的。

（3）教师评价机制上，重科研，轻教学。我国高校教师的评价机制偏重科研项目和论文数量等可量化的指标，如获得国家、省部级研究项目的数量及经费，在核心、CSSC等刊物上发表论文的数量等，❸ 对于教师的教学水平和效果没有有效的考评手段。在这种评价机制下，教师疲于科研项目和论文，教学尤其是实践教学自然被忽视。况且，实践教学是以教师具备相应的法律实践能力为前提的。因为"法律是一门艺术，

---

❶ 崔晓静："法国法律专业考试方法小议"，载《法国研究》第2007年第3期，第93～97页。

❷ 种若静："试论德国司法考试与法学教育的协调统一"，载《中国司法》第2007年第10期，第102～105页。

❸ 何志鹏："我国法学实践教育之反思"，载《当代法学》2010年第4期，第151～160页。

在一个人能够获得对它的认识之前，需要长期的学习和实践"❶。

（三）忽略法律职业伦理的培养方案不符合新制度的价值取向

《意见》强调要改革法律职业资格考试的内容，加大法律职业伦理的考查力度，使法律职业道德成为法律职业人员入职的重要条件。而忽视学生的法律职业伦理教育是中国法学教育长久以来的弊端之一。

（1）课程设置轻视法律职业伦理课。国内多数高校法学院都将法律职业伦理课程列为选修课程。有的法学院本科培养方案中甚至找不到法律职业伦理课程。国内高校法学院对于法律职业伦理教育的重视程度可见一斑。与之相反，在美国，职业伦理是每个法学院的必修课程。水门事件后，这一制度得到了强制推行。❷ 我国高校忽视法律职业伦理教育的原因有很多，迎合司法考试需要的功利化考量是重要因素之一。"今天的法学教育被司法考试牵着鼻子走，它所培养出来的与其说是独立思考并具有判断能力的法学家，毋宁说是熟练适用法律的法律技术匠。"❸ 这是德国学者对早期德国司法考试制度的批评，用在当下中国也大致准确。

（2）教学方式难以满足法律职业伦理教育的目标。中国法学教育长期采用的是课堂讲授这种相对消极的教育方式。通过订购教材—教师课堂讲授—学生听课的固定模式完成教学目标。在这样的单一化教学模式下，法律职业伦理往往变成枯燥乏味的"理论"，而伦理精神的教条化使得本应生动活泼的课程"变味"，直接影响了教学目标的实现。

（3）法律职业伦理课程考核方法不科学。对于职业伦理课程考核，不能仅采用传统的理论考试方式。这种考试方式，使学生的法律职业伦理素质仅体现于考题之中，其也将随考试结束而宣告终结。这显然无法实现法律职业伦理课程的培养目标。美国法学院在录取之初，就会对学生的伦理价值观进行审核，有迹象暗示申请者的价值观与申请学校的道

---

❶ ［美］诺内·特塞尔兹尼克：《转变中的法律与社会》，张志铭译，中国政法大学出版社1994年版，第69页。

❷ ［美］Judith A. McMorrow："美国法学教育和法律职业养成"，载《法学家》2009年第6期，第20～30页。

❸ ［德］魏德士：《法理学》，丁晓春、吴越译，法律出版社2005年版，第20页。

德风气相背离的话，即使高分也可能被拒绝。❶ 法律职业伦理应当是法律人终身的行为准则，脱离实践的法律职业伦理教育起不到培养学生社会责任和法律信仰的目的，不能满足新制度对于法律职业伦理素质的要求。

三、统一法律职业资格制度下法学教育的对策

分析了统一法律职业资格制度对我国法学教育的机遇与挑战后，如何改革我国法学教育，使其回归本质和应然，以适应新制度的要求，是当下的主要任务。为此，笔者提出如下对策。

（一）明确法学教育机构在法律职业共同体中的基础地位

《意见》明确了法律职业人员的范围和入职资格，使接受法学教育成为从事法律职业的基本条件。同时，法学教育不仅是国家高等教育制度的重要组成部分，而且是法律职业的重要组成部分。❷ 因此，法学教育机构在法律职业共同体建设中处于举足轻重的地位。

法学专业学生是法律职业发展和完善的不竭动力，联结法学专业学生与法律职业的是法学教育机构。法学教育机构承担了培养法律职业人才所需的理论知识、职业技能和职业伦理教育的主要职能。只有高度重视法学教育机构在法律职业共同体建设中的基础地位，建设以法学教育机构为起点和基地、法律实务部门积极参与的法律职业人才培养模式，才能培养出符合法律职业要求、服务于法律职业共同体塑造和法治中国建设的高层次法治人才。

（二）注重法律职业技能培养

（1）培养模式上充分体现实践导向。为实现法学教育培养法律职业人才的最终目标，高校法学院应在培养模式上充分体现实践导向。首先，在制定或修改培养方案时，应加大实践课程的设置比重，部分实践课程

---

❶ ［美］Judith A. McMorrow："美国法学教育和法律职业养成"，载《法学家》2009 年第 6 期，第 20～30 页。

❷ 张文显：《法理学》，高等教育出版社 2007 年版，第 268 页。

由选修课改为必修课。开设法律诊所课程并使其规范化；充分利用大学生法律援助机构，开展法律援助实践教学模式的探索，❶可以把法律援助列入培养方案和教学计划，以保证学生的积极参与和老师的认真投入。其次，在教学方式上，改变传统的填鸭式教学和一味的理论讲授模式，增加实践性教学方法的比重，多采取小组研讨、角色模拟、互动参与等教学方式。对实践性课程的考核应改变单一的试卷考试模式，可以采取过程考核、文书考核、案件代理考核等多元方式，也可以将法律援助案件代理的质量作为考核的指标。

（2）改变教师评价机制和职称晋升考核机制，改变过分强调科研的偏颇倾向，将教学效果，尤其是实践教学成绩纳入教师考核机制，以保障法学教师对教学的投入。

（3）法律实务部门参与法学教育。在法学专业制定培养方案和课程计划时，应吸收法律实务部门人员参与讨论，充分反映实务部门的需求。条件许可时，应当引入实务部门的专家参与实践课程的授课。在法学专业学生实习时，实务部门应当承担联合培养实习生的义务，这一义务可通过法律法规的规定予以保障，避免当下实习普遍流于形式的弊端。在教材的选用上，法学学者可以联合实务部门共同开发实践教材。在课题申报和科研方面，法学教师可以与实务部门专家共同申报实践课题，共同研究实践疑难问题。

另一方面，法学教育应当是终身教育，法律实务部门应当与法学教育机构合作，尽快建立其内部人员的终身化教育机制。❷其一，法律实务部门可以聘请大学教授定期讲学。其二，法律实务部门应当鼓励其工作人员进入法学教育机构接受专业知识的再教育，或者让其职业人员进入高校担任兼职教师，讲授实践经验，在与学生的交流互动中继续学习，提高理论知识水平。法学教师与实务部门专家交叉任职的"双千计划"

---

❶ 张峰振："创新法治人才培养机制 促进高校法援项目常态化"，载《新华日报》2015年2月13日。

❷ 霍宪丹："法律职业与法律人才培养"，载《法学研究》2003年第4期，第80～89页。

(参见 2013 年教育部、中央政法委等联合印发《关于实施高等学校与法律实务部门人员互聘"双千计划"的通知》）就是这种互动的很好尝试。

（三）强化法律职业伦理教育

从事法律职业的人要么是直接运用国家权力的官员，居于国家管理的重要地位，要么是因其专业特点比一般大众更为接近权力、更容易影响和运用权力。❶ 因此，加强法律职业人员的职业伦理教育具有从源头上杜绝权力腐败的重要作用。《意见》提出改革法律职业资格考试内容，加大法律职业伦理的考查力度，使法律职业道德成为法律职业人员入职的重要条件。这无疑具有很强的现实意义，法学教育应据此作出相应的调整。

法学教育机构应当加强法律职业伦理教育。《意见》将法律职业伦理纳入法律职业资格考试内容，符合法律职业人才的培养和素质要求。无独有偶，在美国，除马里兰、华盛顿、威斯康星三个州外，其他州的律师资格申请者必须参加多州法律职业伦理考试（MPRE）。❷ 我国高校应当适应统一法律职业资格考试内容的变化，开设法律职业伦理相关课程，并将其作为必修课置于培养方案和课程设置中。同时，在开设法律诊所、法律援助、模拟法庭等职业技能课程时，应当将法律职业伦理融入课程实践，使学生在潜移默化中得到道德熏陶和情感升华，培养其法律人的职业伦理和社会责任。

综上，统一法律职业资格制度的完善对于法学教育既是机遇，也是挑战。法学教育如何抓住制度完善的契机，实现自我革新，从而在转型中国的法治建设中实现法学教育的应有价值，为法治中国建设供给合格的高层次法治人才，是当下法学教育界共同面对的课题。本文的思考仅为法学教育的改革提供一个思考方向，期待更多学人共同致力于中国法学教育的发展和完善。

---

❶ 黄建武："法学教育中的精英模式与大众模式"，载《学术研究》2002 年第 10 期，第 60~62 页。

❷ Paul T. Hayden, Putting Ethics to the (National Standardized) Test: Tracing the Origins of the MPRE, *Fordham Law Review*, vol. 71, (2003), pp. 1299-1377.

关于法律诊所教学运行与思考
——以安徽大学劳动法诊所为例

李坤刚 *

摘　要：近年来我国一些法学院在探索诊所法学教育的途径，安徽大学法学院结合自身的情况设立了劳动法诊所，本文介绍了安徽大学劳动法诊所的基本做法和经验，对于法律诊所的运行和管理等问题提出了思考。

关键词：诊所教育　劳动法诊所　问题

一、问题的提出

在人类进入工业化时代以后，科技文化的进步速度大大加快。过去的几千年里，进步的速度如蜗牛似的爬行，缓慢而艰难，工业化下的进步则是重力加速度，知识积累越多，前行速度越快。在这个大背景下，人才培养模式如同产品生产模式一样，也发生了巨大变化。传统社会里，产品系由工匠所造，从学徒到工匠，会经历长期的师徒培训。传统社会中文化教育也是如此，私塾式的教育也是单个的师徒式的人才培养。但在工业化的背景下，一切均发生了改变。工业化制造大大缩短了学徒的过程，文化教育也工厂化了，不再是一对一的学徒式的培训，而是大批量的模式化的培训。一个课堂中有几十人上百人，甚至一些公共课程中有几百人上千人，唯有博士的培训还保留着部分师徒教育的遗迹。

这样的背景下，各用人单位为了追求效率和效益，均急于缩短培训

---

* 李坤刚，安徽大学法学院教授，法学博士，经济法教研室主任，主要从事劳动法和社会保障法教学与研究工作。本文为安徽大学精品实践课程建设项目"经济法诊所"研究成果。

的过程，希望毕业生进入单位即能独立劳动，至少是能尽快地独立劳动。正是在这样的背景下，法律诊所教育兴起。从法学教育的源头来看，其开始也是学徒式的，学徒制的法律教育模式最早发端于古罗马。后来随着学院制的兴起，学徒制开始衰落。❶ 在我国亦是如此，古代的讼师也是学徒制的，后来因为现代法学教育的兴起，改变了律师培养的模式。近年来，随着经济的发展速度加快，我国对法律人才的实务能力加强的呼声渐渐增强，由此催生了教育部的卓越人才培训计划，强调着力提高学生服务国家和人民的社会责任感、勇于探索的创新精神和善于解决问题的实践能力。❷安徽大学法学院系教育部首批卓越人才培训基地之一。自从进入该计划，安徽大学法学院就一直积极地加强实践教学之路。近年来，在各方的帮助下，安徽大学法学院积极展开了劳动法诊所教学，已经积累了一些经验。以劳动法为突破口主要有以下三个方面的原因：(1) 此类案件案源多，容易满足学生亲自参与实践的需求；(2) 此类案件不收费，仲裁免费，诉讼费仅收 10 元，因为劳动者几乎无维权成本，所以容易获得劳动者的授权；(3) 劳动争议仲裁中，学生不受代理资格的限制，劳动仲裁案件方便学生参加实践。经过安徽大学法学院几年的实践，对于如何培训参加劳动法诊所的学生，如何指导学生参与司法实践，已经积累了一些经验，这里写出来与大家分享，当然，安徽大学法学院对于实践教学也存在一些困惑。这里也将笔者的思考提出来，希望大家批评指正。

二、诊所培训的材料准备

在大陆法系国家，教授是法学权威，因此，传统的法学课堂是"布道式"的，教授讲述法律的原理和原则，学生记笔记。我国的传统法律

---

❶ 张红："学徒制 VS 学院制：诊所法律教育的产生及其背后"，载《中外法学》2007 年第 4 期。

❷ 参见《教育部关于实施卓越工程师教育培养计划的若干意见》[教高（2011）1 号］，http://www.moe.edu.cn/srcsite/A08/moe_742/s3860/201101/t20110108_115066.html。

教育也基本上是大陆法系的模式，课堂上以教授讲述为中心，以讲清原理原则为目标。然而，实践教学以培训学生的实践能力为目标，其所使用的材料自然应有所不同。根据安徽大学的经验，进行法律诊所教学需要从以下三个方面准备素材。

（一）法律法规等培训材料的准备

从正常的情况来看，法律学科的学生在本科和硕士阶段所接触到的法律法规是很有限的，主要是教科书中涉及的法律法规，以及司法考试所涉及的法律法规。然而，从实务的要求来看，这些法律法规远远不能满足诊所教育的需要。因此，为了诊所培训的需要，首先要针对诊所的方向，进行法律、法规、规章、法律解释、相关政策的编辑。

以劳动法诊所为例，我们搜集了所有的劳动法律、法规、最高人民法院的司法解释、安徽省高院的指导意见、地方的法规、政策等，统一进行了汇编。劳动法律法规和政策汇编既是参加诊所学习的材料之一，又是学生参与实务需要查询的必备文件，是他们回答当事人咨询，研究分析案例，从事法律文书写作，进行法庭辩论等一系列活动的最基础的、不可或缺的资料。

同时，我们认识到，枯燥地学一大本法律汇编，会比较困难，因为这些资料多达数百页，让学生系统地去阅读，一是比较枯燥，学生往往难以坚持；二是比较零碎，学生往往串不起相关的知识点。考虑到此问题，我们借鉴了南京大学劳动法援助的经验，对常用的知识点进行整理和提炼，编辑了《合肥地区劳动者维权手册》，以常见的问题为中心，采取问答的方式，将不同法律规范中的知识点串起来。这种方法有利于学生掌握和记忆，对于学生知识的系统化有促进作用。

（二）案件卷宗材料的准备

诊所教育的目的是让学生接触实务，让学生积累一些实际接触当事人、回答劳动法问题、代理劳动争议案件的经验，以便在毕业后能更快地适应实务工作。反过来说，让学生接触实务工作，能够让学生认识到自己的不足，这样有助于学生确立新的目标，达到实践能力与书本知识互相促进、互相增长的目标。

要让学生掌握劳动法实践能力，需要有较好的范本来引领学生。因此，要做好诊所教育，我们的经验是，要搜集一些完整的案件的卷宗材料，让学生去阅读，去模仿，去品味。特别是研究具有典型意义的案件卷宗，对培养学生的实践能力，具有不可替代的作用。

在劳动法诊所运营一年以后，我们才认识到已经积累的案件卷宗对学生的指导意义。我们是利用自己诊所办理案件所积累的卷宗对后续的学生进行培训的。但如果能够从其他渠道，如法院、仲裁机构、律师事务所等，获取其他高水平的卷宗的复印件，会对参与诊所项目的学生的培养有重要的作用。这些起诉书、申请书、证据目录、答辩意见、庭审笔录、判决书等鲜活的资料，可以成为学生自己从事实务锻炼的临摹范本，会帮助诊所学生又快又好地提升实务水平。

（三）选择编写典型案件

实践的过程是看到纸上的法律变为当事人实际权利和义务的过程，对于判决结果的准确预测是法律事务工作者需要多年历练才能达到的。而要提升判断力，需要研读大量的判决书或裁决书。判决书是建立在当事人及其代理人请求、答辩、举证、质证，法院对证据材料的认定和相关法律适用的基础上的结果。因此，对于实务的初学者研读各类案件的判决书或裁决书是十分重要的。

从劳动法诊所运行的经验来看，我们根据劳动争议案件的类型，从这几年代理的数百件案件中精选出了30件常见类型的案件，包括：非法解雇案，经济补偿金案，拖欠工资、社会保险、加班费、年休假工资案，工伤补偿案。将不同类型争议案件的裁决书分类编辑，汇编成《劳动争议维权典型案例汇编》，在案例汇编部分，我们特别总结了办理每个案件的技巧和关键点提示，以便在学生学习文本时，提示在实务办理中的重点所在。

学生们在阅读这些判决书后，会在心中对实务有全新的认识，对于劳动争议案件申请书的写作，举证质证的要领，各类案件的裁判尺度，也会有清楚的认识，还能够使诊所学生对案例结果有基本的把握。当然，对于一些裁决的结果，学生可能会有不同的意见或理解，这些不同的意见或疑问，是我们进行诊所教育的宝贵的基础。在诊所课堂上，应对学生提出的问题进行深入细致的讨论，这样既可以避免学生在诊所的课堂上听老师一人讲授，又能在讨论中提升学生的水平和能力。如果诊所课堂像在理论课上一样，由诊所老师一个人独白，将是诊所教育的悲哀。

三、诊所的课堂培训

诊所教育课堂培训首要应解决的问题是：为何诊所教育要进行课堂培训？课堂培训解决的问题是什么？回答这两个问题，需要回归到诊所教育的本意：诊所教育是从课堂到社会的过程，是从理论到实务的过程。为此，课堂上的诊所培训应是沟通理论到实务的桥梁和纽带。从这个出发点来看，我们在劳动法的诊所教育中设计了以下三个方面的培训环节。

（一）基础能力的培训

所谓的基础能力，是指诊所学生从事法律实务的基础本领。主要有基本法律文书的写作、证据收集的要领和方法、证据的整理和运用等。

劳动争议案件也是"不告不理"，即劳动争议仲裁活动是围绕着劳动仲裁申请而提出的。因此，一个好的仲裁申请书必须把仲裁申请人的权利诉求写全面，否则申请人的权利是不可能得到保护的。掌握劳动者究竟有哪些权利，是撰写好申请的第一步。我们曾画了一张"劳动者权利树"，以图的方式展示了劳动者的权利，以提醒受训学生，供他们学习。

"权利树"既能解决权利的种类问题，又能提醒诊所学生劳动者享有诸如加班费、年休假等具体权利，但不能解决权利的具体化问题。因此，实训中，我们按照劳动争议案件的常见类型对学生进行培训，分为非法解雇、加班费、年休假待遇、社会保险、工伤等几个模块，对学生进行专题训练，指导学生如何计算每项诉求的数额。

此外，我们还结合上述的诊所教学预备资料，指导学生写好申请书、编好证据目录。利用收集到的卷宗材料，进行实例评析，使学生直观地理解，帮助学生提高水平。

（二）交流技巧的培训

一个好的法律实务工作者，必须有较好的语言沟通能力。对于案件基础事实和案件证据的把握，也源于与当事人的良好的沟通。因此，培养学生的基本交流能力是十分重要的。当然，我们也深知，良好的沟通能力的获得，必须通过大量的实际锻炼，但我们亦主张，课堂实训也是不可缺少的一环，可以对学生有教育和提示的作用。

就劳动法律诊所而言，学生服务的对象大部分是农民工，他们文化程度不高，表达往往模糊不清、不具体、不准确。还有的咨询者因其权益受到损害，可能会比较着急，不能很好地控制自己的情绪。基于这种情况我们提出了以下交流原则：认清咨询对象、积极换位思考、主动掌握节奏。

所谓"认清咨询对象"，是指从看到咨询人或听到咨询人来电时，就应对咨询人的身份情况、文化水平等有个预判。然后，随着咨询的深入，再进一步认清当事人的身份、个性、文化程度、表达能力等各方面的情况。

所谓"积极换位思考"，是希望诊所学生能设想处于咨询人或申请人的工作或生活状态下，自己所面临的工作环境和工作情况，这种方式能使诊所学生更了解当事人，也有利于对案件证据进一步发掘，找到对解决案件有用的关键证据。

所谓的"主动掌握节奏"，是指避免学生在实地接触当事人的情形中，受当事人思维的左右，不能引导当事人的述说，而是被当事人引导，既花了很多时间，又未能找到案件的关键事实和证据，而是应主动引导当事人。特别是在面对一些文化程度不高、思维不清晰、表达不清楚、性格急躁的劳动者时，培养学生主动掌握节奏的能力是十分重要的。

（三）课堂上对抗培训

法律案件的处理是解决当事人之间的矛盾，矛盾总是存在正反两个方面。作为一方代理人，总是要和争诉的对方及其代理人打交道。所以，对抗能力的培训是必要的。在实践中，我们会利用真实的、比较有争议的案件作为培训的素材，这样能增加学生的学习兴趣。

例如，我们曾在课堂上就"上海地铁九号线'摸腿男'被开除党籍，解除劳动合同"❶事件进行讨论，对于在下班后犯错误被解除劳动合同

---

❶ 参见"上海地铁九号线'摸腿男'被开除党籍，解除劳动合同"，http：//www.thepaper.cn/newsDetail_forward_1254890。

的界限问题进行讨论。将学生分为正反两方,进行辩论。这种训练能够促使学生去查资料,去积极主动地思考,对于将来学生办理实际案件有很大的作用。

四、教室外的实地训练法

诊所教育就是要让学生实际接受案件,在做中学,在学中做。因此,实地培训的环节是诊所培训最重要的环节。我们采取以下三个阶段的培养模式来完成这一阶段的培训工作。

(一)庭审观摩法

在完成课堂培训后,我们会安排诊所学生去观摩实际的劳动仲裁庭审。这种观摩有以下好处:一是熟悉庭审的程序;二是对实际案件代理进行思考。因安徽大学的劳动法诊所常年运行,且代理劳动争议案件较多,几乎每周都有经过前期训练的诊所学生开庭,这给诊所学生观摩案件带来方便,一般由代理案件的学生带领即可去劳动仲裁庭观摩。

为了让学生更深刻地体会和思考,可以让学生写出庭审的思考,以促使学生反思,促进其水平的提高。就安徽大学的劳动法诊所运行而言,由于已运行数年,我们采取"以老带新"的模式,将课堂培训和学生分到不同的代理小组中,在老诊所学生准备案件和开庭时,由新学生全过程参与,这种模式对于学生能力的提升起到了较好的效果。

(二)实地咨询法

在课堂培训进行的同时,我们会分期分批安排学生去诊所办公室值班,依然是"以老带新"的模式。由老诊所学生回答咨询新学生协助,逐渐向新学生单独咨询过渡。在诊所的培训中,咨询环节是最困难的。因为诊所学生要面对提问及时准确地给出答案,如果没有深厚的知识作为基础,这一点是做不到的。在这方面我们主要有以下三点经验:一是基础资料的编辑要过硬,在这个环节能发挥重要的功效;二是教师的指导要过硬,能应付各种疑难问题,并要随时给一线的学生以支持;三是培养好第一批诊所学生,将来才可以"以老带新"。

为了保证一线学生回答问题的准确性,避免错误的咨询回答误导了当事人，耽误了当事人维护合法权益，我们还要求一线咨询的诊所学生，将每天的咨询问题及其回答作出书面记录，同时要求当事人留下联系电话。记录每天发给指导老师审阅，以便对不完善的或者错误的咨询进行进一步的更正。

（三）案件的代理

案件代理是诊所教育的最后一个环节，也是实现诊所教育最关键的一环，其成败不仅关乎诊所教育的质量，而且涉及被代理人的切身的权益，因此需要控制代理质量。这会涉及以下两个方面的问题。

（1）要选择合适的案件，案件的难易度要适合诊所学生，胜诉把握要大。（2）对案件的代理要把好申请书写作和举证两大关。申请书的内容涉及当事人的权利诉求，不能有疏漏，证据的收集要全面，要能够形成完整的证据链。只有这样才能够为案件的胜诉奠定一个良好的基础。如果这两方面有了很好的基础，受过训练的学生一般能够胜任庭审的要求，当然，对庭审我们要求学生进行精心的准备，将需要使用的法条细心收集备用，将辩论的要点详细准备好，如果案件非常清楚，也可以提前写好代理词。

就安徽大学劳动法诊所的运行而言，我们要求值班学生对需要代理的案件写出"案件代理申请书"，写明基本事实、已有证据、基本诉求等几项内容，发给负责老师审批。审批后，成立案件代理小组，由小组的诊所学生撰写申请书，并编写证据目录，交由老师审查，确定无误后，才正式向劳动争议仲裁委员会提出申请。在庭审结束后，代理小组应进一步完善案件代理意见，交由指导老师审查后，再提交劳动争议仲裁委员会。此外，安徽大学劳动法诊所还定期召开案件分享会，由代理案件的学生参与，将自己的经验与困惑与其他人员分享。这种形式对于促进案件代理和诊所学生水平的提升有较明显的效果。

五、关于诊所教学的几点反思

（一）诊所教学培养的目标

考查中国学者对诊所的定义，更多关注的是"职业技能训练"功能。

例如，早期我国的诊所教育仅认为，目的就是让学生通过法律实践学习律师的执业技能。❶诊所的口号是"面向职业""像律师那样行动和思考"。❷也有研究者指出，中国诊所在强化技能培训的同时，必须"超越技术"，把诊所教育作为一个心灵涤荡的过程，让学生习得良好的规则意识，学会节制、冷静、宽容、协商甚至妥协，学会理智地对抗和坚定立场。❸还有学者提出，"在美国，答案是一分为三的：其一，职业技能训练；其二，职业道德训练；其三，促进社会正义"❹。

在劳动法诊所的教学过程中，我们认为，一分为三的培养目的是正确的，不可有所偏废。特别是对于学生正义感的培训，应是这三个方面的重点。有学者指出，"诊所必须培养有社会正义感的学生，并直接为接近正义运动添砖加瓦，这是诊所法律教育乃至任何优秀的法学教育的核心"❺。笔者对这一观点是赞同的，在几年来的劳动法诊所的运行和管理中，我们也引导学生认识劳动者群体所面临的困难，鼓励他们用自己的所学帮助弱势群体，为追求社会正义而服务，根据我们的观察，劳动法诊所在培养学生正确的司法思想和观念中确实起到了积极的作用。

（二）诊所教学的对象和实施模式

就诊所培训而言，我们认为，应以通过司法考试的法学硕士、法律硕士和法律硕士（非法学）作为诊所的培训对象，而不应以法学专业的

---

❶ 甄贞："一种新的教学方式：诊所式法律教育"，载《中国高等教育》2002年第8期。

❷ 参见甄贞主编：《诊所法律教育在中国》，法律出版社2002年版；杨欣欣主编：《法学教育与诊所式教学方法》，法律出版社2002年版；王立民、牟逍媛主编：《诊所法律教育研究》，上海交通大学出版社2004年版；甄贞："方兴未艾的中国诊所法律教育"，载中国诊所法律教育网；王晨光："诊所式教学挑战法学教育"，载中国民商法律网。转引自左卫民、兰荣杰："诊所法律教育若干基本问题研究"，载《环球法律评论》2005年第3期。

❸ 左卫民、兰荣杰："诊所法律教育若干基本问题研究"，载《环球法律评论》2005年第3期。

❹ 同上书。

❺ John Dubil, *Clinical Design, for social Justice Imperatives*, SMU L. Rev. 1461, 1463-1478 (1998).

本科生作为培训对象，理由有三个方面。（1）本科生课程较紧。如果给本科生安排法律诊所课程，则需要安排在三四年级，待本科学生学完基本知识方可。但此时学生面临着几个方面的压力：一是部分学生需要在司法考试的准备中投入大量的时间；二是部分学生需要在考研的准备中投入大量的时间；三是部分学生需要找工作实习。面对着这些压力，此时让学生投入精力到耗时较多的诊所教育中不是很现实，即使纳入课程体系，也难以达到上述的目标。（2）研究生教育阶段学生的时间较为宽松。研究生阶段学生的课堂授课时间较少，时间可以自由支配，特别是第二年和第三年时间更自由，更为有利的是，此时许多学生通过了司法考试，有强烈的参与实践的渴望。（3）诊所教学契合法律专业硕士的培养目标。法律硕士的设置是为实践培训从事实务的法律人才，即使是法学硕士，未来专业从事学术研究的仅仅占很小的部分，多数人仍想参与法律实务工作。因此，基于以上的原因，我们认为，将法律诊所教育放在研究生阶段比较适宜。

关于诊所教学的实施模式。实施模式有两种：一是纳入课程体系，二是不纳入课程体系。纳入课程体系有诸多的好处：一是可以作为选修课让有兴趣的学生来选择，在选修课的基础上组成班级，可以避免不纳入课程体系的松散性；二是有选修的学分可以吸引学生参与，有考试的分数作为激励，能提高学生的积极性。当然，不纳入课程体系也有其优点：一是如果诊所开展常年的法律咨询和代理服务的话，纳入课程体系会受到学期的限制，因为一般的课程是以半年为学期单位的，在选修班级解散后，要维持法律咨询和代理服务可能会有一定的难度；二是松散的以兴趣和奉献为基础的服务型的法律诊所，在人员缺失的时候，可以任意替补，不受选修课人员名单的限制，对于诊所的维持和运转也是有益的。正是基于此，我们选择的是松散型的组织模式。

（三）法律诊所教学人员与成本的限制

与传统教学"一个老师教一个班"不同，诊所法律教育要求在极低的师生比例基础上实施"一对一"的直接指导。因为要参与法律咨询和代理服务，所以要搞好诊所教学，必须有精通实务的教师指导，这对于诊所教师在专业实务技能和责任心等方面有较高的要求。与英美法系国家的判例法制度相比，我国的法学教育离实践更远一些，在美国，研读案例成为法学院学生的主要课程。❶相比"灌输—接纳"式的课堂传授，"监督—操作"式的诊所教学则要求教师投入更充分的时间和精力。

在法律诊所运行的过程中，需要有咨询办公室，需要有一些办公的硬件设施，需要有案件的来源，需要安排诊所学生值班，代理案件也需要基本的交通费和办公成本，此外还涉及一系列的管理工作。除了法律诊所不收取费用，以及诊所学生无咨询和代理经验外，在诊所运行的其他方面，几乎是和法律服务机构差不多的。❷而目前，对大多数学院来说，经费的保障问题一直是制约着法律诊所教育发展的关键，也是困扰我们的主要问题之一。

结　语

综上所述，法律诊所教育有利于培养我国法律专业的学生从事法律实务的能力，对于培养法律专业学生的世界观，培养学生追求司法公正的精神，有着不可或缺的作用。但是，由于我国缺乏法律诊所教育模式的统一指导，不少大学的法学院均在探索适合自己的法律诊所教育路径。安徽大学在过去的几年里，为配合卓越法律人才培养计划的实施，在劳动法诊所方面进行了积极的探索，已经积累了一些经验。同时，在诊所的运行方面，安徽大学也有诸多的困惑。希望将来在互相交流经验的基础上，国家教育行政机关能够更多地提出指导方案，更多地提供经费和其他方面的支持，为我国的法制建设培养出更多的卓越法制人才。

---

❶ 左卫民、兰荣杰："诊所法律教育若干基本问题研究"，载《环球法律评论》2005 年第 3 期。

❷ 同上书。

论困难案件中法律诊所的理念

姜 涛*

摘 要：不同的法律诊所，有着不同的案件类型、办案风格，由此需要对诊所学生针对性地进行内容不同的心理建设。在困难案件中，由于当事人常已穷尽了司法救济手段，作为接待者的学生，很容易受到心理挫折，产生挫败感，甚至是对自己能力、所学专业的怀疑。大量接待这种案件的诊所，需要因之设定相应的诊所观念。

关键词：困难案件　法律诊所　理念　目标

笔者所在的法律诊所，困难案件所占的比例很高。可能是因为北京的诸多特殊性所致，大量的涉诉信访案件最终会汇集于此。许多终年奔波、求告无门的上访人员，会在辗转于最高人民法院、国务院、中央政法委、国家信访局及相关部委仍难求解之后，来到中国政法大学向法律诊所寻求帮助。这种类型的案件，往往时间跨度大，地域跨度大，甚至已经穷尽了通常的救济手段，因此谓之困难案件。[1] 如何对待这些困难案件，这些常会耗费诊所学生巨大的时间、精力和热情却很难改变定局的案件？这种案件，对法律诊所中教与学的理念提出了新的挑战，涉

---

* 姜涛，中国政法大学法学院副教授，法学博士，主要从事军事法学、诉讼法学研究。

[1] 在以往的一些著述中，也有论者使用过"困难案件"的称谓。他们所指称的困难案件，起因于法律根本未作出规定、法律规范模糊不清、法律规则之间相互冲突、硬性适用规则将导致社会正义感被严重挑战造成所谓"合法不合理"等情由。本文所使用的"困难案件"措辞，不限于上述情形，仅指对于法律诊所学生而言，操作难度巨大的实际案件。参见刘星："困难案件中法律适用的理论与实践"，载《比较法研究》1994年第3期、第4期；陈实："论法官在困难案件中的角色"，载《法律科学》2000年第3期等。

对诊所理念的妥当设置。

一、"有时治愈，常常帮助"的谦卑目标

法律诊所根据不同的类型和具体条件，可以呈现出不同的特色。例如，有的法律诊所扎根社区，以给居民提供法律咨询为主要内容；有的法律诊所针对具体领域（如控烟，环保），以参与非诉讼法律事务为主要内容；有的法律诊所通过学生代理案件，以提供诉讼法律援助为主要内容；不一而足。许多诊所的学生，在初入诊所时，雄心万丈，以在诊所实际代理案件，达到胜诉目标为己任。于是，形成代理关系出庭参与诉讼，甚至最终胜诉，就成了这些同学衡量自己工作成功与否的标尺。遗憾的是，在困难案件中，这一目标的达成非常艰难。于是，这些同学因困难备受打击，觉得自己的工作没有意义。

（一）回眸向良医借鉴的谦卑姿态

法律诊所其实并不包治百病，这恰似一个医生、一个医院也并不能药到病除、祛除一切疾患。所以，西方名言说："有时治愈，常常帮助，总是安慰"（To Cure Sometimes，To Relieve Often，To Comfort Always）。[1] 即便医学再发达，医术再高超，也无望救治所有的病痛，总会有很多的疾患，是不能得到完全的治愈的。好的医疗能提供的，只是偶尔的治愈，但它在大多数情况下总会减轻症状，减轻痛楚，而且，更为重要的是，它在所有的情况下，都应展现出一种"医者父母心"式的安慰，这是在技术之外同样非常重要的方面：态度。正是这样始终以安慰者面目出现的态度，让医生并非只以冷冰冰的专家身份示人，而具有了人文的、慈悲的态度。

法律诊所也是如此，尤其是在解决困难案件时的法律诊所，倘若抱定了那种"必竟全功"的高调姿态，那么，经常就会忽略了案件可能的条件限制。比如，有的案件日久年深之后，证据真的可能无从找寻；有的案件当事人虽有万般哀怨，但可能真的已错过了诉讼时效；包括有的

---

[1] 参见美国人 E. L. Trudeau 医师的墓志铭。

案件可能真的理当驳正,但就是有复杂的利益关系牵涉其中,使得正义一时无从照进现实。那么诊所人怎么办?如果你始终只抱持着一种"胜负师"的心态,那么,当形格势禁案件无法达致理想的结果时,就很容易垂头丧气,自怨自艾。这时,如果诊所人再跟着发发牢骚,撒撒怨气,那么很可能不但没安慰到当事人,反而增加了他的痛苦。

(二)法律诊所中的"治愈"与"帮助"

在困难案件中,虽然治愈很难,但是,它仍然是诊所人首要的追寻目标。有的案件也许难度颇大,需要跨越很长时间(比如需要经历一年甚至更长时间,而这一期法律诊所的课程却已经完结),诊所人不能陪伴当事人走完案件的全程,但起码在诊所服务期间,针对此案的工作计划,应该站在当事人最终获得权益保护的立场,为其进行通盘考虑、全局考虑。在上学期笔者所在的法律诊所中,就有一位学生,倾注了很多心血去帮助其中一个困难案件的当事人,多次请假去当事人所在省帮助当事人收集证据,势有将革命进行到底的勇气。笔者当时虽批评这位同学用力过猛,一定程度上影响到了自己本身的学业,但是,这种立足于"治愈"而为当事人殚精竭虑的态度,则值得赞许。

但是,治愈是一个最终的目标,却不是诊所工作的日常内容。法律诊所日常的工作,大多数情况下要达到的境况,是能够"常常帮助"。通过法律诊所人的努力,帮助前来求助的当事人恰当分析案情,客观公允地总结案件发展至今的现状,详尽地梳理案件的事实和证据,准确而精当地作出案件法律研究,最终提出一个具备可操作性的工作方案。在困难案件中,法律诊所的学生倘若能做到这些工作,基本上可以算提供到"帮助"了。

而在大多数不能"治愈"有时甚至不能"帮助"的情况下,法律诊所人始终不能放弃的,就是须臾不应稍忘的对当事人的"安慰"。前往法律诊所求助的,都是贫弱无助的当事人,他们在经济条件、个人命运上,常常都经历了各种艰辛和酸楚。作为在校大学生的法律诊所人,涉世未深,甚至稚气未脱,需要付出较多努力,体察当事人的各种不同情态,得体而真诚地传达出对他们的同情和安慰,使他们在感觉到尊重的同时,又感觉到那种援助的力量。

二、诊所学生在困难案件里的"入"与"出"

法律诊所，是参加法律诊所课的在校大学生所修习的众多课业中的一门。与全时实习的实践不同，法律诊所学生在参加诊所的同时，还在学习其他课程。以笔者所在的诊所为例，每个诊所学生每周所参与的诊所学习课时是 8 个小时，也就是相当于 1 天的工作时间。这 8 个小时，包括了接待当事人、在小组汇报案件和接受教师督导。算上学生额定课时外的其他投入诊所案件的时间，也不超过 16 小时。诊所教师需要适当地引导学生，既让他们在额定的诊所工作时间里，全力投入进去，又要让他们在其余的学习和生活时间里，能够抽身而出，不被诊所案件主宰一切。

（一）督导学生培养责任意识，成为所接待案件的"主治医师"，深"入"案件中去

困难案件因其艰难程度，常常是由几个诊所学生共同接待，共同解决案件。在这种协作过程中，学生有可能发生分化。那种积极的、热情的学生，有可能成为主要的发声者。而安静的或者畏缩的学生，可能会习惯向后退，安于做一个配合者，辅助者。当然，毋庸讳言，还会有一些学生，可能是因为参与了太多的其他社团活动，或者课业任务太重，甚至只是因为偷懒，就习惯于在法律诊所当中敷衍塞责。教师需要开动脑筋，想出适当的办法来防止这些情况的出现。

可以设想把学生按小组来分配，接待案件的时候以小组的面目出现，但是，必须禁止该小组中所有案件始终由一名学生负责，而应强制建立起轮换制。❶ 在要求学生们对本组案件进行集体讨论、协作办理的同时，每个案件都应有一个不重复的学生来作为主责任人，负责对案件的汇报，现场的接待和咨询，与当事人的日常联系，办案思路的形成，法律文书

---

❶ 关于办案学习小组组建的具体思路，可参见许身健主编：《法律诊所》，中国人民大学出版社 2014 年版，第 13 页。

的草拟,乃至最后的办案活动。通过这样逼其负责的方式,让学生无法推诿地深入其负责的案件中去,培养其责任感,锻炼其独当一面的能力。

(二)引导学生学会抽身而"出",不被所接待的案件过度影响

案件真正办完之后,学生需要有一个从事务到心理真正抽身而出的变化。尤其是对于困难案件,我们作为教师,坚定地不希望学生泥足深陷,在案件当中与当事人彻底合二为一,陷入当事人的凄惨命运中去。

遇到个别非常热血甚至有些执拗的学生,笔者发现劝慰无效,学生哪怕旷课外出也坚持要和当事人共进退时,甚至采取了打击式的方法,质疑该热心学生:你目前只是一个半成品的法律人,你以自己在诊所当中短期积累的实务技能去为当事人的案件命运负责,真的是对当事人最好的方案吗?你具备那个能力吗?是不是反而有可能让当事人错过了寻求更专业的法律帮助的机会?通过类似这样泼冷水的开解,做通学生的思想工作,让他们尽可能地抽身而出,不让自己的心灵被某一案件长久地宰制。

如何让学生在保持对公平争议的热情和冷静理性的心态之间适度平衡,真的是非常艰难的任务。一方面,诊所教师会要求学生坚守自己的职业属性,像律师一样忠于当事人,成为值得当事人信赖的"权利卫士";❶另一方面,教师还得在课程结束,案件办理告一段落之后,帮助学生做到精神上的抽离,这的确很难。很难有纸面的教谕可以让学生自己读书后习得这种能力。在法律诊所中,结合具体案件由教师来言传身教,是较为可行的路径。

三、诊所教师应摒弃"望徒成龙"的心态

较之于传统的教学模式,法律诊所是一个直接为师生提供频繁互动、课容量规模较小的新型教学模式。传统的课堂教学,教师主要是通过课程考核这一最后的关卡,才能获知学生的进步和收益。在法律诊所中,由于每周都有面对面的督导,一对一的案件处理情况报告环节,所以,

---

❶ 参见季卫东:"律师的重新定位与职业伦理",载《中国律师》2008年第1期。

教师对自己所督导的诊所学生，可谓是"看着他在成长"。一个学期下来，真正投入热情和心血去认真完成诊所工作的同学，其进步是可以看得出的。这种教学特点，对教师的教学热情是很大的鼓舞。不过，笔者认为需要警惕一个倾向，那就是对自己的诊所学生保持过度的期望值，尤其是在困难案件中，如果教师自己都把法律诊所的目标设定单一化，唯以案件的胜诉为目的，那么，可能就很容易滋生对诊所学生的失望情绪，出现急躁心态。

（一）教育者的使命到底是什么

思考诊所教师的使命时，笔者反复考虑的一个问题是，为师者什么样的心态，才是对学生最大的福泽。开始对这个问题有隐隐的关注，是缘起于前几年北京师范大学一位教师对学生说的话。当时这位教师对他指导的研究生说，"到40岁时，如果没有4000万身家，不要来见我，也不要说是我的学生"❶。此言一出，舆论为之大哗。之后该教师发微博解释说，培养财富意识是其工作内容之一，对高学历者来说，贫穷意味着耻辱和失败。该言论引发的争论虽然已经过去数年之久，但与之有关的思虑却不应就此平息。我想，作为一个教师，对于学生有什么样的期许，继而对于自己的职业生涯有什么样的期许，可能是关涉其师德的一个重要出发点。

上面所说的这个事例中的教师，虽说其言论本身有些失当，但是细思之，却可能正是众多把"事业有成"当作对学生最大期许的教师的一个代表。这些老师在某种程度上，其实和无数骨子里流着"望子成龙"的血液的中国父母一样，是把学生像孩子一样看待，将他们世俗意义上的成功当作教育的首要甚至常常是唯一的目标。这样的期许乍听起来似乎无可厚非，仿佛也正是千百年来中国人在教育后辈时代代相传的一种基本观念。而古今之别，无非是古时将"求取功名"作为成功的主要指标，而在今天的市场环境之下，这个指标变成了类似"4000万身家"这

---

❶ 参见张宇："北师大教授发微博要求学生40岁有4000万身家"，http://news.sina.com.cn/s/2011-04-06/074522242457.shtml，访问时间：2016年7月1日。

样的财富目标而已,其实质没有变化。具体到法律诊所中,教师若持有这样的心态,可能就会躁切地期望,自己的学生能够在诊所当中变成行动力快速提升的合格律师!

望子成龙、唯求子女成功的父母,我们已经见惯不惊。而仔细观察、体味一下,其实我们会发现,在应试教育长期绵亘的大环境下,无数的教师也是这样的观念。无论是在基层,还是在大专院校,无论是小学教师,还是大学教师,渴求"得意门生"的心态,与那些"望子成龙"的父母根子上毫无二致。人们对教育功能的期许,最主要的就是追逐"胜利",希望自己教育出的后辈能够出人头地。

但是,这样的为师者,真的是合适的教育者吗?在这样的"成功至上"的教育取向之下,我们的教育体系真的取得了应有的效果了吗?答案恐怕不能让人乐观。多年以来,高分低能这样的状况始终困扰着我们的社会,而拿不到高分的学习者,则在这样的教育环境下累积了太深的挫败感。这种让教育产品的两头都受到戕害的文化,值得我们深深反思。

(二)应该锻造怎样的师生关系

笔者认为,作为师德的基点,对学生和对自己职业的期许,以及对师生关系的妥当预设,可能是必须正本清源的一个问题。教育到底是为了少数精英学生的塑造,还是为了每一个学生人格和才智的健康培育呢?面对这个问题,绝大多数教师可能都不甘只拥有一个"平淡"的职业生涯,不甘只培育了一群籍籍无名的普通人,正如绝大多数的中国父母也都希望自己的子女可以"制霸"考场,从小学开始,就在奥数等选拔性考试中崭露头角,然后在中考、高考、考研、公考以及各种大型考试当中最终胜出,成为这个社会中的"胜利者",而这个胜利者,在他们的潜意识里,一定是全体社会成员中的少数。有一句现在流传甚广的俗话,叫"别让孩子输在起跑线上"。在无数中国教育者(包括家长也包括教师)的心目中,孩子们似乎从刚出生起,就已经涉入了一段漫长而单一的苦旅,这段旅程没有太多的内容,就是一段枯燥无味的长跑比赛,每一个孩子都被教育者们预设为一个比赛的参与者,他们的人生被认为就是对同样的生存资源的竞夺,千篇一律,千人一面。对中国的父母和师长的教育哲学有了这样的体认，才能从根源上探寻重塑师德的正途。

苛求学生"出人头地""光大师门"，这样的师者心态很容易诱使学生发展出"重才轻德"的观念。中国学生本来就已在父母"望子成龙"的期盼目光下挣扎了太久，继续在导师的这种期许之下艰难前行的话，常常容易增大生存压力。一个社会弥漫这样"成王败寇"的市侩文化时，就会出现类似于同学聚会时"混得不好的"同学不愿参加的情况。更加令人忧心的是，多年以来，教师对大学生甚至研究生心理健康缺乏关注，导致学生自杀之类的悲剧事件屡屡发生。面对这些情况，不知那些热衷于和成功校友"套近乎"的大学教师，是不是也愿意坦然承认这些过早凋零的花朵是自己职业生涯的伤痛呢？

真正的春风化雨、光风霁月的师者大德，应是"慈爱为本"且"心存平等"的。慈爱，是把学生当作一个全面的、完满的人，需要全方位的育化与成长，而非仅仅是用以负载"事业成功"的道具。对于师生之间的关系来说，教育不仅应是这本科四年、硕士三年、一学期、一门课之内的短暂的职业领域的遭逢与交互，而是奠定其一生"幸福"的一段生命历程。是"幸福"，而非"成功"。本于这样的期许，教师需要关照的就不仅仅是学生的外显的"成绩"与"才具"，还应包括其心理健康与德行。尤其是在较多会遭遇困难案件的法律诊所中，学生如何服务当事人、提高解决实际案件的能力，固然是重要的一翼；但学生在久历难案、阅尽冤狱而无力施援、抑抑而退之后，那种失落的心情和态度，如果教师疏于察知，则可能让法律诊所成为诱发学生心理压力的危险任务。所以，无论学生在案件处理中的表现如何，教师都必须站在他的身后，支撑这个学生的心理。

在一个教师的职业生涯里，如果培养的学生都能以他为毕生的良师益友，以他为重要的精神依归，始终与他保持一份简单而纯正的联系，这将是多大的师者荣光，这与一个培养出诺贝尔奖获得者的同时也培养出多名犯罪人的教师相比，可能是更成功的教育者。而这样的教师，对于所教育的学生才可能是大体平等的，不会只把热情与心血倾注在优生身上，而是泽被全体学生，让每个学生都真正得到平等的受教育机会。

这才是与孔圣"因材施教""有教无类"思想的真正契合。

也许,这样甘于平凡、不求闻达的教育理念,是在这个竞争为王的时代里很难令人瞩目,也很难获致通俗意义上"成功"的一种选择,但是,它却可能是真正"为了人"的教育。而甘于对自己的职业生涯有这样的期许、对自己的学生也只保持这样的期许的教育者,可能都已拥有了一种以爱为基调的醇厚师德。法律诊所幸而能够提供这样一种让师生频繁交互的良好平台,的确值得我们为师者善加利用。

法律诊所综合教改运行机制的思考

石贤平*

摘　要： 长期以来，我国法学教育基本上是一种学历教育，注重对知识的理解掌握，而忽视对能力的培养与运用。案例教学和模拟法庭大大提升了学生的实践能力，但两者均是建立在对已知案件或虚拟想象的基础之上，在对学生能力的培养上仍有诸多不足。诊所法律教育引入中国已有近15年，是中国法学教育改革的新探索。诊所法律教育能够为法学课堂教学改革的深入开展提供契机；能够为社会弱者提供法律帮助；能够培养法科学生服务社会的能力，进而从中培养学生的社会责任感和法律职业精神，使中国的法学教育走出一条具有中国特色的法律专业人才培养模式。

关键词： 法学教育　案例教学　诊所法律教育　人才培养模式

一、我国法学教育模式的现状及面临的主要问题

新中国成立初期，我国法学教育引进苏联法学教育模式，大量的社会法律实践，包括立法、司法和执法是由没有受过法学高等教育的人在进行，法学教育和法律职业在几十年中基本分离；文化大革命期间，中国社会实际上是"无法"年代，根本谈不上法学教育；从20世纪70年代末开始，我国的法学教育得到了恢复，并形成了大学本科教育、成人专（本）科教育、中专教育和司法人员培训并存的局面。近几年，法学

---

* 石贤平，哈尔滨商业大学副教授，硕士研究生导师，主要从事诊所法律教育、宪法研究。本文系黑龙江省教育科学"十二五"规划2014年度重点课题项目"法律职业教育法律诊所综合教改实验研究"（ZJB1214021）；黑龙江省高等教育学会"十二五"高等教育规划课题项目"法律诊所综合教改实验基地运行机制研究"部分研究成果。

本科教育有了较大的普及，法学硕士、博士点也相应有所增加，成人专科教育、中专教育也大多转为或升格为高职法律教育。

长期以来，我国法学教育基本上是一种学历教育，教学目标及教育模式也是围绕着学历教育设立和展开的，注重对知识的理解掌握，而忽视对能力的培养与运用。在教学模式上，一直沿用苏联20世纪50年代的模式，实行"对口教育""专才教育"，多采用"灌输型"方式，即老师在台上讲，学生在台下听的方式，这是一种单向的传授，学生只能被动地接受，师生之间在课堂上很少开展讨论或有任何形式的交流。考试中较多的是对记忆力，而不是对分析能力的测试。测试强调的仅仅是结论而不是过程。❶ 在这种法学教育模式下，主要存在以下三个问题。

其一，法学教育方法，存在着重理论、轻实践，理论和实践相脱节等弊端，无法真正发挥教师的积极性和创造性。从用人单位的反馈信息等多渠道证实，法学院的毕业生确实存在实际操作能力差，适应社会慢等结构性缺陷。

其二，就目前来看，我国法学院的毕业生的实际执业能力与法律职业所要求的能力之间的差距越来越突出。虽然他们了解法律术语和条文，但是却很少掌握律师或其他法律职业者应当具备的技巧、能力和素质。这充分说明了中国法学教育中的一个弊病，就是缺乏对学生进行法律实务基本能力的训练。虽然大多数法学院系建立了学生实习制度，但现有的实习制度并不能解决这一问题，主要表现在：一方面，学生实习的场所大多局限于法律部门，繁忙的工作使实习单位无暇顾及实习学生的训练和监督，案件的风险责任也让实习单位对学生具体深入司法实践望而却步；另一方面，教师对学生的实习活动也缺乏有效的指导和管理，从而忽略了让学生从实践中反馈并得到有效矫正这一重要环节。

其三，目前的法学教育在培养、训练学生的职业责任心方面同样存在比较突出的问题。我们往往将职业责任心理解得颇为简单，将其混同于社会道德。职业责任心，即职业道德，是指法律工作者在法律实践中

---

❶ 石贤平："高职法律专业教育教学方法初探"，载《黑龙江省政法管理干部学院学报》2005年第1期，第122页。

应当具备的特有的道德观和责任感。学校在培养学生的职业道德时，缺乏训练学生学会从法律职业人的角度对可能遇到的各种问题，作出判断和慎重选择的有效方法，缺乏关于个人道德和职业责任心之间差别的讨论，法律教材中也没有公认的合乎职业道德规范的选择标准。

二、法学教育改革的有益探索——从案例教学法到诊所法律教育模式

（一）法学教育的改革举措——案例教学和模拟法庭

传统的法学教育的种种弊端迫使法学院校采取新的教学方法和教学模式，例如，案例教学和模拟法庭便是近年来各法学院普遍采取的改革成果。案例教学和模拟法庭建立在学生对各部门法充分了解的基础上，打破了教材的编排顺序和部门法教学的条块分割以及各自为政的模式，提高了学生对法律现象的综合分析能力，培养了学生分析具体法律现象的能力，是连接各单行法和各部门法的一道桥梁，使教与学都有一个质的飞跃。

但是，案例分析或模拟法庭这样的课程是使用虚拟或是已经发生过的案件作为分析的材料的，是建立在已知案件或虚拟想象的基础之上的。这种模式的不足主要有以下三个方面。

（1）学生的应变能力不能得到有效训练。因为是已知或虚拟的案件，事实与证据都在一定的限制范围内确定，不像真实案件中会遇到许多未知情况和突发事件，学生的应变能力不能得到有效锻炼。

（2）学生的竞争性不够，难以激发学生的兴趣。因为缺少实际的竞争性，不能设身处地的理解当事人的感受，无法让学生"负责"地办案，也难以锻炼学生的职业责任心。

（3）难以对法律领域中的许多技能，如接待、咨询、谈判、起草文件等多个方面进行全方位训练。

（二）法学教育改革的新探索——诊所法律教育模式

1. 什么是诊所法律教育

诊所法律教育，又叫临床法学教育，是指参照医学院的诊所教育模式，在法学院校建立法律诊所，教师指导学生在法律诊所中为当事人提

供法律咨询,诊断案件所涉及的法律问题,提出解决问题的法律对策,进而为当事人提供法律服务,在司法实践中学习和掌握法律实务技能。❶

诊所法律教育起源于 20 世纪 60 年代的美国法学院。目前,拉丁美洲、西欧、东欧、澳大利亚、新西兰以及南亚的尼泊尔、印度等许多国家和地区的法律院校已经广泛而成功地应用了这种教育方式。特别是 20 世纪 90 年代,诊所式法律教育已经成为东欧、南非等国家和地区法治建设过程中不可缺少的组成部分。❷

2000 年 9 月,清华大学法学院、北京大学法学院、中国人民大学法学院、中南财经政法大学法学院、华东政法学院、西北政法学院和复旦大学法学院在美国福特基金会的大力支持下,首批开设了法律诊所教育课程,拉开了法律诊所教育在中国的发展帷幕。❸ 据中国诊所法律教育专业委员会网站统计,截至 2014 年 12 月 22 日,中国已经有 183 所院校申请加入了中国诊所法律教育专业委员会,正在开设或准备开设诊所法律教育课程。❹ 黑龙江省目前有黑龙江省政法管理干部学院、哈尔滨工程大学、哈尔滨工业大学、东北农业大学、哈尔滨商业大学、黑龙江大学、哈尔滨理工大学、大庆师范学院等 8 所大学(按加入时间排序)已经加入中国法学会诊所法律教育专业委员会,正在开设或准备开设诊所法律教育课程。

2. 诊所法律教育与传统法学教育的区别

与传统的法学教育相比,诊所法律教育的模式存在以下四个特点。

(1)使用真实的案件材料。诊所法律教育建立在真实的案件背景材料和真实的当事人基础之上。学生在学校的法律诊所直接受理案件,并在指导教师的指导下亲自办理案件,参与案件的全过程,履行全部法律程序,在办理案件过程中,训练解决实际案件的方法和技巧,在办理案

---

❶ 杨欣欣:《法学教育与诊所式教学方法》,法律出版社 2002 年,第 5~6 页。
❷ 甄贞:《诊所法律教育在中国》,法律出版社 2002 年,第 3~5 页。
❸ 甄贞:《方兴未艾的中国诊所法律教育》,法律出版社 2005 年,第 3~4 页。
❹ 中国诊所法律教育网,载 http://www.cliniclaw.cn/article/? 1024.html,访问日期:2015 年 3 月 1 日。

件中培养自己的判断力,训练自己的职业责任心,并深切理解法律的基本价值和律师的社会角色。

（2）采用鲜明特色的教学方式。传统法学教育课堂上倾向于教师在台上讲,学生在台下听的讲座式方式。使用这种被动型方式进行学习,师生之间在课堂上很少开展讨论或任何形式的交流。教师与学生的比例通常是1∶50,甚至于1∶150。狭长的教室使学生注意力无法集中,教学效果不尽如人意,更谈不上师生间的相互交流。考试中更多的是对记忆力而不是对分析能力、推理能力的测试。这种形式的教育很难培养学生思辨和应变的能力。

而诊所法律教育中,指导教师在教学上采用多角度、多方位和多层次的教学方法。诊所课堂上,学生是课堂的主体,教师是课堂的组织者、引导者和监督者。如果把一堂诊所课录制成一段视频,那么,教师是这段视频的导演,而学生是这段视频真正的主角。诊所教师作为导演不断丰富教学内容,贯彻教学意图,使教学能产生一种立体的、透视的、深入的效果。诊所法律教育采用的教学方法主要有课堂内角色模拟、互动式、分组式、提问式和讨论式等。课堂外把学生置于"律师"的角色,办理真实的案件。

（3）学生的思维方式完全不同。传统的法学教育非常重视对学生的理性思维的培养,我们的教师非常希望自己的学生能将法律的正义和公平直接深植入头脑,希望看到学生在考虑任何法律问题时都能用法律的尺子直接去探究和衡量其公正与否、合理与否,而往往忽视事件背后产生的多元原因,也不习惯于用综合的思维去权衡各方面的利益,其结果是这样训练和培养出来的学生往往容易陷入抽象的价值判断,而很难做到具体的事实判断,很容易陷入"法官式的思维"中,只注重单纯地理性的分析和法律的规定,而找不到解决问题的有效方法。

诊所法律教育要求学生用律师的思维去思考问题（like a lawyer）,而不是法官思维。法官的工作主要是客观中立,对案件的是非曲直作出判断,得出结论（判决）。律师的工作则是关注案件的全部细节,并对每一个法律程序和证据细节都要认真思考,即便是那些最不起眼的证据或最简单的程序，律师都不能放过，因为很多时候，这些小的法律程序或证据细节往往是翻盘取胜的关键。不仅如此，律师还要考虑委托人的看法和感受，考虑法律之外的客观事实和当事各方利益平衡，甚至还要去推测和判断法官的想法，寻找到一个问题或案件最佳解决方案和解决路径。

（4）对学生的评估方法不同。在现有的教学模式中，很难找到除学习考试成绩之外对学生进行的更加客观的评估方法。而诊所法律教育对学生的评估方法与传统法学教育评估方法有较大的不同。其中最重要的一点区别是学生自我评价是对学生评估的重要参考。在诊所法律教育课程中，学生自我评价的重要性要远远超过教师对他们的其他评价，诊所学生更加关心他们所承办案件的成与败，他们更加关心当事人对案件结果的感受，也更加注重自己在案件承办过程中的感受。可以说，在诊所法律教育中，学生的思维是多元的，关注点也是多元的。学生们的关注点也应当是教师对他们进行评价的关注点。教师在对学生评估时，不仅仅要看案件是否胜诉，还要看学生在办理案件中是否真正得到成长，学生是否运用了课堂上所教的法律方法、技能和知识，这些方法、技能和知识是否是他们真正所想得到的。

此外，这些评估方法还需要事先让学生知晓，要明确告诉学生即使案件没有胜诉，只要他们在办理案件过程中得到了自己想要的东西，他们在诊所法律教育课程上仍可以得到好的评价。

因此，这是一种创造性的评估方法，它是对传统评估方法的挑战。一般认为，这种评估方法在我们传统的法学教学模式中是无法实现的。

三、开展诊所法律教育的基本条件

（一）转变观念，大胆创新

开展诊所法律教育首先要转变观念，大胆创新。要从单纯的法学专业教育观念向法律职业教育观念转变，以适应社会对法律专业学生的需求；要敢于借鉴国外和国内高校成功的诊所法律教育经验，运用多种教育方法和教学手段，建立起一套具有自己学校特色的法律专业教育新型教学模式。

哈尔滨商业大学建有黑龙江省最早的高校法律援助机构，建立时间在全国来说也是相当靠前的，经过十几年的发展，法律援助工作部取得了骄人的成绩，在省内外有一定的知名度，为法学实践教学和诊所法律教育奠定了良好的基础。这充分体现了商大人的创新精神。

对诊所法律教育这一新事物，商大人应该继续保持创新精神，继续支持这一新事物，在校内已有的法律援助成果的基础上，使诊所法律教育上升为学校法学办学特色，成为学校一张亮丽的名片。

（二）要开设法律诊所课程

1. 开设法律诊所课程的重要性

诊所法律教育，在中国内地是一种全新的法学教学模式，它主要依托于高等院校法律援助机构。建有法律援助机构的高等院校应该将"诊所法律教育"作为一门课程来开设，将这种教学模式作为学校教学改革的一部分。已经越来越清晰的一个事实是，具有一定的法学理论基础又有相当的实践操作能力的法科学生越来越受到社会的欢迎。由于引进这种教学模式是一种全新的尝试，学校教务部门、诊所教师的经验还不足，条件不太成熟的院校可以先将其作为一门选修课，要求法律援助机构的学生选修或供其他有兴趣的学生学习这门课程。

2. 开设法律诊所课程需要注意的几个问题

（1）要结合本学校实际，合理设置课程内容和明确涉及的目标和价值；（2）课程内容的设置要兼顾参加课程的所有学生的兴趣和所关心的问题；（3）每门诊所课选课的学生人数不应该太多，一般为每门课以20名学生为宜，每门诊所课可以由2名以上的诊所教师同时担任；（4）课程表的设置应尽量与实案指导的进度保持一致，使学生感到所学和所用是同步和有用的，同时注意与其他课程相互协调和衔接，使之相互充实、取长补短，此外还要与原来的实习课程相衔接和协调。

（三）要建立法律诊所机构

实施诊所法律教育，要建立法律诊所机构。首先，可以通过法律诊所机构开展法律诊所课程管理（包括学生名录管理、课外实践管理、课程考核和评估、课程结业管理等）。此外，法律诊所还承担诊所学生和诊所教师的选拔、案件讨论和案件代理等职能。法律诊所可以与原有的高校法律援助机构合署办公，也可以另外建设一套机构。北京大学、武汉大学、中国政法大学、华东政法大学等高校法律援助机构与法律诊所是"两块牌子，两班人马"；中国人民大学和清华大学、黑龙江大学等高校的法律援助机构与法律诊所基本上是"两块牌子，一套人马"。

法律诊所如何设立，要结合各校的历史传统和实际情况。哪一种设立方式更有利于学校发展就采用哪一种。但需要明确的是，设立法律诊所的主要功能是解决法律诊所课程教学的需要，而设立法律援助机构的主要功能是解决案件代理问题尤其是学生代理案件的身份问题。两者功能虽然不一致，但却是相互促进、相互支撑的，是开展诊所法律教育不可或缺的两个机构。

（四）要有诊所教师

诊所教师是诊所法律教育的组织者和实施者，也是监督者和评估者，是开展诊所法律教育的关键和前提条件。

挑选的诊所教师应具备以下三个标准：(1) 要对法律诊所教育有比较全面的了解；(2) 要具备一定的法律实践经验；(3) 要有高度的工作热情、法律职业责任感和严格的自律性。

总结各校诊所法律教育经验，挑选诊所教师有以下四种途径可供借鉴：(1) 从自己学校正在从事教学和法律实践的老师中选拔。这些教师一方面有丰富的教学经验，对自己学生的特点也比较了解，指导起来更加方便、有效；另一方面，他们取得了律师资格，有律师执业经验，对法律实务也很了解，能够更好地指导学生办案。(2) 从退休后的法学教师或法官、检察官中聘请。这些人可以利用他们丰富的工作经验来指导学生，从事诊所法律教育。(3) 从从事法律援助工作的公职律师中聘请。这些人首先对法律援助案件非常了解，对学生进行真实案件指导有明显优势；其次他们有良好的社会责任感和职业道德。❶ (4) 从社会专职律

---

❶ 潘志学、石贤平："法律专业实施诊所式实践教学的条件和步骤"，载《中国职业技术教育》2004年第15期，第17~18页。

师中聘请。社会专职律师有着丰富的律师执业经验，办案经验丰富，能够有效指导学生办理真实案件。但聘任社会专职律师应当设置一些条件，例如要求社会专职律师具有一定的执业年限和法学专业理论水平，具有较高的律师执业道德等。

（五）要有诊所学生

诊所学生是法律诊所中的"准律师"。诊所法律教育强调以学生为中心，学生是法律诊所的主体。如何挑选诊所学生，笔者认为应考虑以下三个方面。

1. 对加入法律诊所的学生人数应该有所限定

开展诊所法律教育需要大量的活动经费和耗费诊所教师大量的时间和精力，一般来说以一个诊所教师指导7～10名学生为宜，最多不得超过10人；另一方面也是为了给诊所教师以足够的时间指导学生办案，以保证案件的质量。

2. 对学生加入法律诊所要制定严格的选拔程序

挑选诊所学生可以采取笔试、面试、老师推荐等方法，要使学生加入法律诊所形成制度，以保证诊所法律教育的顺利开展。

3. 要有挑选学生的标准

一般来说，进入法律诊所的学生应该首先要求对相关的实体法和程序法比较熟悉，以便从事具体的法律实践工作。一般来说，大三的学生较适宜，因为他们大多数已学完实体法和程序法。在挑选诊所学生时还要考虑学生个人的品质，如个人意志力、对社会弱者的价值观、个人协调能力、交际能力、口头表达能力等。

（六）要有一定的经费支持

一般认为，诊所法律教育是一种昂贵的教育教学模式，经费短缺是制约高校实施诊所法律教育发展的一个瓶颈。因此，筹措诊所法律教育经费是很多实施诊所法律教育的高校诊所教师面临的首要问题。我们认为，筹措经费首先要立足校内，争取校内支持，其次是争取国外基金的支持，再次是多措并举，广泛寻求资金支持。

1. 争取校内资金的支持

校内资金支持应该成为各校诊所法律教育的主要资金来源。校内资金支持的形式有很多种，可以是课程的课时费或诊所教师的课时补贴；可以是为诊所法律教育提供办公场所、办公设备；还可以是为诊所活动提供专项的活动经费等。

诊所法律教育首先应该作为法学院的一门课程，纳入法学院教学体系。这样可以基本保证诊所教师的课时费，提高教师对诊所法律教育的积极性。在保证诊所课程能够顺利进行的情况下，诊所法律教育的其他经费支出可以采用其他形式争取校内资金支持。

2. 争取国内外资金的支持

诊所法律教育属于舶来品，中国的诊所式法律教育一开始便得到了美国福特基金会的大力支持。经过近15年的发展，中国的诊所法律教育已经成为法学教育尤其是法学实践教学改革的最强音。国外的基金会也通过多种形式对中国的诊所法律教育给予支持。目前，美国福特基金会对中国的诊所法律教育给予了较多的资金支持。中国开展诊所法律教育的法学院校可以积极申请，争取国外资金的支持。

此外，司法部中国法律援助基金会彩票基金项目也在积极支持国内高校开展法律援助案件代理工作，这一项目主要是以案件补贴的形式支持或变相支持国内高校法律诊所的发展。因为法律诊所学生办理法律援助案件的补贴可以从彩票基金项目中得到补贴。但这一项目并不能取代法律诊所的校内经费支持，因为彩票基金项目有着严格的主体要求，必须是执业律师才能代理彩票基金案件，在校的学生基本上不会取得律师执业资格（通过司法考试取得法律职业资格，并不意味着可以取得法律执业资格）。

3. 争取其他资金支持

诊所法律教育属于法学实践教学，可以把这种教学模式与法学实习实训结合在一起，使用法学实习实训经费。另外，由于诊所法律教育实施过程中，诊所学生办理法律援助案件，可以将这些案件到政府法律援助部门申请政府法律援助补贴，解决一部分诊所学生办案和办公支出。此外，还可以利用法学院校校友资源，设立校友奖学金，鼓励校友尤其是在法律诊所中得到过训练的校友毕业后捐助诊所法律教育，以便让更多的学生受益，使诊所法律教育得以持续发展。

四、愿　景

教育部 2012 年 3 月 16 日出台的《关于全面提高高等教育质量的若干意见》中，更加突出了实践教学的地位，从课程设置、教材编写、教学内容、教学环境、人事财务配合等多个方面对实践教学进行规定并加以保障，以确保实践教学在高校教育教学中得到真正的落实，使实践教学在提高高等教育质量方面发挥突出的作用。

当前，我国高等教育的质量和水平整体上与一些欧美国家大学相比，还有很大的差距，笔者认为，对实践教学的不同认识是造成这种差距的重要原因。国内一些大学往往乐于传统的讲授式课堂教学，其结果是学生的能力与用人单位的要求相脱节，用人单位抱怨学生的实践能力和动手能力不强，刚刚步入职场的大学生还都需要单位的再回炉等。

中国教育科学研究院马雷军博士在教育部官方网站上刊载了一段关于实践教学的经典表述："实践是高校学生验证理论的最佳方式。大学是研究和传播高深学问的地方，这些高深的知识和学问假如只停留在书本上，就成了纸上谈兵。只接触书本不接触实践，只能把学生教成书呆子。实践是高校学生知识学习的良好途径。很多的知识、能力和意识，只能够通过真正的实践才能获得。一所大学假如只把学生关在教室和图书馆中，无疑就切断了学生通过实践获取知识的路径。实践是高校学生了解社会的信息通道。只有及早地接触社会、了解社会，才能使高校学生在今后更好地融入社会、适应社会进而改造社会。实践是高校学生自我发展的起始动力。只有通过实践，高校的学生才能真正地了解自己，发展自己的兴趣爱好、特长优势，以及缺点和不足，这些都可以帮助高校的学生树立人生的理想与目标，及时确定自己的发展定位，避免在人生的十字路口走偏。"❶ 这段对实践教学的经典描述对我们正确认识实践教学的重要性很有启迪，对加强我们对诊所法律教育的重要性和紧迫性的认识很有裨益。

诊所法律教育没有教条式的纯理论讲授，没有"填鸭式"的灌输，而是在民主、自主、开放、灵活的氛围里充分发挥学生的主观能动性，能充分调动学生的参与和创新意识，能很好地克服当前法学教育中普遍倾向于僵化、呆板的教学模式的弊端，有利于对法科学生主动思维的启迪，有利于法科学生创造性思维的发展，有利于法科学生实践能力的全面提升。

诊所法律教育为传统法学教育的发展注入了新鲜血液，能够为法学课堂教学改革的深入开展提供契机；能够为社会弱者提供法律帮助；能够培养法科学生服务社会的能力，进而从中培养学生的社会责任感和法律职业精神，使之能更快地适应社会、更好地满足社会需求。在诊所法律教育模式下，要求我们更多地汲取外来的优秀的法律思想和切实有用的法律实务技巧和培养模式，着力培养实用型、应用型法律专业人才，从而为中国的法学教育走出一种具有中国特色的法律专业人才培养模式。

---

❶ 马雷军："强化实践教学，提高高校办学质量"，参见教育部网站，http：//www.moe.edu.cn/publicfiles/business/htmlfiles/moe/s5148/201204/134435.html，访问日期：2015年3月29日。

直接参与：法律诊所与国际人道法（节选）

劳里·R. 布兰克　戴维·凯耶*著　李　强**译

摘　要：法学院中专注国际人道法问题的诊所能让学生通过具体的"现实世界"的工作——从法律检索、事实调查和诉讼方面的训练到高水平的庭辩以及介于二者之间的许多工作——直接参与国际人道法的发展和适用。这些机会远不止帮助这些学生成长为成熟稳重和高效的法律工作者，尽管这确实是任何诊所都追求的重要目标之一。国际人道法诊所还将诊所式教学方法与武装冲突中的前沿问题相结合，加深学生在法学院读书期间的阅历，使他们有可能参与推动、实施和执行国际人道法。

关键词：国际人道法　诊所式教育　武装冲突法　《日内瓦公约》

近年来，正是由于国际人道法已进入美国国际法教育的主流行列，学生和教师也开始走出教室，将国际人道法的相关工作与诊所式学习结合在一起。转向这种国际人道法诊所并非突发奇想。20世纪90年代以前，国际人道法很少出现在美国法学院的课程中。这部分内容（如果确实有的话）主要是作为国际公法、人权法或武力使用法课程的一小部分来讲授的。相比之下，过去的20年美国国际人道法课程种类和范围迅速增长，有超过40所法学院开设了专门的国际人道法课程，有时是单独讲

---

* 劳里·R. 布兰克（Laurie R. Blank），埃默里大学法学院法律诊所教授和国际人道法诊所主任；戴维·凯耶（David Kaye），加州大学欧文分校法学院法律诊所教授，2014年6月，联合国人权理事会聘任他为保护和促进言论与表达自由权特别报告员。本文原载于《红十字国际评论》（英文）2014年第96卷，第895/896号，第943~968页。中文译文为节选，并已得到该期刊和文章作者的书面授权。

** 李强，中国政法大学副教授，法学院行政法诊所和军事法诊所指导教师。

授，有时是与国家安全、人权、国际刑法及相关领域的课程结合在一起。❶ 学术界、决策层和军界在国际人道法和相关问题上相互进行了广泛交流，法学院的教师和学生也通过论文、座谈会或其他场合谈及当代问题，从而促进对国际人道法的讨论和发展。正当国内其余大量法学院课程已走出教室之时——伴随着在社会经济发展、死刑、环境法、移民权利、国内暴力、人权、上诉辩护、公民权利等诸多领域的诊所工作——国际人道法课程也已开始走出教室，广泛地接触武装冲突的法律后果。

本文主张，让学生有可能在具体的"现实世界"的环境中直接参与国际人道法的发展和适用——从法律检索、事实调查和诉讼方面的训练到高水平的庭辩以及介于二者之间的许多工作——远不止帮助这些学生成长为成熟稳重和高效的法律工作者，尽管这确实也是任何诊所都追求的重要目标之一。这类工作还向学生揭示了职业责任、职业伦理和一般律师技能等问题，这些见识自然也可移植到学生未来职业生涯的其他领域。除此以外，国际人道法诊所的工作还可以让学生做好从事国际人道法职业的准备，拓宽他们见证法律如何发挥作用的可选择的途径。因此，它能以一种在图书馆做研究和课堂讨论（它们同样也很重要）无法完全做到的方式，增进学生对国际人道法的复杂性、制度和执行的理解。

与此同时，对于从事国际法和武装冲突、问责与保护相关之问题的实体——无论是非政府组织、国际法庭、国内法院、军队、律师事务所还是其他，国际人道法诊所提供的协助远不止在任何特定项目的具体领域中加强国际人道法的实施和执行。诊所工作把课堂学习与国际人道法领域的工作联系在一起，建构起对有效传播和推动国际人道法（这是《日内瓦公约》规定的一项义务，支撑着整个国际人道法框架）至关重要

---

❶ 关于过去和现在美国的法学院开设的国际人道法课程的数字和信息是基于红十字国际委员会关于美国法学院中教授国际人道法情况的报告中所提供的数据。See, e.g., American University Washington College of Law and International Committee of the Red Cross, *Teaching International Humanitarian Law at U. S. Law Schools*, available at：www.wcl.american.edu/humright/center/documents/IHLSurveyReport.pdf.

的知识、网络和技能。❶ 正如本文所主张的，国际人道法诊所的工作直接有助于履行这项推动的义务。总之，国际人道法诊所的工作将诊所式教学方法与当代武装冲突中的问题联系在一起，加深学生在法学院读书期间的阅历，使他们有可能参与推动、实施和执行国际人道法。

一、美国法学教育中法律诊所的发展

美国的诊所教育根植于一场运动，即不仅仅是为了增加学生的实务经验，或是向弱势群体提供法律服务，抑或是锻炼取证、会见和庭辩等方面的重要技能，而经常是这些要素的集合。诊所模式源于一个基本的认识，即严谨的学术性工作虽然让学生们在熟知并掌握法律原则和理论方面至关重要，但不足以让他们适应复杂的法律实践。传统的课程源自用案例分析方法研究法律，其内容围绕且继续围绕着上诉审案件，旨在将注意力集中于可能成为特定争议中心的核心法律问题。诊所教育的杰出代表人物，杰罗姆·弗兰克于1947年（多年以后诊所运动才真正在美国开展起来）就提出，"除了少数几个明显的例外，大多数法学教授所教的'法'都是从高层级法院的意见中推导而来的"。❷ 我们因此有了案例教科书，这是由各个法律领域的法学教授们编纂的大部头，而且美国所有的法科学生都要阅读。长期以来，案例教科书是培养学生分析实体和程序法律规范的主要工具。

但确实还有某些重要的工具，案例教学法无法与之比拟。特别是，案例教科书将纠纷呈现为一系列导致纠纷的已知事实，纠纷可适用的法律也已被各级行政和司法系统所解决。例如，思考一下国际法院和以色列高等法院对以色列修建隔离墙的不同看法。❸ 分析这些案例就能看出

---

❶ 1949年《日内瓦第一公约》至《日内瓦第四公约》第47、48、127和144条。

❷ Jerome Frank, A Plea for Lawyer-Schools, *Yale Law Journal*, Vol. 56, 1947, p. 1306.

❸ See Supreme Court of Israel, *Beit Sourik Village Council v. The Government of Israel*, HCJ 2056/04, 30 June 2004; International Court of Justice, *Legal Consequences of the Construction of a Wall in the Occupied Palestinian Territory*, Advisory Opinion, 9 July 2004, *ICJ Reports* 2004, p. 136.

解释和执行国际人道法的不同方法，这确实是一种探索该法本质的有用途径。但案例教科书所呈现出的意见本身并没有给学生提供工具，以便让他们理解政策制定者和法律工作者如何以及为什么要搜集（或不搜集）事实来支持其立场、拥护某种主张或对该主张提出抗辩；也没有给学生提供工具，以便让他们思考其自身立场的长期影响，为案件制定策略等等。它们无法揭示律师如何互相协作或互相对抗（尤其当他们代表着一个武装冲突的对立两方时），也无法揭示维权律师怎样与政府合作或对抗。这些案例教科书不能帮助学生理解，律师有时不得不作出选择，在何时并且怎样质疑一项决定，以及这些选择会对未来的庭辩和法律工作选项产生怎样的影响。这些案例教科书也无法让学生充分了解国际人道法的实践，因为就算真的有相关介绍，它们也极少给法科学生呈现出法律工作者在实践中面临的各种各样的挑战：如何搜集必要的事实来立案，如何将那些事实与诉争的法律规范匹配起来，如何与客户和对手协作来推进一个案件或对诉讼过程提出建议。诊所教育的增长已表明，在开发全方位的课程并最终培养法律和其他相关领域的综合性人才方面，案例教科书仅仅是工具之一。

早期美国法学院中的诊所源自弗兰克教授的设想，它肇始于20世纪60年代，混合了社会正义与社区服务（尤其是在低收入社区中）两方面的目标。到1980年，已有卓越的诊所教育工作者主张，"诊所教育不是简单地对学徒制度的回归或是缓解法科学生三年级时无聊生活的良药，而是一个载体，对于在教室里研究的法律问题和程序，法科学生可藉此获得一个'更广阔的视角'，并致力于改良这些程序"。❶ 10年来，"诊所法律教育经历了由正义使命向强调会见、谈判、庭辩和法律写作等律师技能的转变"。❷ 尽管诊所教育追求社会正义的理想仍然占主导地位，但

---

❶ Laura G. Holland, Invading the Ivory Tower: The History of Clinical Education at Yale Law School, *Journal of Legal Education*, Vol. 49, 1999, p. 525. 该文章提到了耶鲁大学法学院诊所教育先驱丹尼斯·柯蒂斯（Dennis Curtis）与史蒂芬·维兹纳（Stephen Wizner）的工作。

❷ Deena R. Hurwitz, Lawyering for Justice and the Inevitability of International Human Rights Clinics, *Yale Journal of International Law*, Vol. 28, 2003, p. 524.

现在美国大多数法学院的学生也有机会通过诊所课程来关注实质性的法律问题，并且通过模拟法庭、大量的案件摘要和法律写作以及其他训练提升自己的律师执业技能。

鉴于社会正义与法律改革目标已成为美国诊所法律教育的核心部分，同时伴随着20世纪60年代以来国际人权法的迅猛发展，人权法诊所的出现也就十分自然。现今，美国国内有几十所法学院拥有某种形式的人权法诊所，与传统的诊所教学并存。人权法诊所为学生提供各种机会，譬如与主要的非政府组织合作、接触联合国的人权机构以及各人权领域的条约监督机构、在国内或海外进行事实调查并撰写报告、游说政府以及寻求其他形式的支持等。尽管在人权法诊所中学生们"学习到的很多技能与传统诊所相同"，但"人权律师行业与众不同的文书化的特性"仍然使许多人权法诊所着重于"以规范为中心的教学方法"。❶ 换言之，人权法诊所经常将推动特定的人权制度和规则作为优先任务，而较少地像传统诊所那样以特定的客户（无论个人还是组织）为中心，这在很大程度上与下文所说的国际人道法诊所的工作类似。❷

二、埃默里大学国际人道法诊所与加州大学欧文分校国际司法诊所概况

从某种程度上说，在现有人权法诊所的框架内，国际人道法诊所正是在这一背景下发展起来的。诊所式参与的一条脉络肇始于20世纪90年代国际刑法的出现以及海牙国际法庭的建立，后者引发了对问责问题的广泛关注。❸ 由于这一时期适用国际人道法的新机构全面走向前台，

---

❶ Deena R. Hurwitz, Lawyering for Justice and the Inevitability of International Human Rights Clinics, *Yale Journal of International Law*, Vol. 28, 2003, pp. 532—533.

❷ 这一事实让蒂娜·赫维茨（Deena Hurwitz）建议"人权规范或原则甚至可以成为潜在的'客户'"。*Ibid.*, p. 533.

❸ 凯斯西储大学法学院的战争罪项目（http://law.case.edu/centers/cox/war-crimes/content.asp?content_id=128）和美国大学华盛顿法学院的战争罪研究办公室（www.wcl.american.edu/warcrimes/）是早期进入这个领域的先驱。

国际人道法学紧跟诉讼实践：联合国特设了前南斯拉夫（ICTY）和卢旺达（ICTR）战争罪法庭；1998年《国际刑事法院罗马规约》缔结并于随后生效（建立了常设的国际刑事法院）；塞拉利昂和柬埔寨的国际一国内混合型法庭；其他在萨拉热窝、贝尔格莱德和东帝汶的帝力等地建立的专门的战争罪法庭、审判庭或审判委员会。联合国和人权条约机构以及区域性人权法院也同时开始处理（或规避）国际人道法问题。❶ 主要的非政府组织，例如，人权观察、促进开放社会之正义组织、大赦国际等，借助于制定1997年《渥太华禁雷公约》和1998年《国际刑事法院罗马规约》时它们所施加之影响的东风，开始开发旨在让国家和个人为违反国际人道法的行为负责的项目。过去20多年来，基于红十字国际委员会和各国红十字会与红新月会的长期努力，国际人道法已进入国际公法和维护人权的主流行列。

诊所式参与的第二条脉络最初与关塔那摩被拘留人地位的诉讼案件同步，并随着"9·11事件"以及阿富汗和伊拉克战争之后涌现的大量法律问题而拓展。国际人道法中的关键问题成为纠纷、庭辩和诉讼的焦点，其中占主导地位的问题包括：被拘留人的地位和待遇、拘留的期限、对被拘留人的起诉、武装冲突的归类以及使用无人驾驶飞行器（如无人机）打击恐怖主义。❷ 随着大量法律纠纷的出现，国际人道法领域的学者也呈几何级数增长。美国联邦最高法院再三加入讨论，也吸引了美国法律学者的关注，其中有些人甚至没有国际法背景。与人权法一样，在

---

❶ See, e.g., *Report of the International Commission of Inquiry on Darfur to the United Nations Secretary — General*, 25 January 2005, available at: www.un.org/News/dh/sudan/com_inq_darfur.pdf; Inter-American Court of Human Rights, *Juan Carlos Abella v. Argentina (La Tablada Case)*, Case No. 11137, 18 November 1997; European Court of Human Rights, *Al-Skeini and Others v. The United Kingdom*, Application No. 55721/07, 7 July 2011.

❷ 自2004年以来，美国联邦最高法院已就被拘留人的地位和起诉问题发表大量意见。此外，两个联邦地区法院还驳回了与击毙安瓦尔·奥拉基有关的案件：*Al-Aulaqi v. Obama*, 727 F. Supp. 2d (D.D.C. 2010); *Al-Aulaqi v. Panetta*, DC District Court, 7 April 2014. 有关所有人身保护令案件状态和结果的梗概，见 Center for Constitutional Rights, *Guantanamo Bay Habeas Decision Scorecard*, available at: http://ccrjustice.org/GTMOscorecard。

诊所环境中关注国际人道法，是政府、国际组织、法院和其他行为体的法律活动所导致的一个自然结果。

随着恐怖主义活动以及美国的军事介入将国际人道法推上前台，埃默里大学法学院于2007年1月建立了国际人道法诊所，追求的也是传统诊所的目标——为学生提供亲身参与的机会、在"现实世界"中工作的机会以及向各个组织提供协助的机会，尤其是通过全面的国际人道法领域的活动（传播、培训、实施和执行）将其付诸实践。在诊所教师的直接监督之下，埃默里大学国际人道法诊所的每位学生都要选择一个与诊所有合作关系的组织来提供协助。学生们研究复杂的当代问题，起草备忘录、案件摘要、报告和其他书面文件，并通过电话或电子邮件与在相关组织工作的一位律师或导师直接沟通，汇报并讨论自身的工作。在定期进行的诊所指导课期间，学生们要学习国际人道法的基础知识，讨论国际人道法的核心原则在当代冲突中的适用问题及其所面临的挑战，向同学展示其工作成果，描述自己承担的任务并指出关键的法律问题和挑战。

大多数以人权法或国际法为导向的诊所都运用团队合作的方法，即由大多数或所有诊所学生合力完成一个或两个主要的诊所项目。与这些诊所不同，埃默里大学的国际人道法诊所采用另一种方法，也就是最大限度地让学生的经验多样化以及增加诊所可以给予协助的实体的数量。国际法是一个许多学生都有浓厚兴趣的领域，但几乎没有人能预见或理解从法学院毕业后"在国际法领域工作"意味着什么。这种视野的局限性在国际人道法领域以及武装冲突期间产生的其他法律问题上体现的甚至更加明显。埃默里大学国际人道法诊所的每一位学生都要为一个不同的实体（譬如非政府组织、国际法庭、军队、专家项目或工作组）工作，通过这一点，学生们可以深入体会自身从事的项目，为获得其他机会和实践国际法的场所打开一扇窗。

埃默里大学国际人道法诊所首先关注三个主要的实质性问题：对卷入武装冲突的军队和组织进行培训和教育；在美国的军事行动和国家安全战略中实施国际人道法；对违反国际人道法的行为进行责任追究。譬如，埃默里大学国际人道法诊所在有关战争法的军事训练计划方面有一个长期的项目,即搜集并分析世界上其他国家如何对其部队进行战争法培训的资料。❶ 提供国际人道法方面的培训是所有《日内瓦公约》缔约国承担的一项义务。了解各国怎样做以及在进行这项基础军事训练时方法上的差异,有助于理解世界上截然不同的军事组织的性质、能力和行动。

其次,有效实施国际人道法和国际法对于军事行动的合法性与有效性以及保护平民和冲突地区的所有人来说至关重要。为此目的,埃默里大学国际人道法诊所支持红十字国际委员会建立的关于国家实践的习惯国际人道法数据库❷,它有助于增进各国对如何履行各自承担之国际人道法义务的理解。另一个例子是,诊所学生协助联合国反酷刑委员会的专家,研究并起草备忘录,以便在该委员会每年举行的听证会上使用。通过直接在国家实践的交叉部门以及支撑它的国际法律机制和机构中工作,这些学生有机会见证国际法如何发挥作用。

最后,法律还依赖于执行和问责,这是确保国家和个人遵守法律并承担不遵守法律的不利后果的关键。埃默里大学国际人道法诊所对国际法庭、军事委员会和非政府组织提供的协助,主要集中于问责并拥护有助于实现这一目标的问责制度。

加州大学欧文分校法学院的国际司法诊所建立于 2012 年,其前身是加州大学洛杉矶分校法学院的国际司法诊所。作为追究严重违反国际人道法和包括人权法在内的其他国际法规则之责任的工具,它为培养法科学生提供了一个平台。❸ 国际司法诊所以一种特殊的倡议方式开展国际

---

❶ 该项目产生的成果为:Laurie R. Blank and Gregory P. Noone, *Law of War Training: Resources for Military and Civilian Leaders*, 2nd ed., US Institute of Peace, Washington, DC, 2013.

❷ 红十字国际委员会的习惯国际人道法数据库可在线访问:www.icrc.org/customary-ihl/eng/docs/home. 该数据库提供最新的信息,基于并支持红十字国际委员会的习惯国际人道法研究:see Jean-Marie Henckaerts and Louise Doswald-Beck(eds), *Customary International Humanitarian Law*, Cambridge University Press, Cambridge, 2005.

❸ 国际司法诊所的前身于 2008~2012 年间存在于加州大学洛杉矶分校法学院。适当的时候,我们会详细阐明诊所工作是发生在加州大学洛杉矶分校还是欧文分校。

人道法的诊所教育，即作为真相的调查者，直接接触受违反国际人道法和人权法行为影响的个人，并力图对相关政策的变更施加影响。国际司法诊所受益于与国际和国内组织的合作伙伴关系，但为独立的项目和倡议型的研究留有空间。国际司法诊所还旨在于非政府的人权组织之外（诊所的大部分工作都在这个领域进行），为学生提供从事国际人道法和人权法职业的机会，包括政府（例如美国国务院的人权局或法律顾问办公室）、国际组织（例如联合国及其许多附属机构）以及私营部门（其日益关注在国际层面的企业社会责任）。

国际司法诊所在以下三个层次上开展活动。第一，它为学生提供具体的项目，鼓励他们通过团队合作，自主地并且发挥主观能动性来解决问题并设计解决方案。通常将2~4名学生分为一组，在教师以及经常是该领域的实务工作者的指导下，根据项目的情况，开展事实调查、法律分析或文书起草工作。国际司法诊所旨在让学生像一个律师事务所的初级律师或一个非政府组织的项目管理人一样来开展实践活动。第二，国际司法诊所为学生提供空间，让他们反思工作情况，发展他们的表达能力，其形式可以是两周一次的小型研讨会、每周举行的团队指导课或与合作组织的定期互动。事实上，反思是诊所教育的标志之一。要鼓励学生养成反思的习惯，只有这样，当他们步入该领域的职业生涯时，他们才会花时间去思考他们的工作成果和人际关系，分析自身的强项和弱点，并加以改进。第三，小型研讨会能够使学生加深对国际人道法和其他法律领域的实质理解，可以为倡导人权和国际人道法探索出必要且特有的工具。

三、结　语

国际人道法是一个相对完善的领域，起源于19世纪的法律创制活动。但它也是一个动态的领域，在国际和国内场合不断因问责和倡议而被扩充。随着科技的发展，它仍要继续前行。它的核心法律规范规定于1949年4个《日内瓦公约》及其1977年2个《附加议定书》之中，但自20世纪70年代以来，诸如文化财产、常规武器和酷刑等领域的一系列其他法律编纂活动扩充了该法律体系的范围。不过自20世纪90年代中期至今，只有国际刑法本身成为主要的实践领域。所有这些仅强调了关于国际人道法的一个基本事实：凭借法庭的解释、习惯国际人道法、倡议甚至是相关领域内的谈判，它还在继续发展。深入从事国际人道法的执行、倡议、教育、政策制定、培训、实施和法律解释工作的人数在稳定增长。随便找哪一天的主要报纸看一下都能指出大量问题，它们都以某种方式援引或触及了国际人道法。

国际人道法诊所可以为学生提供机会，直接见证这一法律体系的可塑性，看它不断被解释以及持续受到争论和质疑，但可能最重要的，是看到他们自身可以接触国际人道法的规范和制度，能够发挥一定作用，哪怕是很小的作用，从而有助于推动甚至重塑国际人道法。本文介绍的两个诊所为国际人道法的实践以及学生的参与提供了强有力的机制，使他们能够直接参与实现1949年4个《日内瓦公约》共同第1条所追求的目标："在一切情况下尊重并确保尊重国际人道法。"

论推进法学创新创业教育教学的基本路径

夏 红[*] 赵忠江[**]

摘 要: 创新创业教育是21世纪教育哲学的全新理念,以培养人的创造力和实践力为指向。法学专业教育也应当在遵循专业教育教学规律的基础上将创新创业教育的精髓融入其中,这是新的历史时期法学专业教育教学的改革方向。在这一改革过程中,"理念—模式—制度"是基本的推进路径,具体包括培养方案、教学资源和师资队伍三个子系统。将创新创业教育融入法学专业教育教学过程的本质与核心依然在于法学专业教学的改革和完善。

关键词: 创新创业教育 法学专业教育教学 路径

一、问题的提出

创新创业教育是21世纪教育哲学的全新理念,是21世纪教育的新的价值观,是"第三张教育通行证"。我国高等学校自20世纪90年代开始实施创新创业教育,但以高职院校为主。2010年教育部下发了《关于大力推进高等学校创新创业教育和大学生自主创业工作的意见》,明确提出:创新创业是适应经济社会和国家发展战略需要而产生的一种教学理念与模式。创新创业教育开始在全国普通高校中系统展开和推进。从本质上而言,创新创业教育是培养具有开创性精神的人,实质上也是一种素质教育。[❶]

---

[*] 夏红,辽宁师范大学法学院教授,法学博士,主要从事诉讼法学研究。
[**] 赵忠江,辽宁师范大学法学院副教授,法学硕士,主要从事民商法学研究。本文系2014年度辽宁省普通高等教育本科教学改革研究项目(UPRP20140219);2014辽宁省教育科学规划项目(JG14DB222);2015年度辽宁省教育评价协会研究项目(PJHYYB15177);2015年度辽宁师范大学本科教学改革研究项目的研究成果。

[❶] 高晓杰、曹胜利:"创新创业教育——培养新时代事业的开拓者",载《中国高教研究》2007年第7期,第91页。

几乎与提出创新创业教育同步，2011年教育部和中央政法委下发了《关于实施卓越法律人才培养计划的若干意见》，提出要适应多样化法律职业要求，坚持厚基础、宽口径，强化学生法律职业伦理教育、强化学生法律实务技能培养，提高学生运用法学与其他学科知识方法解决实际法律问题的能力，促进法学教育与法律职业的深度衔接的目标。培养应用型、复合型法律职业人才，是实施卓越法律人才教育培养计划的重点。法学专业教育正处于面向社会、面向职业、面向问题的转变过程中。

法学教育作为一种专业教育，如何融入新兴的创新创业教育理念，并将其与法学教育理论和教学实践相结合，以促进和发展适应新时代要求并承载新历史使命的教育教学模式，是一个亟待深入研究的课题。笔者认为，行之有效的制度体系不仅具有导向上的牵引力，同时具有实践中的执行力，推进创新创业教育与法学教育的深度融合，进而催生法学专业教育的新常态。

二、推进法学创新创业教育教学的逻辑路径

将创新创业教育融入法学专业教育的进程可以按照"3－3－2－2－2"的逻辑体系展开，如图1所示。

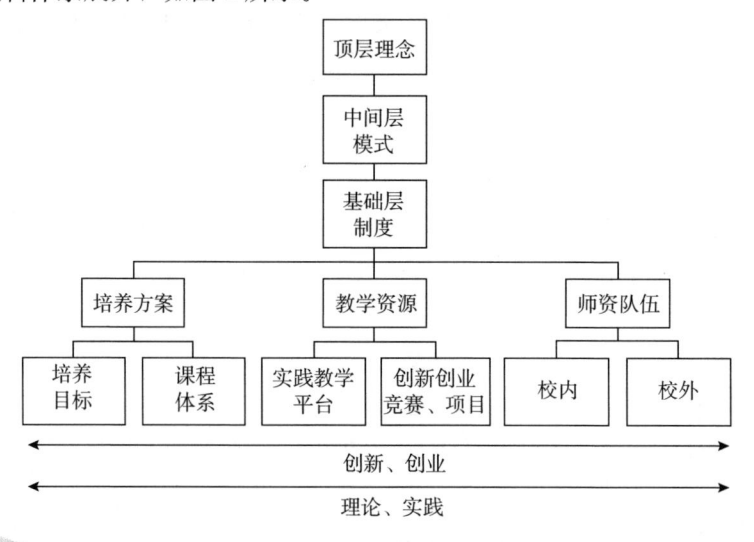

图1 将创新创业教育融入法学专业教育的"3－3－2－2－2"逻辑框架图

第一个"3"为三个层次，包括顶层、中间层和基础层三个方面，涵盖理念、模式和制度体系三个维度。首先，以创新创业教育为契机，深化我国现代法学专业教育理念内涵；其次，以创新创业教育为导向，丰富和发展法学专业教育模式；再次，以创新创业教育为目的，具体设计、规划和完善法学专业教育制度。三者之间是以创新创业教育为轴心，既顺次关联，又循环互动。现代法学专业教育理念的深化，是丰富和发展法学专业教育模式的内在动因，法学专业教育模式的丰富与发展，是推进法学专业教育制度改革和完善的外在要求；法学专业教育制度的改革和完善，又进一步影响和促进法学专业教育理念的更新与优化。本文中的创新创业教育，既是对教育模式和教育教学等方面"全面覆盖式"[1]的一种"广谱式"教育，也是一种与法学专业特质和法学专业教学特性密切关联的"专业式"教育。

第二个"3"意指微观层次中的"制度体系"，主要包括培养方案、教学资源、师资队伍三个部分。每个部分又由两个具体方面构成，此为第一个"2"：培养方案包括培养目标厘定与课程体系设计；教学资源包括实践教学平台打造与创新创业竞赛和项目开展；师资队伍包括校内和校外两个类型。第二个"2"为每个具体微观层面的两个方面，均从"创新"和"创业"两个维度展开。第三个"2"是指在更为具体的操作层面，均从理论和实践双向融入和推进。微观层面的各子系统既各自独立，又相互影响，互相渗透。每一子系统任何部分的改变，都将成为变革整体系统的支点和动力。微观层面各子系统的变革将推进系统整体功能的最优化和效能的最大化。将创新创业教育融入法学专业教育的过程即为法学专业教育体系的优化和提升过程，其核心在于法学专业教学的改革和完善。

三、推进法学创新创业教育教学的执行路径

笔者认为，将创新创业教育融入传统的法学专业教学主要从培养方

---

[1] 参见王占仁："'广谱式'创新创业教育的体系架构与理论价值"，载《教育研究》2015 年第 5 期，第 56～63 页。

案、教学资源和师资队伍三个方面的制度层面推进和深入。培养方案是总纲，创新创业教育的融入务必要从培养方案的修订入手，将相关理念和教学模式嵌入其中。具体而言，通过培养目标的调整和课程体系的重新梳理与确定，全面将创新创业的精髓内化于法学教育教学之中。教学资源是促进创新创业教育融入法学专业教育的物质基础。创新创业需要有施展的平台和实操的空间，除了常规的课程教学资源，更需要实践教学平台和多种多样的创新创业竞赛及项目。相关教学资源的建设和拓展，仅为融入计划拓宽了具体落实途径，也为进一步强化融入新的创业思想丰富了载体，并创造了理论与实践互动结合的良好教育教学氛围。

教学资源中师资队伍建设是创新创业教育融入法学专业教学的基本保障，在融入创新创业教育过程中，除既有法学教学师资力量外，更需要引入校内和校外具有丰富实践经验和理论智识的专家和团队，便于在实际融入的教学过程中与学生深度交流与沟通，以增强创新创业教育的融入度和实效性。

（一）优化培养方案，强化创新创业意识，激发创新创业潜能，提升创新创业能力

以创新创业理念为引导，把握培养方向，明确培养目标，完善法学专业教学体系。在既有法学专业教学体系基础上，强化创新创业意识的培养，注重激发学生创新创业的主体性潜能，提高学生创新创业能力的实效性。首先，充分认识新形势下法学专业教育与社会就业、再就业之间的关系，明确创新创业的现实要求和时代意义，结合就业、再就业的现实要求更新教学理念。其次，在充分调研法务实践需要的基础上，分类设置课程教学的内容和知识结构，调整和完善教学体系，同时，与教师的实践教学经验和特长相结合提供丰富的课源库，供学生依据自身的学习兴趣偏好和个人能力潜质选修相应的课程，实现有针对性的分散培养教育训练，不拘泥于固定的人数和班型。学时比重和学分比例因人因课适时调配。再次，整个教学体系和教学活动设计，以围绕提升学生创新创业能力的时效性为核心目的，强化有针对性的培养训练。坚持面向学生、面向社会、面向实践能力，培养和提升学生的主体性、创新性和社会效益性。

1. 明确法学专业创新创业能力的培养目标

紧密围绕培养卓越法律人才的基本指向，以创新创业能力为核心，明确和细化法学专业知识和法务实践能力的具体培养方案，将创新创业能力与个人就业指向作为基本教学内容和重要培养要求之一。

法学基本理论知识是基础，法学思维和法律实务技能训练是基本素养，运用法学理论和方法认识、分析和解决问题是基本能力与培养目的。具体而言，法学专业学生应全面掌握各科法学基础理论知识，了解各项法律、法规和有关政策，具备系统的法学专业知识体系；了解一定的人文社会科学和自然科学知识，具有良好的语言文字和口头表达能力以及计算机应用基本技能，养成通过网络收集信息及应用专业数据库的习惯和能力；依个人志趣至少掌握或精通一门基础外语；谙熟法学学科和法律实务的基本思维方式与研究方法，了解法学前沿理论及研究动态，洞悉社会法律焦点和难点问题，具有一定的教学、科研和实际工作能力；具备一定的自主获取、更新和应用专业知识的能力；身体素质达到国家法定的大学生体育锻炼标准，身心健康，具有良好的社会适应能力；培养适时了解和分析就业、创业动态能力，将法学专业与其他相关领域专业紧密结合，丰富就业、创业思维和技能，在就业、创业训练过程中充分发挥自身的创造潜力。

以培养卓越法律人才为基本框架，以提升创新创业能力为引导，紧密结合复合型、应用型、创新型法律职业人才培养目标，准确定位教学计划和培养标准，既要符合法学专业的基本要求，又要具有鲜明的创新创业内涵和特质。

2. 遵循法学专业教育规律，完善创新创业教育课程体系，切实提升法律人才培养质量

"创新创业教育具有理论与实践结合的特点，突出实践性。"❶ 创新创业法学教学体系是一个全方位、多形式、多层次，并贯穿教学始终的

---

❶ 刘伟、邓志超："我国大学创新创业教育的现状调查与政策建议——基于8所大学的抽样分析"，载《教育科学》2014年第6期，第83页。

实践教学模式。法学创新创业教育体系包括课程内（第一课堂）和课程外（第二课堂）两个部分。课程内法学实践教学体系包括专业课程模块和应用实训类课程模块。专业课程模块多采用案例教学、诊所教学、模拟教学、体验教学等方法和模式，丰富法学专业教学内容的实践性，并将其制度化、常态化，适时灵活地融入课堂教学内容及各教学环节设计之中。

应用实训类课程模块是完全以提升学生实际操作技能和就业、创业实践能力为指向的课程群。应用实训类课程以模拟和仿真教学为主，实操性内容占课程全部学时的 2/3。课程内法学实践教学体系中的实践类专门课程包括教学计划中专门设定的实践类环节和学分，如毕业论文、专业实习、专业调查等。

在合理设置法学创新创业课堂学习和学分的同时，精细化设置课外创新创业学分制度。以学分为导向，激发学生开展创新创业活动的主体性、创造性，科学引导学生创新创业实践的理性选择和多维取向。

（二）优化和升级法学教学资源，丰富教学手段，开辟法学教学新生态

教学资源不仅是法学专业教学重要的物质基础，同时也是法学专业教学软环境提升的重要方面。

1. 以数字化教学环境和多媒体教学条件为依托，构建法学专业创新创业人才培养立体模式

数字化教学环境和多媒体教学条件，拓展了法学教学资源和教学空间，为法学创新创业教育提供了便利的发展平台。随着现代教学技术及网络教育资源的推广、普及和应用，打破了传统教学资源的基础框架模式，使法学创新创业教育教学的几何式发展成为可能。（1）案件数据库、模拟教学网络平台丰富了法学创新创业教育教学的资源储备。（2）网络教学、视频公开课程等新的教学形式的推广，完全超越了传统教学形式的时间与空间限制，学员既可以随时随地接受系统的法学教育，也可以同时享受国内外不同国家和地区的法学教育资源，还可以及时了解国内外最新法学教研内容和发展动态。这些现代法学教育教学资源和形式，既可以反复重复利用，又可以终生或世代享用，是实现法学创新创业教

育教学的重要途径。(3)同步数字传输技术的应用和普及，实现了课堂教学、学校教学同司法实践环节的无缝连接。(4)用互联网平台，法学创新创业实践教学克服了必须"走出去"的形式限制，学员、指导教师间可以通过视频进行交流、对话、沟通，及时传递各类教学科研信息，实现跨地区、跨时段的"无纸化"教学，最大限度整合了个人、学校和社会教学资源优势，极大提高了现有法学教学资源的利用效率。

另外，数字化教学环境与多媒体教学条件，为教师探索和发展新的法学教学方法与教学模式提供更多有效途径和手段。为此，以创新创业作为法学实践教学的基本导向，以培养和提高学生创新创业技能为法学实践教学的着眼点和抓手，拓展传统法学教育的服务空间和领域；以现代教育技术和互联网络为依托，积极探索多元化、信息化、体验式教学方法的改革，合理吸收国内外先进的法学教学经验，整合优化现行法学教学模式，打造具有时代特色的法学专业创新创业人才培养立体模式。

2. 依托专业实践基地，完善专业学科竞赛，丰富各级各类"大创"项目，构建法学创新创业教育新生态

全方位构建立体的法学创新创业教育生态系统，包括高校、政府、企业、家庭、教师、学生等各子系统，各子系统间相互关联，相互作用，又相互支撑，形成良性的正向教学秩序循环状态，营造高效灵活便捷的法学创新创业教育氛围。这是建设和完善法学创新创业教育体系，提高法学专业学生创新创业能力的外在条件和基本保障。

近年来，许多高校结合法学专业特点组织开展丰富多彩的专业学科竞赛活动，是提高法学专业学生创新创业能力的又一有效途径。竞争精神和竞争意识是创新创业能力的重要表现形式。组织专业学科竞赛，为激发、培养和提高学生的竞争精神和竞争意识搭建了良好的实练平台。法学创新创业教育为高校法学专业学科竞赛活动提出了新的要求和标准。需要由原来比较单一的法律文书写作、法庭辩论等专业技能训练竞赛形式，逐步向相关专业交叉拓展，尝试"互联网＋"、市场调研、咨询与培训、电子商务等多层次、多领域，具有创新创业特点的技能训练竞赛形式。在传统法学专业技能竞赛的基础上，强化竞赛的综合性、应用性、

时效性，核心在于提升学生的创新创业思维和能力。

各级各类大学生创新创业项目是法学创新创业教育教学的又一个新的支撑点。以项目为龙头，通过选题、论证、申请立项、社会调查、实证分析、形成阶段性成果和最终项目成果以及项目成果转化等层层训练，引导学生及时把握社会发展新业态，明确创新创业新路径，量体规划创新创业具体方案，掌握落实创新创业方案的基本方法。激发学生创新创业的主体性、积极性、能动性和创造性。启发学生在创新创业过程中培养自己的团队精神，体验团队协作、团队凝聚力以及在合作中发现机会，共建发展平台、共享创业成果的重要性。

日益提升的法学教学资源条件，是贯彻实施创新创业教育的基本前提和物质保障；建立和发展稳定的、多层次的法学专业教育实践基地，是顺利开展各项法学创新创业教育教学活动的基础平台；开发丰富多彩的法学专业技能竞赛活动和专项教育教学项目，是培养和提高学生创新创业能力的有效途径。法学教育教学的网络化、数字化、信息化与多媒体等现代教育教学技术手段的普及和应用，将高校、政府、企业、家庭、教师、学生等各教育教学子系统的基本要素，形成有机的良性互动与优化整合，使传统的单一化、平面化、地域化法学教育教学模式，转而成为多元性、综合性、全球性立体法学教育教学模式，为法学创新创业教育教学的生态发展创造更为广阔的成长空间。

（三）培育创新创业型法学专业师资队伍，构筑"1+1+N"法学师资平台

学生是法学创新创业教育教学活动的主要参与者之一，也是法学创新创业教育教学目的的根本指向。教师是法学创新创业教育教学活动的引路人、推助器，也是重要的参与人之一。创新创业教育教学的规划设计、内容安排、项目实施、成果验收与转化等全部过程，都离不开教师的积极作用。培育和整合高素质的创新创业型师资队伍是顺利开展法学创新创业教育教学活动的关键。法学创新创业教育教学改革需要在既有"双师型"师资结构基础上，通过内引外联，对各实业领域具有专业特长和丰富实务经验的职员进行优化组合或交叉配置，打造一批具有创新创

业教育理念和素养的师资队伍。着力推动"1+1+N"法学创新创业教育教学师资培养平台。使得1名法学专业学生能够在现有"双师"——1名专业教师，1名实践教师指导引领基础上，配备一支"高参指导团队"为其答疑解惑。这个"高参指导团队"由来自不同法律业务部门、从事不同法学专业实践和服务，或者具有策划、营销等方面的专业特长的多名导师组成。全方位助力法学创新创业教育教学改革，强化法学创新创业教育教学改革的针对性、实效性，确保法学创新创业教育教学改革目标得以顺利实现。

从法学的实践性看中国法学教育的发展

洪 冲[*]

摘 要： 法治中国的建设随着十八届四中全会的召开，确定为实现中华民族伟大复兴的重要战略，这其中的意义自不待言。而作为文明过程的法治，[❶]并不是一个已经形成的完整概念，它源于西方，并在历史中不断丰富其内涵，但并未成为一个"放之四海而皆准"的准则，相反它正依赖世界各民族各地区的实践来完善，而中国作为将法治确定为治国方略的大国，在法治文明的建设中也必将贡献自己的力量。推进法治，虽不同于人治，但这并不是排斥人的力量，人作为历史实践的主体，也必须承担法治建设的重任，然而在这其中，法学教育是培养人才，积蓄法治力量的重要环节，在新的历史机遇里，创新法学训练制度，构建本科教育加后大学法学教育的接力式法学教育模式，探索出人才继续的机制，也是作为法治国家长治久安，法治实践长效推进的关键。

关键词： 法学教育　实践智慧　法学训练　后大学教育

序 言

法学作为一种实践智慧，是建立在经验事实的分析上而获得的对法学问题认识的知识体系，是一种既有理论面向，又有实践面向的智慧。霍姆斯曾强调"法学的生命不在于逻辑，而在于经验"，实践性构成了法学的学问性质，如何在法学的教育中融贯实践的特性，这也是法学教育发展所要思考的重要问题，中国法学教育的发展在历经改革和不断摸索

---

[*] 洪冲，中国政法大学法学理论硕士研究生。
[❶] 舒国滢、冯洁："作为文明过程的法治"，载《中共中央党校学报》2015年第1期。

中，似仍然未能有令人满意的结果，然而作为一种文明进程的法治正在中国蓬勃的迸发新的生命力，法学教育的变革也确需我们为之认真的考量一番。笔者意从重点考究大学本科阶段基础法学教育的目标设定入手，同时探索后大学教育的建设，以期实现职业教育和精英教育的任务分流和制度安排，为完善本科法学教育以及更高层次的教育提供参考。

一、西方法学教育经验及研究

法学作为近代西方文明的舶来品，经由日本传入中国，近代中国法学教育及法学发展在很大程度上是学习西方法学文明的知识范式，因此对西方法学教育发展则不可不察，在这其中的研究，也可帮助我们梳理中国法学教育与西方的深厚渊源，同样也有助于提炼法学教育发展方法的变迁以及如何对时代提出的任务作出响应。在这其中我仅取具有代表性的并为中国借鉴的模式进行考察，从而确定近代法学教育衍生的脉络，探究其对于中国法学教育新的启发。

（一）德日模式

自清末修律，中国法制在兼袭传统和学习德日法中展开新的近代化进程，德日法均作为大陆法系的重要代表，尤以德国法学教育素以训练严苛，注重司法实务，循序渐进而卓有盛名。[1] 并且随着法科研究的拓展以及法学教育的实践中出现的新问题，德国法学界也在不停的推动法学教育的改革以期适应社会建设的需要，并促进法学教育的完善。

德国法学教育的目标设定在最初就以培育法官为要旨，法学教育实行的是双轨制，即学院基础教育和见习培训两个阶段，某种程度上可以看作是学术教育和职业教育相结合的模式，但与美国等注重职业训练的法学教育而言，德国更注重的是学术教育。《德国法官法》和《德国高等教育框架法》为德国法学教育建构了基本的体制。[2] 根据上述法律的规

---

[1] 房文翠：《法学教育价值研究——兼论我国法学教育改革的走向》，北京大学出版社 2005 年版，第 35 页。

[2] 邵建东："德国法学教育制度及其对我们的启示"，载《法学论坛》2002 年第 1 期。

定，法律系学生在校学习的时间正常为4年，这种规定原则上不具有强制性，学生可以没有限制性的长期学习，这点当然也构成了德国联邦和教育管理部门呼吁改革的重要问题。大学基础教育主要是以教授抽象的法学理论知识和训练案例分析的技术为主要教学内容，德国法学专业的学生从入学开始就开展围绕第一次国家司法考试的规定所设置的课程学习，同时在《德国法官法》中也有规定，学生在完成基础学习的课程时，必须在假期不上课期间完成至少为期3个月的实践学习。这点对于我国大学本科教育将实习实践安排在毕业之际，且仅为1个月时间具有深刻的反省意义。根据《德国法官法》第5条规定，法律专业的学生想要从事法官执业，首先要完成大学基础教育，这最少需要4年时间，此后需要至少半年甚至更多时间去准备第一次国家司法考试，通过后还要用2年的时间到诸如法院、律所、检察院、公司等进行实习，然后进行第二次国家司法考试的准备，完成这些工作后再进行求职的等待阶段，例如，德国基本每年通过第二次的国家司法考试的"完全法律人"为3000人左右，但是每年国家所能提供的法官检察官空缺仅有300个，对于需要从事其他法律职业的人来说，他们可能面临着更大的考验，最后寻求到自己的法律工作时所用的时间基本是7年以上。❶ 在阅读相关报道中，德国法学专业的学生由于无法通过第一次国家司法考试而结束从事法律职业的比率多达30%，原则上国家司法考试只允许考一次，两次未能通过者则彻底丧失从事法律工作的机会。因此，有很大部分的法科学生在完成4年基础教育后并不及时提出参加第一次国家司法考试的申请，而是继续进行相关的学习并进行针对性的训练来提高自己通过考试的几率。这在相当程度上又延长了法学教育的时间，随着"免费射击"（《德国法官法》和各州高等教育法中规定，法学专业的学生在完成大学阶段的基础学习后具备了参加第一次国家司法考试的条件，立即参加者即使未能通过者，则视为未参加此次考试）制度的开创和推广，这种尴尬的局面也有所改善。

---

❶ 秦天宝、扶怡："德国法学教育的新发展对我国的启示"，载《江苏大学学报》2014年第5期。

但是通过第一次司法考试也即意味着大学本科基础教育的结束和获得从事法律职业的资格，但是想要成为法官、检察官、法学教授等法律执业者还需要经过见习期和第二次国家司法考试。

随着就业压力和欧盟一体化及全球化的深入，以培养法官为目标的德国法律教育，在面临实际法律职业分工日益细化和专业化的现实，尤其是经济事务，国际交流等方面需求的时候，也不得不考量面对现代市场经济的需要，开始进行新的法律教育改革，因此在2003年7月1日实施的《德国法学教育改革法》中，重点对法学教育目标模式的设定进行重新调整，强化对学生专业技能和职业素养的培育。但这并未改变德国法学教育的基础模式双轨制，也仅是在这一基础之上加强对法学职业的定位，强化欧洲法的适用能力和有针对性的提高律师职业教育在基础教育和大学后阶段的比重，同时在具体培养目标上，改变了以往的以培养法官为目标的单一模式，确定为培养具有全面工作能力的法律人。详查德国大学基础教育的课程不难发现，在初期阶段的教育方式上，中国与其有着很大的相似性。注重基本概念的传授和教导，但是德国实行的是不同于中国的课业考查方式，其不存在期末结业考试等形式，获得学分的方式通过闭卷考试和论文方式进行，闭卷考试共有3次机会，论文考核进行2次，论文的写作可以回家进行，为期3周，获得学分只需要通过1次闭卷考试和论文写作即可。

日本在沿袭欧陆法系教育传统，注重法学理论素养的培养，多是培育学生的理论功底，为法律、政治、经济等多方面通才教育而努力。法律职业培训则由专门的司法研修所承担。20世纪90年代，日本在借鉴美国法学教育的实务教育体制后开始了新的法学教育体制改革，其中的重要步骤就是将其大学后的司法研修所进行的法律职业教育转移到大学中，其基本的体制设计是：承担这样任务的主要是大学的研究生院系，非法律和法律专业的学生都可报考，学制以3年为原则，两年制为例外，学院的教育主要是进行实务教育，课程的设计和师资的配备上都服务于这一目标设计，完成相关学业后才可以获得参加国家司法考试的资格，通过司法考试就获得参加司法研修的资格，并在司法研修中根据自己的意愿作出自己的择业选择。

从上述两例中就可以看出，理论素养培育的教育模式正在从以美国为代表的法律职业教育模式中汲取新的启发点。

（二）以美国为代表的模式考察

"美国法学院从一开始就被公认为是法律制度运转的支点。"[1] 从美国法学教育发展的历史研究中很容易得出美国所进行的是很大程度上不同于大陆法系传统教育的模式，有着很强的与法律职业尤其是律师行业协同发展的特征，大致可分为以下三个阶段：在第一阶段，即殖民地阶段，美国法律教育的模式沿袭了英国的学徒式训练形式，相当部分的人通过这样的方式成为执业律师；在第二阶段，布莱克斯通所提倡创办法律学校的专门化教学方式，并经由利奇菲尔德法学院等最早一批专门的法学教育学校的设立而得以推广，并奠定了美国法学教育的基调；在第三阶段，职业培训式的学院教育已成为通行于全美的形式，并成为在美国从事法律职业的唯一途径。

美国的法学教育没有一般意义的法学本科生，法学教育属于大学本科教育后的一种职业教育，早在19世纪末期，美国精英法学院就已经要求法学学生要先获得学士学位。从美国法学院的入学条件上可以看出，除了要求学士学位外，报考者还要参加竞争激烈的入学考试，此外还要参考该生在前阶段的学习中的成绩、个人表现和能力等，作为评估其是否具有能力完成法学教育的依据。美国的法学教育阶段基本分为三个层次：法律博士，法学硕士和法学博士。最底层次的是为期3年的基础法律博士学位教育，相当于中国或者德国的大学法学基础教育，主要从事现行法律的系统学习。而法学硕士和法学博士则是美国法学院的研究生教育，这与中国现行的研究生制度无异，这两种学位是在基础教育之后开展的法学研究教育工作，旨在培养法学教育和科研人才，这样的法学教育起点高，先素质教育后职业教育的模式是切合其法学教育

---

[1] [美]伯纳德·施瓦茨：《美国法律史》，王军译，中国政法大学出版社1989年版，第4页。

目标而确定的。在授课方式上,美国法学院的教育模式也几经修改而确立了种类繁多的方式。美国法学院教育最基础的方式与中国无异,即课堂讲授和课后进行考试的模式,后随着布莱克斯通教学法提倡将管理学、伦理学、社会学等理论融入对法律原则的分析中,使原有传统教学方式获得新的改进,但这并不能满足美国法律教育职业性要求带来的压力。

在 1870～1895 年,哈佛大学法学院院长兰德尔大力推广案例教学法,即通过对案例的分析来获得对法律理论的理解和学习,很大程度上满足了社会实务对综合职业能力的要求,这种教学模式主要是通过实际的判例分析,要求学生就此仔细研读判例作出报告,在课堂上接受老师的点评指导和同学的评价,并在其中发现法律问题和事实判断的方法。案例教学法通过调动学生对知识的探索能力,不仅使其深刻了解现行法律制度的规定,在阅读判例中获得对法律理念、原则的理解,并逐步磨合使用法律思维去解决法律问题的熟练程度,使得这种对法律精神的把握的过程变得有趣而且深刻。最后一种新生并为中国引入的模式就是法律诊所,是指借用医科学生在诊所中进行必要的实习的教育模式,让学生在实际办理案件过程中,接触客户和当事人,通过老师的指导来提高办案技巧和解决实务的能力,这种弥补理论和实践教学分离的模式能够更好地为学生提供了解实体法律制度和程序,获得解决繁杂社会事务经验的平台,综合了理论学习和实践能力以及职业素质的培养。❶

(三) 两种模式的启发

德日模式在注重理论学习的同时,不断顺应时代要求改革教育体制,建立多类型的教学考查方式,这点对于我国法学教育中考试的定位有着很大的启发:考试不应该成为学生学习的负担。学习法律重在对知识的不断训练和稳固而非通过课业考试,将考核难度降低同时提高考核的频度,实行有梯度多类型的考核办法,利于学生不为获得学分或者修满课

---

❶ 哈曼丽:"地方高校实施诊所教育的困境与改进",载《法制博览》2014 年 12 月。

程疲于学习，频度和难度的一升一降，也加强了学生对于课业学习的重视，学生不能为了通过某次考试而积极准备，而后就将其抛置于脑后，应是在不断的积累中积淀对法学的理解和素养的培育。

我们也应该注意到，美国式法学教育是在其本土资源上不断改革而发展起来的，是其特殊的历史背景积淀的产物，是以培育应用人才的目标而确定的模式并被大陆法系国家所吸收，这点也可以从上述对德日模式的考察中发现。对于我国法治建设中所面临的迫切任务，对法律人才的需求，我们也应从美国模式中找到一定的答案，但是这种学习必定要结合我国自身实际情况，才能使这种模式不仅仅是简单的模仿，而获得在中国发扬的生命力，但这种模式在中国也遇到了瓶颈，对于这点我们将在下文进行分析并探究解决的方案。

二、中国目前法学教育现状及相关问题

（一）中国法学教育发展阶段

鉴于本文着重考量现行中国法学教育发展改革定向的考量，而非中国法学教育发展史略，故对中国法学教育变革研究的节点选择以新中国成立以后为察，大致分为以下三个阶段。

第一个阶段，从新中国成立到1976年。这一阶段的教育工作的开展应该与中国整个政治背景有着极为密切的联系，总体特点可以概括为从重建到消亡殆尽的转变。从20世纪50年代开始，新中国法学教育开始仿苏模式的改革，将自民国时期建设的以欧美大学学院教育格局变为苏式专科教育，以建设专门政法院校为载体开始。但随着"文革"的开始和法治建设的破坏，法制教育的工作也逐渐遭到破坏并最终停止。

第二个阶段，从20世纪70年代拨乱反正工作开始，尤其是以1977年恢复高考制度为起点，为适应政治改革和市场经济建设，法学专业重新开始了招生工作，这次转型也是当前法学教育制度的基础，在这其中，法律硕士学位在几个试点大学开始，标志着中国法学教育开始了专业学位教育和法律实践性教学的法律职业教育的探索，但不可否认的是原有

基础上的教育方式与实践已经产生裂隙，这也是下一个阶段法学教育改革倡导者所诟病的重要内容。

第三个阶段，应属试行 10 年的法律硕士学位教育确定基本模式地位的 2006 年，❶ 在这一基础上，更多院校获得了开展法律硕士招生的资格，这也体现了承袭大陆法系教育改革的基本脉络：在立足传统模式的基础上，增强大学法律职业教育功能的比重。从根本上讲，这也是法学教育在不断学习和借鉴欧陆模式和英美模式后，逐渐顺应从强调法学理论素养到提供法律职业群体基本教育和训练的潮流。

法律诊所教学法的引入，是中国法学教育顺应这一历史潮流的重要表现，诊所式教学法营造了不同于课堂教学的学习空间，是实现实践教学和满足基础教育职业化的重要方式，诊所式教学方法能够为学生带来运用法律知识解决实际问题的机会，能够为学生提供最直接的经验和对法律的认识，训练和提升学生的实战技能。

（二）现行教育体制存在的问题

中国法学教育的地位，尤其是本科教育的地位已经成为学界争论和探讨的热点，但仍未形成定论。但本科教育的定位应该从呼应时代和社会的需要，从本科教育本身能够承担的任务载量来考虑，当前我国法学教育的混乱和不明朗也正是不同阶段的教育目标定位不明确，将过多的任务局限在某个阶段，以致阶段任务的交叉和建设重叠，还有目标设定的理想化，同样也导致本科教育承担其所不能完成的任务的困局。例如，学院教育的模式有一个比较突出的问题是大师情节，这恐怕不光是法学教育的，也应该是个泛中国化的症结，对大师的迫切追求忽略了本科教育本应承担的任务，但以培养大师为目的的教学方案存在但不限于以下三个方面的问题。

（1）在分析当前中国法治推进所面临的共时态和历时态的压力，即既要面临清除几千年封建思想所带来的负面价值也要面临后工业时代西方法治文明推进所带来的压力，我们更需要大量的"匠"，这是法学教育

---

❶ 易继明："中国法学教育的三次转型"，载《环球法律评论》2011 年第 3 期。

必须直面的当代中国社会提出的要求，为了发展社会事业我们所需要的不是大量的牛顿、爱因斯坦式的科学家，而是成千上万的技师。中国的法治进程需要有卓越法学家的推动，但中国社会需要的不是大量的法学家，而是成千上万的能够为社会服务的律师、法官、司法辅助人员及司法执业者。

（2）大师从来不是大学教堂教育出来的。法学的学习应是一个长期的训练和磨练过程，对知识的学习不仅有知识面的要求更有学习者在其中的个别经验，"法学大师的产生是一个长期积累的过程，指望仅仅凭法学院的教育而成为法学大师，是一个从来没有实现的梦想"❶。

（3）对大师的过度渴望蔑视了大师和匠的联系，而"人必须先成为匠才能成为大师"❷。那些我们所热望的大师，他们仅是局促一室之内进行无限想象而不进行任何实践的，不关注现实制度实效的思想家，这样的结论显然是很难令人信服的。但是，不可否认的是课堂教学存在很多为社会需求所诟病的问题。

首当其冲的是，理论教学和实践能力的脱离，这点不仅在理论界同样在实务界早已经成为人们关注的重要方面。但是课堂教育本身所能完成的或者承载的其实就应该是对理论的教学，对理论知识的传授，但是很遗憾的是，这一最低任务的实现在大学课堂中并未能达成，在大学课堂中，诸如出勤率低，课程设计冗长，教学方式落后，学习时间零碎不成体系等问题，对学生形成完整的法律认识造成诸多阻碍。

在中国，法学教育的基础是统一从参加过高考后的学生直接进行法律的教育。此前所示的美国是要求法科学生具有学士学位，在此之前，基本很难要求学生对法律有任何认识，知识面的空白是学生跟教师进行理论对话的重要障碍，一个对现行制度没有任何理解和认识的人，又怎么能够对博大精深的法律提出观点或者要求其理解对制度背后的法理的

---

❶ 方流芳："中国法学教育观察"，载贺卫方编：《中国法律教育之路》，中国政法大学出版社 1997 年版，第 33~34 页。

❷ Alan A. Stone, *Legal Education on the Couch*, 85 HARV. L. REV. 392, 421 (1971).

阐释呢？英国著名的教育家约翰·亨利·纽曼说过："我们长见识，不是靠直接而简单的想象，也不是靠看一眼就行，而实际上是靠日积月累，靠一个心理过程，靠围绕一个目标孜孜以求，靠对许多不完整的意念的比较、综合、互相关联并不断调整，靠对大脑的许多机能及活动的运用，智力的这种联合及协作，这种扩增与发展，这种综合性势必是一个训练问题。"

职是之故，我们的更高追求不应让不同阶段的教育承担超出其所能完成的目标的任务量，我们应该教育学生学会的是，他们可能成为引领自己的专业的卓越者，但是那需要时间，并不是批量生产的，需要每个人的积累和磨练，"而现实更需要我们能够及时投入处理和驾驭许多琐碎的工作，我们大部分时间都可能会花在枯燥的工作上。我们的教育必须有这样的准备，否则到最后我们培养的只能是空有满腹知识，志大才疏，于社会无益的人，这不是国家之幸事"❶。

三、对中国法学教育制度安排和问题的建议

合理分配教育任务也是更好完善法学教育的重要内容，我国目前的法学教育过多依赖于学院教育，整体社会普法教育制度的匮乏，也体现了中国大学后法学教育制度的缺失。这个不是学院或者高校能够完成的改革任务，而是依赖于顺应法治中国建设的潮流，通过更长久的历史发展来逐步建设富有中国特色的后大学法学教育制度，某种意义上也是终身学习理念的体现。后大学教学建设，梯度性教学探索，实现这项目标的重点在于对阶段教育任务实现分流，确定各个阶段的目标，建立接力式的教育体系，从而完成不同类型人才的需要。

（一）课堂教育的基础地位

对于学生实践能力的呼声越来越热烈，但这丝毫不能混淆我们认清现实的情况，课堂教育仍然也必定长期是我国法学教育的重要平台，这

---

❶ 何美欢：《论当代中国的普通法教育》，中国政法大学出版社2011年版，第199页。

一点不能因为对新方法的追求而有所改变,对课堂教育所持的态度应该从以下几个方面进行认识。

首先,课堂教育的存在不仅仅是传习中国传统教育模式,同样也是德、日、英、美等国展开教学的基础平台,这一平台的地位目前还未能有任何创新的模式能够动摇。

其次,课堂教学能够提供实践教学所不能提供的专业理论基础,集中的教学时间安排和广泛化的教学对象,开放的教学空间能够为每一个专业学生提供平等而充足的学习时间,这是实践教育需要面临设备和参与机会缺乏或者是平台空间有限等问题所不能提供的。同样从实践教学如诊所教育等在中国面临的困境中,我们也可以看出在尚未形成成熟的创新教育体系前,对课堂教育的坚持是很有必要的。

强调对法学学习的训练问题,我们不得不关注这样的一个现象,就是课程的设置问题,诸如法理学、宪法等理论学科的设置,很多学校都将其设置在大一时候,并且只用一个学期就完成其教学任务,诸如刑法、民法等重要的实体法课程等也仅是一个学年即完成其教学任务,基本的设置是一个星期一次教学任务,中间并没有任何课业任务的要求,只是在期末时候参加一次结业考试作为决定教学质量检测的决定性标准,当然我们不能排除一些有识之士进行的有益尝试,如在平时布置论文的写作。但这在总体上并不能解决笔者对以下问题的担忧:这种长时间的空隙期,我们是否有信心使学生掌握每次课堂教学的教授内容。

还有一个比较严重的问题,我们对于学生自学应该持一种审慎的态度。从经历高考中紧迫式学习到突然获得比较多的自主时间,学生是否真正能够在大学期间完成自主的学习,我们的态度应该是审慎的而不是乐观的。课堂教学的间隔过长、学生对于知识的理解和巩固是否到位、课堂的出勤率、课堂教学的质量等问题都会加重我们对上述问题的质疑,因为很多时候课堂教学并没有任何有效的复习或者检测手段,总是按照教学的任务安排按部就班地进行下去。在学期末的时候进行一次闭卷考试,相当多的同学都是在应付期末考试的过程中才开始对专业知识进行短期而"策略的"❶学习，这种教学质量是否与我们所追求的目标相悖。

学时的安排当然需要考量的首先是学校本身的教学制度安排，再则就是课堂教学本身的承载量，例如，民商、刑法等部门既要承担实体法教学的任务同时也有进行制度背后理论的讲授，这无疑对于承担着学术任务或者行政任务的教师带来很大的压力，如何平衡这些问题也是需要进行论证的。对于解决以上问题以下几种意见值得参考。

课堂教学主体性引入和教学方式改进。课堂教育的方式，很重要的问题是主体性参与问题，课堂质量的提高必定需要提高诸如出勤率等，这不是简单的以数量看问题。课程考查方式的多样化和高频化应该是有效解决课业知识学习的重要途径，而不能仅仅依靠期末一次考试的方式。当然频度的增加，相应的应该注意难度的降低，因为这样设计的目标在于敦促学生的学习和对知识的探索，而不是增加学生的任务负担，在平时的不断学习中进步而不是靠突击补课来通过课程的结业测试，这种低难度和多频度的考查才是符合法学训练要求的。问题思维的引入、案例教学的引入等，可以给学生设定对案例的阅读和提出报告供老师点评和学生讨论，将课程任务适当转移给学生，对于任务的完成可以结合前文提到的平时考核制度来进行，对任务的完成可以作为考核的内容，也有利于减轻课堂教学的任务，配合将考核长效化、平时化的制度设计，避免进入老师满堂灌输，学生听起来无趣乏力，消磨时间的恶性模式。

高校教师很大程度上承担的可能是科研任务而不是教学任务，更多

---

❶ 学习态度及风格被分为深刻的（deep），表面的（surface），策略的（strategic）几类。深刻的学习方法是意图为自己寻求真正的理解而采取的学习方法。深刻学习的人将学习的概念与以前的知识与经验联系，寻找图案及表层下的原则，查核证据并将证据和理论联系起来，小心的、批判的检视逻辑及论证，对课程内容发生浓厚的兴趣。表面的学习方法是意图应付课程要求而采取的方法。表面学习的人学习时并不思考目的和策略，并将相关的课程看作是不相关的知识片断，背诵事实和程序，对理解新概念有困难，对工作感到不当的压力和困扰。策略的学习方法是意图争取最高分而采取的方法。策略学习者很有组织，将一贯的努力放在学习上，寻找学习所需的适当条件和材料，有效管理时间和精力，对审核要求及准则有醒觉，让工作符合其讲师的偏好。参见 Noel Entwistle, *Contrasting Perspectives on Learning*, p. 19。

的老师可能只是将教学作为一项设定的任务去完成，作为自己进行学术研讨的副业进行，很难有教师在教授中注重专门的法学教育问题的研究。在相当多的学校里，绝大多数老师很少或者根本没有在进行法律实践，更为重要的是，即使他们有这种经验，当离开实践转入教学工作时，他们也不得不习惯于那种将实践经验边缘化和虚拟化的氛围。当然也会有人提出批评说，优秀的律师也很可能是很差的老师，这不可否认，但这种实践经验是必要的，并非全部条件，成就一个优秀的教师除了几年的实践外，还应该有其他更多的条件。

在中国本土法学院是否能寻找到何美欢教授式的为法学教育殚精竭虑的教授也是值得怀疑的，而且即使找到，还有一个更大的问题需要我们正视，即他们是否愿意牺牲自己的利益去成就法律教育事业，即便是以金钱使他们的物质利益得到同样的满足时，他们也未能有很大的动力去潜心法学教育事业，因为他们在法学院之外的第二职业甚至第三职业，让他们不仅有充分的物质补偿，而且在精神上也充分惬意，有更多的舒适感。诚如贺卫方教授所言："专门研究教育学的人士由于对于一门专业的法学缺乏理解和研究，因而对法学教育问题三缄其口，即使是发表一些见解也不免隔靴搔痒，无法切中其要害，而从事法学教学或者研究的人员又大多数专注于自己的学科领域，常常把法学教育当作与自己不相干的事情。"这点问题的解决更多依赖于法学教育观念的培养和对高校教学理念的转变和制度变革，更大程度上应该是高校教育行政体制的改革问题。

课程设置以及教材安排的变革。尽管教育部已经组织了法学教育课程的多次论证和教材编写的项目，但我国法学研究面临的理论更新和争论，同样给教材的编写带来很大的限制。尽管如此教科书依然是实现教学任务的重要手段也是课堂教学的重要载体，它直接影响到学生知识结构是否完整有序。只有符合认识规律和时代要求的教材才能实现保证学生知识合理化的任务。但面对法学教育使用教材的繁杂化，也缘于我国法学理论正在形成和变革中，所以对教材的编写很难有统一的认识，基本上开设法学教育的院校在教材使用上没有相同的安排。但有一点是必要的,对现行实体法的教授是最为重要的内容,因为制度背后的理论,基本上呈现百家争鸣的景象,而且这些理论并未形成最终的统一认识,但符合现行法律规定的理论是任何教材都不能更改的。实体法规定与理论是形式和内容的关系,对于实体制度的精确把握能使我们对背后的法理有更深的认识。相反的是,现在的法学教育似有本末倒置的倾向,过于强调理论,使得很多本科学生在经过几年的法学教育后甚至难以对某些法律制度作出正确的表述,而只能很空泛的讨论一些法律思想的深邃旨意。本科阶段很多同学虽并未能掌握所有的法律精神,最后能够对法律获得较为清晰认识的,很大程度归功于对司法考试的备考过程,即使很多人未能通过,但是对于实体制度的把握让他们获得了对法律的直观认识,对实体法的教育同样是符合职业教育的大学基础教育目标设定的。

(二)实践性学习内容学时的合理配置

讨论这个问题时,我们可以从通过对比实习和实践的关系来观察实践性教学在本科教育中的问题。在大学基础教育阶段,比较常态化或者有保障的实践方式就是毕业实习,但是我们应该对这种方式保持一种否定的或者怀疑的态度。实践是与理论相对应的概念,实践必定是对在教学中学习到的理论进行检验,加深认识的过程,是集检验理论,获得知识于一体的社会活动,但是我们可以清晰的看到作为必修的毕业实习,不仅不能作为实践理念的体现,相反地,却成为一种流于形式甚至消磨时间的项目。接下来对于这个问题将进行分析。(1)实习的时间安排,基本上很多高校的实习时间都安排在毕业之前,所以这种实习也称为毕业实习。但是这种安排是否合理呢?学生在面临毕业阶段有各项杂务,诸如考研、求职、考公务员、即将脱离大学的焦躁情绪等,如何让我们对学生卓有成效的去完成实习任务抱有信心呢?相当部分的同学仅仅将其作为毕业必须完成的项目,而不是真正的去利用这一机会检验在学校学到的知识。甚至,毕业实习在很多学校,是学生参与实践的唯一一次机会。

(2)实习是否真的能够为同学提供检验理论的机会呢?前一点我们

论述了主观方面的原因,但深究起来,其实可以发现实习本身的安排并不能为学生提供检验理论的机会,实习的时间太过于短暂,毕业实习的安排基本在1个月左右,而实践概念本身所具有的内涵即是一个长期渐进的连续过程,而不是短短的1个月时间就达到实践的要求。从前述的德国法学教育模式中,我们可以了解到,德国在安排学习实践中,作出了一个长效而卓有保障的安排,就是学生在基础教育阶段而不是毕业之际就要完成3个月的课外实习任务,并且有着严格的监管制度,使得任何实践安排不会流于形式或者敷衍了事。

(3)从相当部分的学生反映的情况可以看出,很多学生在时间不长的实习内,学习到的更多的是"社会经验",是长辈们或者是实务家们如何处理人际关系、社会交往而非对于法学理论知识的检验。基本上实习单位也很难提供给他们太多的运用所学理论去进行操作的机会,更多的是日常事务的处理或者是行政工作,也或者是更为简单的工作,这样的安排已经完全背离了实习作为实践体现方式的目标设定,解决这个问题的关键是理解实践的真正意义,而不是机械地通过某个形式去完成教学任务安排。实践是一种手段,而不是目的。建立常态化的实习模式而不是完成毕业任务,探索与社会更多沟通配合的实习平台,给予学生更多运用知识解决问题的机会,这才是贯彻实践理念的体现。

(三)司法研修和岗前培训等接力式后大学教育模式的完善

有一个不得不承认的事实,实务中的法律执业者常常抱怨学院教育出的学生缺乏在实际事务中的能力,这当然点出当前法学教育中存在的问题,但并不仅仅是法学教育的问题,而是更大范围内的中国教育的问题,在具体的法科教育中,我们有义务去缓解这种实际生活所提出的要求,但是很显然的是,学院教育并不提供根治之策,法学院的教育没有义务提供一个制成品,学院教育应该只在最低限度上满足以下要求:当学生从学校毕业时,他已有对法律主要范畴问题的清晰而又坚实的基础,此外他有能力在此基础上按照他以后选择的执业要求继续发展。"因为培养法科学生的各种甚至是所有的法科知识的确非常重要,但无论如何在有限的三四年时间内法学院都无法完成这个任务,我们能够做的,并且大致能够做到也能做好的事情，即在有限的时间之内，在有限的课程之内培养法科学生作为律师的基本技能，基本思维方式而非其他，因为在今天我们大都承认，法学教育属于一种职业教育，它的其他职能则不能期望太多。"❶ 故在大学基础教育的定位明确为法学后教育奠定基础素质的目标后，下一步就是完善后教育的制度设计，这是梯度性教学的核心。

目前，我国法学教育，后大学教育制度的缺失是限制法学教育的重要一环，很多法科学生在完成基础教育后，经过努力通过司法考试，即可参与法律的执业活动，虽然在《中华人民共和国律师法》等相关法律中对于执业者的有实习年限的要求，但总体相对于德国过长的培育过程，中国的要求是否又显得太短。此外，通过司法考试和公务员考试的人员直接具备了基层法官或者检察官的执业资格，类似日本等国的严格的司法研修和岗前培训制度在中国是缺乏制度建设的，这也必将是完善法学教育，提高法律职业者职业技能制度建设的未来努力方向。梯度教学除了完成对于教学任务的分流，明确各个阶段的目标设定，更好地指导法学教育事业发展外，同样有助于培育不同的人才来满足社会发展所提出的要求。例如，对司法实务工作者的需求，完全可以通过基础大学教育、司法考试、公务员考试和亟待建设的岗前培训制度来完成对从事实务工作的技能训练，有效延长学习时间，同时体现了现实对于实务人才的需求。而通过法律硕士学位，法学博士学位的设置，则满足了对于培育学术人才的需求，为引领法学发展提供培训制度。近些年来，六年制法学教育的模式也日益成为学者探讨的热点。相对于西方国家较长法学本科基础教育安排，我国目前的法学教育是否显得过短？实践性的要求必定对学习时限有着硬性的要求，我国高校法学教育学时安排不合理的问题也日益显著。实际上 4 年的教学安排还要面临如第四学年安排课程较少，甚至很多院校在第四学年下学期不安排课程的学习，学生面临毕业季所带来的浮躁情绪对于学习质量也有不可忽略的影响，这样实际上 4 年学习时间更要打折扣。对这些问题的解决都构成对现

---

❶ 徐显明、郑永流主编：《六年制法学教育改革模式》，中国法制出版社 2009 年版，第 6~8 页。

行教学体制进行改革的重要步骤。

（四）本土化和本土资源的利用

毫无疑问的是，中国的法学发展正在进入一个繁盛但又庞杂的时期，既有承袭苏联法制的影子，也有吸收欧陆法系的内容，当然也少不了对英美法系的借鉴，这当然对中国的法制教育产生广泛而深刻的影响，但是中国却未能找到一个符合中国国情，符合中国民众接受习惯的教育体制。对先进文化的学习固然重要，但是更为重要的是建设立足于自己的国情和本土资源的模型，才能获得更长久的生命力。例如，法律硕士学位的设置，使得很多未能在本科阶段学习法学的人员参与到法学的学习中，但是两年制的学习是否能够为其提供足够的时间来进行法学专业的学习，也是我们需要考虑的问题，实践性最直观或者硬性的要求应该是时限的要求，没有时间的投入，我们很难有信心去相信一个初学法律者能对法律形成多么深刻的认识，甚至连现行法律制度都难以有完整的把握。

因为中国缺乏英美式的教育背景和社会结构，机械的移植和学习并不能让这种制度得到生命力，很多也流于形式以致现行模式也面临桎梏。引进美国式的诊所教育所面临的困境就给予我们很大的警示，只有立足于本土的模式才能拥有更为长久的根基，才真正能够为一个国家的法治发展作出贡献。

四、结　语

法学本科教育的目标设定应当是切合社会需要和教育规律的，任何想一蹴而就的想法只会适得其反，法学学习的过程应该是一个长期法学素养的培育进程。本科教育和大学后教育相结合的模式既延长了法学学习的时限，也有利于切合不同社会职能需要来培养具备相关能力的模式，随着法治中国建设的历史潮流，逐步建设和完善中国法学教育的制度，是中国法学教育改革的重要一环，秉持提升职业素养的大学本科基础教育理念和贯彻实践性训练的后大学教育配套制度，才能够为法治人才的培养提供不竭的动力。

民法教与学的有效路径

——漫谈蔡立东教授"民法七维学习法"

贾宏斌[*]

摘　要： 随着社会对于复合型法科人才需求的增长，探索高校法学教学方法已成为高校法学教学研究领域的重要内容。蔡立东教授总结多年民法教学实践经验，归纳提炼出"民法七维学习法"，强调在民法学习过程中，单纯的知识传授向有机的、系统的思维训练、能力培养的转型，对高校培养创新型法学人才具有重要作用。通过对"民法七维学习法"丰富内涵解读、现实意义阐述、运用推广尝试，继而体现出其作为民法教与学方法研究所具有的重要实践成果价值，以利于发挥其对于民法教与学乃至评价机制的提升作用。

关键词： 民法　七维学习法　教与学　能力培养

引　言

古人云："得其法者事半功倍，不得其法者事倍功半。"法国科学家贝尔纳也曾讲过："良好的方法能使我们更好地发挥运用天赋的才能，而拙劣的方法则可能阻碍才能的发挥。"[❶] 民法学习对于不谙世事的法学专业青年学生来说，往往因不得要领，而不胜其烦。面对百花齐放的理论、纷繁复杂的制度、枯燥难懂的论述、纵横交错的案情，如何让民法学习如庖丁解牛，遵循机理、去繁就简、由表及里、层层深入，找到一个直达理解、接受乃至运用的便捷路径，掌握一种事半功倍的学习方法？吉林大学法学院博士生导师蔡立东教授总结多年民法教学实践经验，归纳

---

[*] 贾宏斌，吉林大学法学院民商法学博士研究生。
[❶] 默耕主编：《经典教学方法荟萃》，福建教育出版社2009年版，第3页。

提炼出"民法七维学习法"(以下简称"七维法"),为进行民法学习提供了一条较为清晰的道路。

一、"民法七维学习法"的内涵解析

所谓"七维法",就是学习民法以问题为导向,以理念为指针,以技术构成为核心,以体系为背景,以历史演化为线索,以比较法为参照,以诉讼为检验平台。民法学习通过逻辑严密、有的放矢、环环相扣、全面系统的七个维度展开。"七维法",实质就是对民法具体学习过程做了步骤式概括,如同我们掌握一项技能,要打通七个环节,又如战胜一个困难,需要从七个方面审视,寻求突破,将会最有效地取得成功。作为一种民法学习方法的创新,要详尽了解、全面掌握、合理运用"七维法",乃至使之溶入民法学习者习惯之养成,不妨借用我国古典四大名著之一《西游记》的故事情节对"七维法"具体分解阐释。

"七维法"以问题为导向,理解民法的制度。民法是调整平等主体的公民间、法人间及其他非法人组织之间的财产关系和人身关系的法律规范的总称,是我国法律体系中的一个独立的法律部门,与人们的生活密切相关。其所包含的具体制度内容、法律条文纷繁复杂,就好比唐僧师徒取经路上不断涌现的"九九八十一难"一样,质言之,学习者对于每一个具体制度的学习就犹如遇到了"九九八十一难"中的一个,进一步讲,如果将民法中所有制度都通过刻苦学习掌握了,就可称得上是通过了"九九八十一难"的考验,取得了民法的"真经"。蔡立东教授认为,任何一项民法制度的产生都是为了解决生活里的问题,例如权利能力、行为能力、代理、民事法律行为、诉讼时效等,民法从这个角度来说是一个问题的体系,所以学习者要理解一项民法制度,一定要把握它所针对的问题,就是以问题为导向,换句话说,要知道某个制度是用来解决什么问题的,这是民法学习的第一个维度。同样,"七维法"也适用于刚刚步入三尺讲台的民法教师,也就是说要把一项民法具体制度讲清楚,是要先行理清它是用来解决什么问题的,比如课堂上讲授侵权纠纷中侵犯名誉权或隐私权,首先要知道名誉权到底要解决什么问题,它和隐私权有什么不一样,为什么以前习惯用名誉权的办法解决隐私权的问题,为什么近些年隐私权就这么重要,这些问题是一定要搞清楚的。❶ 以解决问题为导向,可谓民法学习现实意义之所在,标本统一之表征。

"七维法"以理念为指针,厘定民法的制度。正如唐僧师徒通过斩妖除魔,取得真经,以达修成正果、普度重生的取经目标一样,民法学习的方向就是第二个维度。蔡立东教授认为,因为制度不可能仅是对现实世界的一个简单描述,而是引导我们向善的理性主义,或者是向善的思维意识。诚如,我们的每位法学家、社会精英,都对社会的理想有自己的某种承诺,同样,民法制度也有其自身的理想,学习者就要通过学习了解到某一民法制度要达到一个什么目标,也就是它的理念是什么,它要把中国引向何方。比如,在学习作为中国特色社会主义民法学理论之一的以人为本的人格权法理论时,应了解到意思自治是民法的核心,通过《中华人民共和国民法通则》《中华人民共和国侵权责任法》及若干司法解释,较为全面、深入、充分地确认了诸多人格权,从而达到彰显"以人为本"这一社会主义制度根本属性,有效地贯彻"国家尊重和保障人权"这一宪法的基本原则的理念目标。❷

"七维法"以技术构成为核心,掌握民法的制度。正如唐僧师徒取经路上遭遇到的那些妖怪,都有不同的看家本领,必须逐一识破,方能迎刃而解,药到病除。这里可以将具体的民法制度比作需要攻克的妖怪,共同点在于他们都以一定的技术构成为基础,要想充分理解掌握这一制度作用,就必须对其技术构成进行研究。总而言之,某项民法制度面对这样一个问题要达到何种目标,要采取何种技术构成,也就是说要理解这个制度选择哪些要件事实,同时规定了什么样的法律后果,能不能达到这样的一个效果,可不可以不这么构造。比如,在蔡立东教授对法人行为能力制度的更生研究中,主张的法人行为能力制度不仅表征着法人

---

❶ 参见蔡立东:"法人名誉权侵权法保护的实证研究",载《社会科学辑刊》2012年第4期,第71页。

❷ 蔡立东、曹险峰:"中国特色社会主义民法学理论研究",载《当代法学》2013年第3期,第3页。

具有独立实施法律行为的资格,同时,也搭载着不同种类的法人享有的、由其性质和目的决定的不同权利。在涉外民事纠纷中,以权力体系来构造法人行为能力制度,有关行为能力事项的法律冲突将有更明确的指向,也能够获得更确定的解决。由此,法人行为能力制度将焕发勃勃生机,成为一个富有实际功能的制度。❶ 此乃从技术构成角度对一些复杂制度的剖析研究过程的写照。

"七维法"以体系为背景,确定民法的制度。正如唐僧师徒取经路上遭遇到的某些妖怪也存在一定身份关系一样,像牛魔王、铁扇公主及红孩儿的家庭关系,金角大王、银角大王的兄弟关系等,民法具体概念、制度之间也是有关联的,这就是体系的问题。一方面,基于民法学知识的零散性、庞杂性和相近性,组成了一个制度交织的体系,这些知识点犹如项链上的颗颗珍珠,需要用一根主线加以串联,这样就不至于散落丢失、遗忘而变得残缺不全。❷ 另一方面,体系强制决定了民法制度的可能选择,具体制度之间要和谐共生于体系之中。通俗地讲,这件事跟什么事还有关系,这个制度与相关制度有什么异同和关联,以体系为背景来考虑问题,比如名誉和隐私是什么关系,名誉和人格尊严是什么关系。在民法具体制度学习中,切记要做到触类旁通,举一反三,最终达到融会贯通的水准。

"七维法"以历史演化为线索,洞察民法的制度。正如唐僧师徒取经路上遭遇到的某些妖怪,其前身都具有背景,有时还与某位天上的神仙有千丝万缕的联系,就像赛太岁原系观音菩萨的坐骑金毛吼、狮狍怪原系文殊菩萨养的狮子、玉兔精原系嫦娥养的玉兔等,想要制伏这些妖怪,更好的方式是找到他们上位的神仙主人提供帮助。运用到民法具体制度的研究学习,就是要考查这一制度的历史生成路径,研究这个制度是从哪而来,因何而来。例如法定代表人这一极具中国特色的制

---

❶ 蔡立东:"论法人行为能力制度的更生",载《中外法学》2014年第6期,第1555页。

❷ 徐丽红:"论联想教学法在法学课堂教学中的应用",载《忻州师范学院学报》2012年第4期,第104页。

度，只有结合中国国有企业改革的历史需要才能解释得更加清楚。这就是以历史渊源为线索，通过考查制度安排的历史由来，进行制度学习的维度。

"七维法"以比较法为参照，评价民法的制度。正如唐僧师徒取经路上遭遇到的某类妖怪，如白骨精、红孩儿、蜘蛛精等都变化成需要帮助的凡人迷惑唐僧师徒，骗取其怜悯，而将其抓获，而唐僧师徒正是通过与此类妖怪的斗法经历中，逐渐吸取教训，积累经验，战而胜之，取得真经。学习民法制度也一样，从比较法的角度进行制度分析，考查其他国家或地区为解决同样的问题，是怎么进行制度安排的，借鉴其他国家和地区解决同样问题所展现的智慧。可以看看日本是怎么解决的、美国是怎么解决的、我国台湾地区又是怎么解决的，然后再看看我们以前是怎么解决的，存在哪些问题，与其他国家或地区的先进制度相比有哪些不足之处，如何进行制度的完善等。就如蔡立东教授所言，对于民法初学者特别是法学本科生或者或非法学专业的民法爱好者而言，这属于比较复杂的维度，可以放在之后的学习中不断深入，但是对于民法研究生或研究者来讲，虽然这是很辛苦的研习过程，但也是个很有趣的过程，你会分析法国人怎么就想出这么一招了呢，德国人怎么就会用那招呢，如果真正钻研进去了，那必定是非常有趣的。通过比较研究，可以在一项民法制度设计安排引领下，共享人类创造的法学智慧。

"七维法"以诉讼为平台，检验民法的制度。正如唐僧师徒取经路上打败的某类妖怪，将"物归原主""完璧归赵"或使其"改邪归正"，如将玉兔精交还给了嫦娥，将九灵元圣交还了太乙真人，将红孩儿送给观音做善财童子等，唐僧师徒取经路上克服"九九八十一难"不仅达到取得真经的目标，而且在此过程中有斩妖除魔、渡恶扬善的积极成效。就民法学习而论，如何检验一项民法制度到底有没有效，需要以诉讼为平台，检验制度解决纠纷的实效，作为一种需要依靠经验而非单纯凭借科学来支撑的制度，民法从来离不开判例的支撑。[1] 换句话说，如果真正

---

[1] 王利明：《论中国判例制度的创建》，法律出版社2001年版，第42页。

打官司，制度设计得再完美，但是解决不了诉讼的问题，这是行不通的。有很多事情只有以诉讼为背景予以检视，才会更清晰的理解民法规定的正当性和有效性。就比如，因加害人的侵权行为导致公司丧失继续经营机会造成的损失数额难以计算，受害方公司有不易举证的问题，认为这种官司不好打。但实际上公司法就很好地解决了这个问题，不用去详尽计算这个损失，就看加害人通过这种侵权方式赚到多少钱就行，这就属于公司机会法则。按道理来讲，你拿走了公司的机会，给公司造成多大损失，你就应该赔偿公司多少钱，但是公司法没有这样选，因为这个需要太多的信息和证据，也不利于对受害方公司的权益保护，公司法就设计了归入权制度，简而言之，不用计算损失了，就看侵权者赚了多少钱，都给公司就可以了。仔细想，这项制度也未见得合理，但从诉讼实证角度看，是有重大实践意义的，这么做，有利于纠纷的解决。再如，从公开报道的南京彭宇案来看，我们的法官推理"你这个小子啊，你怎么这么好呢，老太太倒了你去扶了，上医院看病你还给拿钱，肯定是你撞的"，这不就是一审的定案逻辑么？但是美国人遇到类似情况就会很好地解决问题，他们会在诉讼法背景下来考虑解释，认为你帮助老太太，给他拿钱看病均不能构成证明你有责任的充分证据，从证据角度把你的责任给排除啦，这个就很好。正如蔡立东教授认为的那样，在学习民法过程中，必须要多从诉讼的角度考虑问题，"七维法"在其整个执教和研究过程中，是其努力争取做到的事情。

二、"民法七维学习法"的现实意义

民法作为属于社会科学的法学的部门法之一，其学习方法与自然科学有所不同，相对于自然科学而言，对于民法的学习方法不是说明、实验，而是理解、诠释；其目的不仅求真，更是求善。❶ 在民法教育中，真正与民法文本对话的，不仅体现在老师，更在于学生，甚至毋宁说主要方面在于学生。但遗憾的是，在普遍情形下多表现为民法教师只是让

---

❶ 参见朱良好："法学研究型教学的基础论略"，载《社科纵横》2007年第9期，第84页。

学生知道了有什么样的民法条文、规则，而没有使学生与民法体系展开深入的对话，更没有为学生提供对话的机会和对话的方法，倘若当教师本身尚未与学生展开对话与交流，那么实现学生与民法的充分互动对话更是一种奢求。"七维法"恰恰是促使此奢求得以圆满实现的一条路径，对于民法领域的教学相长乃至评价机制的提升具有重大现实借鉴意义。

（一）"七维法"的提出，确立了普适性的民法教与学思路

民法教与学必须依循一定思路进行，思路决定出路。有的青年教师或本科生学习民法效率不高，一个重要原因是教与学思路不清晰，做了很多无用功。"七维法"恰恰为民法学习者提供了一个清晰的普适性的学习思路，制定了一个可以统一遵行的行为模板，对于民法学习从七个方面设定为七个必经维度。这种维度化设计，使得民法老师和学生的学习活动可以循规蹈矩、按图索骥，遇到生僻深奥的民法理论或制度也不会无从着手。"七维法"的主体既包括教师，也包括学生，教师指导学生凝炼智慧、养成民法思维的过程，同时也是促使学生逐渐从课堂上的受动者，成长为民法知识发现过程中的主动者的过程，不仅仅是教师仅限于"教"，学生仅限于"学"的单边关系，而是二者之间形成相互具有良好的互动和交流的双边关系，最终使学生的学习能力不仅仅体现在对讲义内容的理解与记忆上，而且体现在解决实际问题能力的不断提高上。[1]遵循"七维法"基本思路，也可能降低诸多无效学习成本，取得教学相长、事半功倍的效果。

（二）"七维法"的提出，确立了符合学习规律的民法教与学思维

传统的学习思维往往是，老师按照课本内容按章节进行解读，然后再结合相关的法条、案例，缺乏导向性、体系性的观念，理论与实践也常常是割裂的。[2]这样的思维方式和学习思路，就有可能出现两种情况：

---

[1] 李云波："研究性教学在法学教学中的应用"，载《中外企业家》2010年第5期（下），第166页。

[2] ［日］星野英一：《民法的另一种学习方法》，冷罗生、陶芸、黄育红译，法律出版社2008年版，第25页。

一是对某些制度的学习停留在问题表面，深入不进去，也不知道如何深入进去；二是只能就制度谈制度，无法做到很好的制度衔接，达到相互融合学习，也无法与实证取得密切联系。"七维法"重要的现实价值在于以解决问题为导向，从内到外建立了三个重大的连接点，即内部的目标、构成学习维度，中部的历史、比较学习维度，外部的问题、实证学习维度，使民法学习从一开始就有一定的体系学习方式，避免做无用功、走弯路。

（三）"七维法"的提出，确立了新时期民法教与学的全新命题

民法学是一门博大精深的学问，当前党的十八届四中全会高举依法治国的大旗，法学教育是当前法学界的一个热门话题，然而多数法学教育院所还处在侧重书本解读和应试教育的固有层面。蔡立东教授从其长年民法教学亲身体验出发，提出民法教与学的七个维度，形成完整的学习逻辑，可谓恰逢其时。他提出，以问题为导向是民法学习的核心，对于围绕问题如何得以解决的思路是否清晰，是否符合认知规律和诉讼规律，决定了民法学习能否顺利有效开展，决定了能否为其他法律学科的学习提供借鉴，决定了能否为未来从事法律职业奠定基础，也决定了社会与老师、老师与学生、学生与社会之间的沟通交流是否顺畅。"七维法"也对法律职业者提供了深入学习法律知识的基本框架，将大大推动法律职业群体进行民法学习的规范化。

三、"民法七维学习法"的运用推广

许多专家学者都曾从不同的角度就民法学习提出过诸多方法，并不乏真知灼见，但任何方法都最终体现在具体的行动中才能达其目的，将"七维法"在民法教学中予以实施推广，必将为创新丰富民法教学方式带来新鲜内容，同时，也会对民法专业教师、学生乃至教学评价机制产生积极的影响，亦符合当下高校法学教育努力形成中国特色社会主义法学理论体系、学科体系、课程体系的总要求。

（一）在民法教学中开展"七维法"

"七维法"的传播和推广可能会需要一段较长的时间，因为一种教学方法的被理解和吸纳是一个非常复杂的过程，只有加强对其优势作用的

宣传，方能吸引民法教师职业群体的注意和认同，当然"七维法"对教师提出了更大的教学挑战和要求，教师需要在各个方面进行调适。（1）教学角色的转化。在应试教育的大背景下，灌输式教学中教师处于绝对的主导地位，"七维法"则要求教师的角色由"训导者"转化为"引导者"。（2）教学内容的丰富。在"七维法"教学路径中，教学内容不再仅仅是确定的知识，而是从问题入手，采取有效手段，培养和提高学生独立思维的能力，各种指定教材、规划教材、讲义笔记很有可能要退居体系化资料、高水平文献、实务案例之后的次席地位。（3）教学压力的增大。"七维法"对于教师的知识储备和资料收集提出更高的要求，"七维法"能否充分发挥其最佳效能很大程度上依赖教师的个人综合能力素质的提高。（4）教学手段的多样。采取"七维法"教学并不是说纯演讲式教学就无用武之地了，演讲式课堂教学在当前乃至在今后很长的时期内，仍将是民法教学的主要手段，只是讲其之外，不妨采取一些体系研究、实务研究手段来辅助课堂教学，达到相辅相成的效果。进一步讲，在民法教学中开展"七维法"，教师应根据教学内容及要求，不断创设问题情境，发挥"主持人"作用，在讲到某一具体问题时，教师可以根据知识的相通性或关联性，找到一个联想点，然后给学生以重要的提示，将知识点串成体系，以问题的发现、探究和解决来激发学生的求知欲、创造欲和主体意识，从而激发学生发现问题的欲望和探究问题的热情。❶

（二）在民法学习中运用"七维法"

民法学作为一门社会科学，与社会实践是紧密联系的。传统的灌输式教学使得很多民法学生并不会认真去思考如何解决某个具体问题，使他们缺乏综合应用的能力和对新问题的分析和应变能力。"七维法"是一种授人以渔的教学方法，它将使法学专业学生的上述能力得到加强。一方面，使学生从死记硬背到带着问题研究学习，学生的角色将不再只是一个被动的被灌输者，而应当充分发挥自身的积极性、主动性和创造性

---

❶ 方明：《陶行知教育名篇》，教育科学出版社2005年版，第145页。

的自我反思、自我动员、自我发展的主体；❶另一方面，从课内书本知识向课外实务知识拓展。这里不得不说的是，"七维法"与通过司法考试和毕业生就业也并不冲突。历年来的司法考试题目紧密联系实际，灵活多变，注重对学生整体法律素养的考查，而这些均与"七维法"的目标特点一致，同时会使学生在求职过程中充满自信，并在日后的工作中驾轻就熟。一定程度上可以认为，"七维法"实现了民法学习从单纯的知识传授向有机的、系统的思维训练、能力培养的转型。

（三）在民法教学评价中倡导"七维法"

"七维法"的运用推广表现在民法教学评价中从注重知识到注重能力，从注重结果到注重过程。目前我国的法学教育仍没有脱离应试教育的束缚。这种教育实际上是一种只重结果而不重过程的教育，较高的考试得分只能表明学生对教师的课件有比较好的记忆或者理解，很难完全反映出学生的真实思维水平。"七维法"将会改变这种只重结果而不重过程的评价方式，在从重视结果到重视过程中的转变中，评价方式也将从单一走向多元，学生的每次发言，每个观点，都将会影响他最终的考核成绩。乃至在最终的考卷上，对答案的设计也将不再设定"一是一、二是二"的确定性标准，而是设定一个总体的判断标准，该标准以反映学生综合素质为必要。"七维法"并不是为了把每名学生都培养成民法领域内的学术专家，而是为了引导学生按照制度生成和演化的逻辑来汲取民法智慧。❷鉴于民法知识的教与学具有较强的综合性和实践性，学生除在课堂内学习书本上的理论知识和法律条文的规定外，还应当结合所学习的内容参与社会实践活动，拓宽视野，增强能力。可以利用影视录像、走访调研、案例分析、模拟法庭、旁听见习、知识竞赛和邀请实务专家讲座等方法，使学生亲身体验民法的社会作用，通过大量的实践才能使学生深刻理解法律的内涵，发现法律中存在的缺陷和问题，为增强其法

---

❶ 参见杨振山："中国法学教育沿革之研究"，载《政法论坛》2000年第4期，第147页。

❷ 参见陈小鸿："高校研究性教学的内涵、评价与管理"，载《高教与经济》2008年第9期，第8页。

律意识,进行民法学习研究提供必要的前提条件。❶ 吉林大学法学院的实践证明,"七维法"不仅受到在校学生的普遍欢迎,而且收到良好的效果,不仅使青年教师在授课中有章可循,也激发了学生对民法专业学习的热情和动力,将抽象问题具体化、深奥道理形象化、枯燥知识趣味化。当然,任何一种学习方法都不是一蹴而就、一劳永逸的,"七维法"的运用推广和设计完善实非一日之力,一时之功,更需要长期的探索和实践。

结　语

世界观与方法论是哲学的两个基本问题,培养正确的世界观能够教育我们"做正确的事",掌握科学的方法论则指引我们"正确地做事"。与此相对应,对民法教与学来讲,我们也必须始终关注两个基本问题:一是教与学的理念问题,这决定着民法学习的价值取向;二是教与学的方法问题,这决定着民法学习的实现路径。"七维法"无疑是当前民法教与学方法研究的一个具有阶段性意义的重要成果,必将对民法学习方法研究、民法教育工作开展,乃至法治社会建设产生积极影响。某种程度上说,蔡立东教授提出的"七维法"应当是民法教师特别是青年教师和立志从事法律事业的大学生们必须要了解的有效民法学习方法之一,践行"七维法"也应当算作达致法学教育从知识传授转向思维训练、能力培养这一法学教育新常态的可选路径。

---

❶ 邱广木:"浅谈'法学'课程的学习方法",载《新课程》2013年第11期,第66页。

实验班改革的相关文件

文件一 中国政法大学六年制法学人才培养模式改革实验班培养方案

前 言

培养方案是高等学校人才培养的纲领性文件，是实现人才培养目标的具体实施方案。学校教学活动根据培养方案组织实施；学生毕业资格审查以培养方案为基本依据。培养方案主要内容包括人才培养的目标和要求、学制、学分要求、课程设置、社会实践和专业实习、科研、考核、指导性教学进度表等内容。

2008年，教育部批准中国政法大学进行法学教育模式改革试点，实施"六年制法学人才培养模式"改革。2010年以"六年制法学人才培养模式"为基准模式的"高级法律职业人才培养体制改革"被确定为国家教育体制改革试点项目。

"六年制法学人才培养模式改革实验班"（简称"法学实验班"）以培养高级法律职业人才为目标。法学实验班培养方案由教务处根据实验班培养目标组织我校具有丰富教育教学经验的专家多次研讨论证后提出草案，经学校教学指导委员会审议通过。

法学实验班基准学制为六年，修业年限可以延长到七年。六学年分为两个阶段，第一阶段为基础学习阶段，从第一学期到第七学期，第二阶段为应用学习阶段，从第八学期到第十二学期。基础学习阶段主要完成通识教育相关课程和专业学习中的课堂教学相关课程以及与之有关的实践教学环节，使学生建立较为宽广的知识结构，形成良好的法学思维方式，掌握初步的专业技能，为学生进入实践教学进一步发展职业技能创造条件。学生完成基础学习阶段，经考核合格，获得本科毕业证书与学士学位证书并进入到应用学习阶段。应用学习阶段主要包括三部分内容，其一是为期一学年的专业实习，旨在使学生全面掌握法律职业相关实务，其二是专题课程，旨在以基础阶段学习和专业实习为基础，深化学生法学专业学习深度，达到法律硕士应有的学术水平，其三是毕业/学位论文，旨在反映学生运用所学理论与知识综合解决法律职业中面临的理论和实践问题的能力。

法学实验班的专业课程设置是根据实验班培养目标，遵循法学教育教学规律，参照教育部高等学校法学学科教学指导委员会核心课程确定的。法学实验班培养方案设置专业必修课程30门，其中包括借鉴国外著名大学开展案例教学的成功经验开设的宪法案例研习等12门案例研习课；专业选修课78门，实验班学生在基础学习阶段修满18学分专业选修课，应用学习阶段修满8学分专业方向讲座课程。

指导性教学进度表根据各专业知识的内在逻辑，循序渐进地安排课程的开课学期。学生一般应尽量按照教学进度表安排的时间修读课程，在确保完成培养方案规定学分任务的情况下，可根据自身情况适当调整修读时间。

教务处
2012 年 8 月

中国政法大学法学人才培养模式
改革实验班培养方案

一、培养目标

本专业培养具有厚基础、宽口径、高素质、强能力的高级法律职业人才。

二、培养要求（略）

三、学制、修业年限与学位授予

基准学制6年。修业年限可以延长到7年。第一学年至第四学年为基础学习阶段，第五学年至第六学年为应用学习阶段。完成基础学习阶段学习经考核合格的，可以申请法学专业本科毕业并申请获得法学学士学位，或者进入应用学习阶段学习，完成应用学习阶段学习的，准予毕业并授予法律硕士学位。

四、学分要求

总学分为188分，具体分配如下。

（一）课堂教学学分：153学分

课堂教学每18课时计一个学分，每个标准学期为20周，其中课堂教学18周，考试2周。

实验班基础学习阶段课堂教学课程体系由通识课和专业课构成，通识课和专业课均分别由必修课和选修课组成。通识必修课共31学分；专业必修课由30门课程组成，共80学分；专业选修课应修满18学分；全校通识选修课应修满16学分，具体要求是通识主干课10学分，一般通识课6学分。

实验班应用学习阶段课堂教学课程体系由专业方向讲座构成，应当修读达到8学分。

（二）实践教学学分：35学分

实践教学每2周计1个学分。

1. 军　　训	第1学期2周	1学分
2. 公益劳动和志愿服务	第3学期2周	1学分

3. 社会实践　　　　　　第 5 学期 4 周　　　2 学分
4. 学年论文　　　　　　第 3、5、7 学期　　3 学分
5. 专业实习　　　　　　第 8、9 学期 40 周　20 学分
6. 毕业/学位论文　　　　第 6 学年 16 周　　 8 学分

社会实践安排在第五学期期末；学年论文安排在第 3、5、7 学期，每学期撰写一篇；专业实习共 40 周，安排在第 8、9 学期，需撰写实习报告。毕业/学位论文应根据法律硕士论文的有关要求进行撰写与答辩。

五、考　核

考核分考试和考查两种。必修课必须考试，选修课一般为考查。

考试分笔试与口试：笔试采用百分制；口试和考查采用五级分制，即优、良、中、及格、不及格。

六、课程序列表和指导性教学进度表

法学实验班基础学习阶段课程序列表（必修课）

类别	序号	中英课程名称	课程（组）号	课时	学分	学期
通识必修课	1	外语（公共外语和法律外语）Foreign Language	20002	162	3×3	1—3
	2	体育 Physical Education	20004	72	1×2	1—2
	3	计算机应用基础 Fundamentals of Computer Applications	109010012	72	2	1
	4	中华文明通论 An Introduction to Chinese Civilization	126000013	54	3	1
	5	文科高等数学 Advanced Mathematics for Liberal Arts Students	109020174	72	4	1
	6	中国特色社会主义理论体系 Theory of Socialism with Chinese Characteristics	122010076	108	6	2
	7	西方文明通论 An Introduction to Western Civilization	126010023	54	3	2
	8	思想道德修养 Cultivation of Ideological Morality	122010082	36	2	3
		合　计		630	31	

续表

类别	序号	中英课程名称	课程（组）号	课时	学分	学期
通识选修课	1	通识主干课		应修满10学分		2—7学期完成
	2	一般通识课		应修满6学分		2—7学期完成
专业必修课	1	法理学导论 An Introduction to Jurisprudence	301010012	36	2	1
	2	宪法学 Constitutional Law	301030013	54	3	2
	3	宪法案例研习 Cases Study of Constitutional Law	301030042	36	2	3
	4	民法总论 General Principles of Civil Law	302010053	54	3	2
	5	民法总则案例研习 Case Study of Civil Law	302010062	36	2	3
	6	中国法制史 Chinese Legal History	301020013	54	3	1
	7	债法 Obligation Law	302010074	72	4	3
	8	债法案例研习 Case Study of Obligation Law	302010082	36	2	4
	9	刑法学总论 General Principles of Criminal Law	304010013	54	3	3
	10	刑法总则案例研习 Case Study of General Principles of Criminal Law	304010032	36	2	4
	11	物权法 Property Law	302010092	36	2	4
	12	物权法案例研习 Case Study of Property Law	302010102	36	2	5
	13	商法（一） Commercial Law（1）	302020014	72	4	4
	14	商法案例研习 Case Study of Commercial Law	302020042	36	2	5

续表

类别	序号	中英课程名称	课程（组）号	课时	学分	学期
专业必修课	15	刑法学分论 Special Principles of Criminal Law	304010023	54	3	4
	16	刑法分则案例研习 Case Study of Special Principles of Criminal Law	304010042	36	2	5
	17	民事诉讼法学 Civil Procedure Law	302040014	72	4	4
	18	民事诉讼法案例研习 Practice of Civil Procedure Law	302040022	36	2	5
	19	知识产权法 Intellectual Property Law	302060013	54	3	5
	20	知识产权法案例研习 Case Study of Intellectual Property Law	302060022	36	2	6
	21	行政法与行政诉讼法 Administrative Law and Procedure	301040024	72	4	4
	22	行政法案例研习 Case Study of Administrative Law	301040022	36	2	5
	23	刑事诉讼法学 Criminal Procedure Law	304020014	72	4	5
	24	刑事诉讼法案例研习 Case Study of Criminal Procedure Law	304020032	36	2	6
	25	国际法（英语教学） Public International Law	303010013	54	3	6
	26	国际私法（英语教学） Private International Law	303020013	54	3	6
	27	经济法原理 Survey of Economic Law	302030033	54	3	5
	28	国际经济法概论（英语教学） International Economic Law	303030013	54	3	6
	29	经济法案例研习 Case Study of Economic Law	302020022	36	2	6
	30	法律职业行为规则与法律职业伦理 Rules of Professional Conduct	301050012	36	2	3
合计				1440	80	

法学实验班基础学习阶段专业方向课程序列表（选修课）之一

类别	序号	中英课程名称	课程号	课时	学分	学期	应修学分
基本专业选修课组 40105（应修8学分）	1	法理学研讨课 Seminar on Jurisprudence	401010112	36	2	3	8
	2	宪法学研讨课 Seminar on Constitutional Law	401030062	36	2	4	
	3	比较法研讨课 Seminar on Comparative Law	401010152	36	2	5	
	4	民法学研讨课 Seminar on Civil Law	402010062	36	2	5	
	5	刑法学研讨课 Seminar on Criminal Law	404010072	36	2	5	
	6	行政法与行政诉讼法研讨课 Seminar on Administrative Law and Procedure	401040072	36	2	6	
	7	经济法学研讨课 Seminar on Economic Law	402030072	36	2	6	
	8	国际法研讨课 Seminar on Contemporary Issues of Public International Law	403010132	36	2	6	
		合　计		288	16		

法学实验班基础学习阶段专业方向课程序列表（选修课）之二

类别	序号	中英文课程名称	课程号	课时	学分	学期
基本专业选修课组 40105（应修10学分）	1	法律文献检索 Legal Research & Writing	401060082	36	2	2
	2	系统法律语言学 Systematic Forensic Linguistics	401060062	36	2	3
	3	法律逻辑 Legal Logic	407020042	36	2	3
	4	中国宪政史 History of Chinese Constitutional Government	401010102	36	2	3

续表

类别	序号	中英文课程名称	课程号	课时	学分	学期
基本专业选修课组 40105 （应修 10 学分）	5	外国法制史 Foreign Legal History	401020023	54	3	3
	6	中国法律思想史 The History of Chinese Legal Thoughts	401020012	36	2	3
	7	法庭论辩技巧 Advocacy	401050062	36	2	3
	8	律师实务 Lawyer Practice	401050042	36	2	3
	9	会计学与会计法 Accounting and Accounting Law	402070032	36	2	3
	10	越轨社会学 Sociology on Aberrant Conduct	404070332	36	2	3
	11	立法学 Legislative Science	401010042	36	2	4
	12	西方宪政文化（英语双语） Western Constitutional Culture	401010172	36	2	4
	13	西方法律思想史 History of Western Legal Thoughts	401010012	36	2	4
	14	法律实践基本技能 Basic Skills of Legal Practice	401050082	36	2	4
	15	法律写作 Legal Writing	401050072	36	2	4
	16	罗马法 Roman Law	402010012	36	2	4
	17	民法学原理四：亲属法与继承法 Principles of Civil Law 4: Family Law and Inheritance Law	402010162	36	2	3/4
	18	税法 Taxation Law	402070012	36	2	4
	19	审计学与审计法 Auditing and Auditing Law	402070042	36	2	4

续表

类别	序号	中英文课程名称	课程号	课时	学分	学期
基本专业选修课组 40105（应修10学分）	20	民事强制执行程序 Civil Enforcement Proceedings	402040062	36	2	4
	21	法庭科学中的物理基础 Judicial Physics	404040342	36	2	4
	22	外国刑法 Foreign Criminal Law	404010012	36	2	4
	23	公安概论 Conspectus of Police Science	404040012	36	2	4
	24	青少年犯罪与少年司法 Juvenile Delinquency and Juvenile Justice	404060012	36	2	4
	25	经济犯罪与刑罚 Economic Crime and Punishment	404040242	36	2	4
	26	美国宪法（英语双语） American Constitutional Law	401030052	36	2	5
	27	劳动法学 Labor Law	402080012	36	2	4/5
	28	环境法学 Environmental Law	402020073	54	3	5/6
	29	竞争法 Competition Law	402060012	36	2	5
	30	网络与电子商务法 Internet and Electronic Commerce Law	402060052	36	2	5
	31	替代纠纷解决方式 Alternation Dispute Resolution	401060042	36	2	5
	32	国际模拟庭基础 Introduction To International Law Mooting	403010192	36	2	5
	33	民事证据法 Civil Evidence Law	402040072	36	2	5
	34	仲裁制度 Arbitration System	402040012	36	2	5
	35	外国民诉法 Foreign Civil Procedure Law	402040032	36	2	5

续表

类别	序号	中英文课程名称	课程号	课时	学分	学期
基本专业选修课组 40105（应修10学分）	36	消费者法 Consumer Protection Law	402030332	36	2	5
	37	国际贸易法 International Trade Law	403030032	36	2	5
	38	国际税法 International Tax Law	403030042	36	2	5
	39	国际投资法 International Investment Law	403030062	36	2	5
	40	国际技术转让 International Technology Transfer	403030072	36	2	5
	41	WTO法律制度 Legal System of WTO	403010062	36	2	5
	42	欧洲联盟法 Law of European Union	403010022	36	2	5
	43	比较税法（英语双语） Comparative Tax Law	420000022	36	2	5
	44	司法鉴定学概论 An Introduction to Judicial Expertise	404040022	36	2	5
	45	法律经济学（英语双语） Legal Economics	401020092	36	2	6
	46	日本行政法（日语双语） Japanese Administrative Law	401040112	36	2	6
	47	国家赔偿法 State Compensation Law	401040022	36	2	6
	48	商法二：证券法 Commercial Law 2：Securities Law	402020222	36	2	5/6
	49	商法三：票据法 Commercial Law 3：Instruments Law	402020212	36	2	5/6
	50	商法四：保险法 Commercial Law 4：Insurance Law	402020232	36	2	5/6
	51	商法五：破产法 Commercial Law 5：Insolvency Law	402020242	36	2	5/6

续表

类别	序号	中英文课程名称	课程号	课时	学分	学期
基本专业选修课组 40105（应修10学分）	52	商法六：信托法 Business Law 6: The Law of Trusts	402020252	36	2	6
	53	金融法 Finance Law	402070023	54	3	6
	54	房地产法 Real Estate Law	402050022	36	2	6
	55	法务会计（英语双语） Forensic Accounting	402070132	36	2	6
	56	证据法学 Evidence Law	404020112	36	2	6
	57	司法文书 Judicial Documents	401050022	36	2	6
	58	非诉讼律师实务 Non-litigation Practice	401040132	36	2	6
	59	社会保障法 Social Security Law	402030092	36	2	6
	60	自然资源法 Natural Resources Law	402050072	36	2	6
	61	国际货物买卖与支付（英语双语） Law of International Sales and Finance	403030142	36	2	6
	62	国际民事诉讼和仲裁程序 International Civil Proceedings and Arbitral Procedure	403020032	36	2	6
	63	国际环境法 International Environmental Law	403010012	36	2	6
	64	国际人权法 International Human Rights Law	403010072	36	2	6
	65	国际金融法 International Financial Law	403030022	36	2	6
	66	海商法 Maritime Law	403030012	36	2	6

续表

类别	序号	中英文课程名称	课程号	课时	学分	学期
基本专业选修课组 40105（应修10学分）	67	证据调查学 Evidence Investigation	404020092	36	2	6
	68	刑事执行法学 Law of Criminal Execution	404010042	36	2	6
	69	国际航空法 International Air Law	403010162	36	2	7
	70	犯罪心理学 Criminal Psychology	404050022	36	2	7
	71	犯罪学 Criminology	404040212	36	2	7
	72	法医学 Forensic Medicine	404040032	36	2	7
	73	国际法案例研习 Case Study of International Law	403010182	36	2	7
	74	国际私法案例研习 Case Study of Private International Law	403040032	36	2	7
	75	国际经济法案例研习 Case Study of International Economic Law	403030192	36	2	7
	76	国际知识产权法（双语） International Intellectual Property Law	403010212	36	2	7
	77	涉外商事法律实务（双语） International Business Law and Practice	403010222	36	2	7
	78	涉外法律实务（英语双语） Foreign－related Law and Practice	403010232	36	2	6

法学实验班应用学习阶段专业方向讲座课程序列表（选修课）

类别	序号	中英课程名称	课程号	课时	学分	学期	应修学分
专题课组 40106	1	法理学专题课 Jurisprudence Topics	401010182	36	2	10	8
	2	宪法行政法专题课 Constitutional & Administrative Law Topics	401030082	36	2	10	
	3	民商经济法专题课 Civil Commercial and Economic Law Topics	402010152	36	2	10	
	4	刑法专题课 Criminal Law Topics	404010092	36	2	11	
	5	国际法专题课 International Law Topics	403010102	36	2	11	
	6	刑诉与证据法专题课 Topic of Criminal Procedure Law and Evidence Law	404020152	36	2	11	
	7	民诉与证据法专题课 Topic of Civil Procedure Law and Evidence Law	402040262	36	2	11	
合计				252			

法学实验班指导性教学进度表

第一学期（共15周）

类别	序号	课程名称	课时	周时	学分	考核	授课单位
必修课	1	外语（公共外语和法律外语）	54	3	3	△	大学英语教研室
	2	体育	36	2	1	△	体育教学部
	3	计算机应用基础	36	2	2	△	计算机教研室
	4	中华文明通论	54	3	3	△	史学研究所
	5	文科高等数学	72	4	4	△	数学教研室
	6	法学学导论	36	2	2	△	法理学研究所
	7	中国法制史	54	3	3	△	法律史研究所
合计			342	19	18		
实践教学		军训			1		
选修课	1						
	2						
备注		△为考试，*为考查。下同。					

第二学期（共 18 周）

类别	序号	课程名称	课时	周时	学分	考核	授课单位
必修课	1	外语（公共外语和法律外语）	54	3	3	△	大学英语教研室
	2	体育	36	2	1	△	体育教学部
	3	西方文明通论	54	3	3	△	政治学研究所
	4	中国特色社会主义理论体系	108	6	6	△	德育教研室
	5	宪法学	54	3	3	△	宪法研究所
	6	民法总论	54	3	3	△	民法研究所
合计			360	20	19		
实践教学							
选修课	1	法律文献检索	36	2	2	*	法律语言教研室
	2	系统法律语言学	36	2	2	*	法律语言教研室

第三学期（共 18 周）

类别	序号	课程名称	课时	周时	学分	考核	授课单位
必修课	1	外语（公共外语和法律外语）	54	3	3	△	大学英语教研室
	2	民法总则案例研习	36	2	2	△	民法研究所
	3	宪法案例研习	36	2	2	△	宪法研究所
	4	债法	72	4	4	△	民法研究所
	5	刑法学总论	54	3	3	△	刑法研究所
	6	思想道德修养	36	2	2	△	德育教研室
	7	法律职业行为规则与法律职业伦理	36	2	2	△	法律职业伦理教研室
合计			324	18	18		
实践教学		公益劳动和志愿服务			1		
		学年论文			1		
选修课	1	法律逻辑	36	2	2	*	逻辑研究所
	2	中国宪政史	36	2	2	*	宪法研究所
	3	外国法制史	54	3	3	*	法律史研究所
	4	中国法律思想史	36	2	2	*	法律史研究所
	5	法理学研讨课	36	2	2	*	法理学研究所
	6	法庭论辩技巧	36	2	2	*	法律职业伦理教研室
	7	会计学与会计法	36	2	2	*	财税金融法研究所
	8	越轨社会学	36	2	2	*	青少年犯罪研究所

第四学期（共 18 周）

类别	序号	课程名称	课时	周时	学分	考核	授课单位
必修课	1	债法案例研习	36	2	2	△	民法研究所
	2	刑法总则案例研习	36	2	2	△	刑法研究所
	3	物权法	36	2	2	△	民法研究所
	4	商法	72	4	4	△	商法研究所
	5	刑法学分论	54	3	3	△	刑法研究所
	6	民事诉讼法学	72	4	4	△	民事诉讼法研究所
	7	行政法与行政诉讼法	72	4	4	△	行政法研究所
合计			378	21	21		
选修课	1	立法学	36	2	2	*	法理学研究所
	2	西方宪政文化（英语双语）	36	2	2	*	宪法研究所
	3	西方法律思想史	36	2	2	*	法律史研究所
	4	宪法学研讨课	36	2	2	*	宪法研究所
	5	法律写作	36	2	2	*	法律语言教研室
	6	法律实践基本技能	36	2	2	*	实践教学教研室
	7	民法学原理四：亲属法与继承法	36	2	2	*	民法研究所
	8	税法	36	2	2	*	财税金融法研究所
	9	审计学与审计法	36	2	2	*	财税金融法研究所
	10	金融法	54	3	3	*	财税金融法研究所
	11	民事强制执行程序	36	2	2	*	民事诉讼法研究所
	12	法庭科学中的物理基础	36	2	2	*	侦查学研究所
	13	外国刑法	36	2	2	*	刑法研究所
	14	公安概论	36	2	2	*	侦查学研究所
	15	青少年犯罪与少年司法	36	2	2	*	青少年犯罪研究所
	16	经济犯罪与刑罚	36	2	2	*	刑法研究所

第五学期（共 18 周）

类别	序号	课程名称	课时	周时	学分	考核	授课单位
必修课	1	物权法案例研习	36	2	2	△	民法研究所
	2	商法案例研习	36	2	2	△	商法研究所
	3	刑法分则案例研习	36	2	2	△	刑法研究所
	4	知识产权法	54	3	3	△	知识产权法研究所
	5	刑事诉讼法学	72	4	4	△	刑事诉讼法研究所
	6	民事诉讼法案例研习	36	2	2	△	民事诉讼法研究所
	7	经济法原理	54	3	3	△	经济法研究所
	8	行政法案例研习	36	2	2	△	行政法研究所
合计			360	20	20		
实践教学		社会实践			2		
		学年论文			1		
选修课	1	美国宪法（英语双语）	36	2	2	＊	法律史研究所
	2	律师实务	36	2	2	＊	实践教学教研室
	3	劳动法学	36	2	2	＊	劳动法研究所
	4	罗马法	36	2	2	＊	民法研究所
	5	环境法学	54	3	3	＊	环境法研究所
	6	竞争法	36	2	2	＊	经济法研究所
	7	网络与电子商务法	36	2	2	＊	知识产权法研究所
	8	民事证据法	36	2	2	＊	民事诉讼法研究所
	9	仲裁制度	36	2	2	＊	民法研究所
	10	外国民诉法	36	2	2	＊	民事诉讼法研究所
	11	消费者法	36	2	2	＊	经济法研究所
	12	国际贸易法	36	2	2	＊	国际经济法研究所
	13	国际税法	36	2	2	＊	国际经济法研究所
	14	国际投资法	36	2	2	＊	国际经济法研究所
	15	国际技术转让	36	2	2	＊	国际经济法研究所
	16	WTO 法律制度	36	2	2	＊	国际经济法研究所
	17	欧洲联盟法	36	2	2	＊	国际经济法研究所
	18	比较税法（英语双语）	36	2	2	＊	中美法学院
	19	替代纠纷解决方式	36	2	2	＊	法律职业伦理教研室
	20	国际模拟庭基础	36	2	2	＊	国际法研究所
	21	国际知识产权法（双语）	36	2	2	＊	国际法研究所
	22	司法鉴定学概论	36	2	2	＊	侦查学研究所
	23	比较法研讨课	36	2	2	＊	民法研究所
	24	民法学研讨课	36	2	2	＊	民法研究所
	25	刑法学研讨课	36	2	2	＊	刑法研究所

第六学期（共 18 周）

类别	序号	课程名称	课时	周时	学分	考核	授课单位
必修课	1	知识产权法案例研习	36	2	2	△	知识产权法研究所
	2	刑事诉讼法案例研习	36	2	2	△	刑事诉讼法研究所
	3	经济法案例研习	36	2	2	△	经济法研究所
	4	国际法（英语教学）	54	3	3	△	国际法研究所
	5	国际私法（英语教学）	54	3	3	△	国际私法研究所
	6	国际经济法概论（英语教学）	54	3	3	△	国际经济法研究所
合计			306	15	15		
选修课	1	法律经济学（英语双语）	36	2	2	*	法理学研究所
	2	日本行政法（日语双语）	36	2	2	*	行政法研究所
	3	国家赔偿法	36	2	2	*	行政法研究所
	4	商法二：证券法	54	3	3	*	商法研究所
	5	商法三：票据法	54	3	3	*	商法研究所
	6	商法四：保险法	54	3	3	*	商法研究所
	7	商法五：破产法	54	3	3	*	商法研究所
	8	商法六：信托法	36	2	2	*	财税金融法研究所
	9	房地产法	36	2	2	*	经济法研究所
	10	法务会计（英语双语）	36	2	2	*	财税金融法研究所
	11	证据法学	36	2	2	*	侦查学研究所
	12	司法文书	36	2	2	*	法律职业伦理教研室
	13	非诉讼律师实务	36	2	2	*	法律职业伦理教研室
	14	社会保障法	36	2	2	*	劳动与社会保障法研究所
	15	自然资源法	36	2	2	*	环境资源法研究所
	16	涉外商事法律实务（双语）	36	2	2	*	国际私法研究所
	17	涉外法律实务（双语）	36	4	2	*	国际法研究所
	18	国际货物买卖与支付（英语双语）	36	2	2	*	国际经济法研究所
	19	国际民事诉讼和仲裁程序	36	2	2	*	国际私法研究所

续表

类别	序号	课程名称	课时	周时	学分	考核	授课单位
选修课	20	国际环境法	36	2	2	*	国际私法研究所
	21	国际人权法	36	2	2	*	国际法研究所
	22	国际金融法	36	2	2	*	国际经济法研究所
	23	海商法	36	2	2	*	国际经济法研究所
	24	证据调查学	36	2	2	*	侦查学研究所
	25	刑事执行法学	36	2	2	*	犯罪学研究所
	26	行政法与行政诉讼法研讨课	36	2	2	*	行政法研究所
	27	经济法学研讨课	36	2	2	*	经济法研究所
	28	国际法研讨课	36	2	2	*	国际法研究所

第七学期（共18周）

类别	序号	课程名称	课时	周时	学分	考核	授课单位
选修课	1	国际航空法	36	2	2	*	国际法研究所
	2	犯罪心理学	36	2	2	*	犯罪心理学研究所
	3	犯罪学	36	2	2	*	犯罪学研究所
	4	法医学	36	2	2	*	侦查学研究所
	5	国际法案例研习	36	2	2	*	国际法研究所
	6	国际私法案例研习	36	2	2	*	国际私法研究所
	7	国际经济法案例研习	36	2	2	*	国际经济法研究所
实践教学		学年论文			1		

第八学期（共20周）

类别	序号	中英课程名称	课时	学分
实践教学	1	专业实习	180	10

第九学期（共20周）

类别	序号	中英课程名称	课时	学分
实践教学	1	专业实习	180	10

第十学期（共18周）

类别	序号	课程名称	课时	周时	学分	考核	授课单位
选修课	1	法理学专题课	36	2	2	*	法理学研究所
	2	宪法行政法专题课	36	2	2	*	宪法研究所
	3	民商经济法专题课	36	2	2	*	民法研究所

第十一学期（共18周）

类别	序号	课程名称	课时	周时	学分	考核	授课单位
实践教学		毕业论文选题、开题					
选修课	1	刑法专题课	36	2	2	*	刑法研究所
	2	国际法专题课	36	2	2	*	国际法研究所
	3	刑诉与证据法专题课	36	2	2	*	刑事诉讼法研究所
	4	民诉与证据法专题课	36	2	2	*	民事诉讼法研究所

第十二学期（共18周）

类别	序号	中英课程名称	课时	学分
实践教学	2	毕业论文		8

中国政法大学本科通识选修课程目录

1. 通识主干课程目录

课程领域	序号	课程号	中英文课程名称	学期	开课单位	学分
人文素质类	1	507030142	中外文学名著导读 An Introduction to Chinese and Foreign Literary Classics	春/秋	人文学院	2
	2	507060072	艺术修养与艺术鉴赏 Art Creation and Appreciation	春/秋	人文学院	2
	3	507020392	中国哲学智慧 Wisdom of Chinese Philosophy	春/秋	人文学院	2
	4	507020402	西方哲学智慧 Wisdom of Western Philosophy	春/秋	人文学院	2
	5	507020333	逻辑导论 An Introduction to Logic	春/秋	人文学院	3
	6	507020242	批判性思维 Critical Thoughts	春/秋	人文学院	2

续表

课程领域	序号	课程号	中英文课程名称	学期	开课单位	学分
社会科学类	7	506020282	现代经济学理论 Principles of Economics	春/秋	商学院	2
	8	504020122	当代中国社会 Contemporary Chinese Society	春/秋	社会学院	2
	9	504020132	社会心理学 Social Psychology	春/秋	社会学院	2
	10	505020012	当代西方政治思潮 Modern Western Political Thinking	春/秋	政治与公共管理学院	2
	11	505041032	当代国际关系理论与现实 Theories and Realities of Modern International Relations	春/秋	政治与公共管理学院	2
自然科学类	12	509010252	文科高等数学 Advanced Mathematics for Liberal Arts Students	春/秋	科学技术教学部	2
	13	509020112	自然科学史 History of Nature Science	春/秋	科学技术教学部	2
备注	\multicolumn{6}{l}{通识主干课程应修8学分。 学生按照"与本专业最远"的原则修读通识选修课程，不得修读限制本专业修读的通识主干课程。具体修读限制如下： 《中外文学名著导读》限制修读专业为汉语言文学专业； 《中国哲学智慧》限制修读专业为哲学专业； 《西方哲学智慧》限制修读专业为哲学专业、思想政治教育专业； 《逻辑学导论》限制修读专业为哲学专业； 《现代经济学理论》限制修读专业为公共事业管理专业、工商管理专业、经济学专业、国际商务专业； 《当代中国社会》限制修读专业为社会学专业； 《当代西方政治思潮》限制修读专业为政治学与行政学专业、国际政治专业； 《当代国际关系理论与现实》限制修读专业为国际政治学专业、政治学与行政学专业； 《社会心理学》限制修读专业为应用心理学专业、思想政治教育专业； 《文科高等数学》限制修读专业为行政管理专业、公共事业管理专业、工商管理专业、经济学专业、国际商务专业、应用心理学专业、社会学专业。}

2. 一般通识课程目录

课程领域	序号	课程号	中英文课程名称	学期	开课单位	学分
人文素质类（95门课程）	1	507060012	中西美术比较（美术欣赏） Comparison of Chinese and Western Art	春/秋	人文学院	2
	2	507060062	西方美术史 History of Western Art	春/秋	人文学院	2
	3	507030162	音乐欣赏 Music Appreciation	秋	人文学院	2
	4	507030192	中国现代化思想史 Chinese History of Modernization Thoughts	春/秋	人文学院	2
	5	507040042	明清政治与中国近代政治 Politics of Min and Qing Dynasties and Chinese Modern Politics	春/秋	人文学院	2
	6	507040012	中国近代人物与社会转型 Modern Chinese Figures and Social Transition	春/秋	人文学院	2
	7	507041142	明清中国社会与文化 Chinese Society and Culture in Qing and Ming Dynasty	秋	人文学院	2
	8	507070012	中国传统文化 Chinese Traditional Culture	春/秋	人文学院	2
	9	507040142	俄罗斯历史与文化 Russian History and Culture	秋	人文学院	2
	10	507030412	欧洲历史 History of Europe	春	人文学院	2
	11	507030632	近代中日关系史 History of Modern China—Japan Relations	春	人文学院	2
	12	507070021	中国古代诗词选读 Selective Readings of Ancient Chinese Poetry	春	人文学院	1

续表

课程领域	序号	课程号	中英文课程名称	学期	开课单位	学分
人文素质类（95门课程）	13	507030422	西方人文经典选读 Selected Readings from Western Humanist Classics	春/秋	人文学院	2
	14	507030432	中国儒学思想概论 Introduction to Chinese Confucianism	春/秋	人文学院	2
	15	507030012	美学概论 An Introduction to Aesthetics	秋	人文学院	2
	16	507030552	中国古代美术作品欣赏 Ancient Chinese Art Appreciation	秋	人文学院	2
	17	507030562	中国书法经典作品欣赏 Chinese Calligraphy Classics Appreciation	秋	人文学院	2
	18	507060042	欧洲古典音乐欣赏 The Lesson for Enjoying Classical Music of Europan	秋	人文学院	2
	19	507030122	影视艺术欣赏 Film and Television	秋	人文学院	2
	20	507030442	人生哲学 Life Philosophy	春/秋	人文学院	2
	21	507020352	西方哲学精神 Spirit of Western Philosophy	秋	人文学院	2
	22	507030452	老庄哲学 Lao Zi and Zhuang Zi's Philosophy	春	人文学院	2
	23	507030462	三大宗教概况 Introduction to the Three Major Religions	春	人文学院	2
	24	307050412	古代汉语（一） Ancient Chinese Language（I）	秋	人文学院	2
	25	307050302	古代汉语（二） Ancient Chinese Language（II）	春	人文学院	2
	26	307030073	伦理学导论 Introduction to Ethics	春	人文学院	3

续表

课程领域	序号	课程号	中英文课程名称	学期	开课单位	学分
人文素质类（95门课程）	27	307030643	哲学概论 Introduction to Philosophy	秋	人文学院	3
	28	307030223	价值哲学 Axiology	春	人文学院	3
	29	30703014	西方哲学史（一） History of Western Philosophy	春	人文学院	3
	30	307030383	西方哲学史（二） History of Western Philosophy	秋	人文学院	3
	31	307030123	中国哲学史（一） History of Chinese Philosophy	春	人文学院	3
	32	307030133	中国哲学史（二） History of Chinese Philosophy	秋	人文学院	3
	33	307030373	宗教学导论 Introduction to Religious Studies	秋	人文学院	3
	34	507020362	周易概论 The Outline of Zhou Yi	春	人文学院	2
	35	530010022	心理应激微反应分析的司法应用 Micro−expressions Analysis	秋	新闻传播学院	2
	36	530010042	网络传播知识通论 General Survey of Network Communication	秋	新闻传播学院	2
	37	530010072	传播内容培训规范 Communication Law and Ethics	秋	新闻传播学院	2
	38	508030322	语言、文化、宗教（英语授课） Language Culture and Religion	春/秋	外语学院	2
	39	508030282	初级日语（一） Elementary Japanese（1）	秋	外语学院	2
	40	508030302	初级日语（二） Elementary Japanese（2）	春	外语学院	2
	41	508030362	商务礼仪 Commercial Etiquette	秋	外语学院	2

续表

课程领域	序号	课程号	中英文课程名称	学期	开课单位	学分
人文素质类（95门课程）	42	508030382	英语口语 Oral English	秋	外语学院	2
	43	508030202	英语写作 English Writing	春	外语学院	2
	44	508000014	二外英语（一） Second Foreign Language（1）	秋	外语学院	4
	45	508000024	二外英语（二） Second Foreign Language（2）	春	外语学院	4
	46	508030463	初级意大利语（一） Elementary Italian（1）	春	外语学院	3
	47	508030473	初级意大利语（二） Elementary Italian（2）	秋	外语学院	3
	48	508030472	中级日语（一） Intermediate Japanese（1）	春	外语学院	2
	49	508030482	中级日语（二） Intermediate Japanese（2）	秋	外语学院	2
	50	508030423	初级德语（一） Elementary German（1）	秋	外语学院	3
	51	508030433	初级德语（二） Intermediate German（2）	春	外语学院	3
	52	508030493	初级法语（一） Elementary French（Level One）	春	外语学院	3
	53	508030503	初级法语（二） Elementary French（Level Two）	秋	外语学院	3
	54	508010034	初级俄语（上） Elementary Russia	春	外语学院	4
	55	508010074	初级俄语（下） Elementary Russia	秋	外语学院	4
	56	508010013	商务英语 Business English	秋	外语学院	3
	57	508010023	翻译理论与实践 Theory and Practice of Translation	秋	外语学院	3

续表

课程领域	序号	课程号	中英文课程名称	学期	开课单位	学分
人文素质类（95门课程）	58	508030513	拉丁语基础 Basic Latin	春/秋	外语学院	3
	59	508030522	中级拉丁语 Intermediate Latin	春/秋	外语学院	2
	60	508030532	法律英语语言分析 Analisis of Written and Spoken Legal English	秋	外国语学院	2
	61	508030542	法律英语视听说 Visual Audio Law English	秋	外国语学院	2
	62	508030552	英语演讲与辩论 English Speaking and Debate	秋	外国语学院	2
	63	508010042	走进俄罗斯 Into Russia	春	外国语学院	2
	64	508000072	欧美文学与古典音乐跨文化研究 A Cross—cultural Study of World Literature and Classical Music	春	外国语学院	2
	65	508000152	《圣经》文化与英美文学经典 Biblical Culture and English Literary Classics	秋	外国语学院	2
	66	508000122	法律翻译理论与实践 Theory and Practice of Translation	秋	外国语学院	2
	67	508000142	英美当代边缘文学、文化研究 A Study of Contemporary Anglo—American Marginalized Literature and Culture	秋	外国语学院	2
	68	508000132	亚裔英语小说创作研究与实践 A Study of Asian Writing in English: Theory and Practice	秋	外国语学院	2
	69	501030073	电影中的历史 History in Film	秋	法学院	3
	70	401060052	法律与文学 Law and Literature	春	法学院	2

续表

课程领域	序号	课程号	中英文课程名称	学期	开课单位	学分
人文素质类（95门课程）	71	507041102	博弈论（博弈与社会） Game Theory	春/秋	法学院	2
	72	507030382	美国历史与文化 American History and Culture	秋	法学院	2
	73	305010024	中国政治思想史 History of Chinese Political Thoughts	春	政治与公共管理学院	4
	74	405010212	中国政治思想史 History of Chinese Political Thoughts	春	政治与公共管理学院	2
	75	422010042	谈判学 Science of Negotiation	春	马克思主义学院	2
	76	522010042	生死哲学与智慧 On Philosophy and Wisdom of Thanatology	春	马克思主义学院	2
	77	510030011	职业生涯发展与规划 Career Development and Designing	秋	学工部	1
	78	510030402	心理健康 Psychological Health	春	学工部	2
	79	510030411	就业与求职 Employment and Job Searching	春	学工部	1
	80	510030022	大学生创业基础（KAB） Know About Business	秋	学工部	2
	81	513030431	佛教与中国文化 Buddhism and Chinese Culture	春	法律古籍整理研究所	1
	82	513030412	官民与法——中国古代官衙文化 Legal Culture of Ancient Chinese Court	春	法律古籍整理研究所	2
	83	513030402	消失的文明 Disappeared Civilization	春	法律古籍整理研究所	2
	84	513030422	文物鉴赏与收藏文化 Culture Relic Appreciation and Culture of Collections	春	法律古籍整理研究所	2

续表

课程领域	序号	课程号	中英文课程名称	学期	开课单位	学分
人文素质类（95门课程）	85	513030441	敦煌学 Science of Dunhuang	秋	法学院	1
	86	513030392	法律考古 Legal Archaeology	春	法律古籍整理研究所	2
	87	513030442	魏晋风度 The Unique Personality Prevailed Wei and Jin Dynesties	春	法律古籍整理研究所	2
	88	511030012	文献信息检索 Information Retrieval	春/秋	图书馆	2
	89	507030662	四书概论 AnIntroductiong to Four Books	秋	人文学院	2
	90	528010012	武警健康教育（国防生课程） Health Education on Armed Police	秋	选培办	2
	91	528000022	军事高技术基础（国防生课程） Fundamentals to Military High Technology	秋	选培办	2
	92	528000051	军事思想（国防生课程） Military Thoughts	秋	选培办	1
	93	528000032	武警基层文化（国防生课程） Armed Police Grassroots Culture	秋	选培办	2
	94	528000042	武警基层管理（国防生课程） Armed Police Grassroots Governance	秋	选培办	2
	95	501040262	国防动员法（国防生课程） National Defense Mobilization Law	春	法学院	2
社会科学类（68门课程）	1	501040242	宪政经典著作选读（英语授课） Selected Readings from Constitutionalism Classics	春	法学院	2
	2	501040252	宪政理论与制度变迁（英语授课） Constitutionalism Theory and System Transformation	春	法学院	2

续表

课程领域	序号	课程号	中英文课程名称	学期	开课单位	学分
社会科学类（68门课程）	3	401020083	法律经济学 Legal Economics	秋	法学院	2
	4	501030062	学术规范与论文写作 Academic Standards and Paper Writing	春	法学院	2
	5	505040922	社区治理研究 Community Governance Study	春	法学院	2
	6	507030472	当代西方哲学思潮 Modern Western Philosophic Thinking	春/秋	人文学院	2
	7	507030092	美国政治制度史 History of American Political System	春	人文学院	2
	8	507030392	美国宪政史 American Constitutional History	春	人文学院	2
	9	507040022	近代国情与民权政治 Modern State Situation and Civil Rights Politics	秋	人文学院	2
	10	507030362	中国近代社会生活史 History of Modern China's Social Life	春	人文学院	2
	11	507020302	系统科学方法论 Methodology of Systematic Science	秋	人文学院	2
	12	507040102	现代化研究 Study on Modernization	春	人文学院	2
	13	507030402	思想与社会 Thoughts and Society	秋	人文学院	2
	14	507041132	近代中国的婚姻、家庭与社会 Marriage Family and Society in Modern China	秋	人文学院	2
	15	507020382	法兰克福学派专题研究 Lectuer on Frankfurt school	秋	人文学院	2
	16	505040952	政治学概论 An Introduction to Political Science	春	政治与公共管理学院	2
	17	505041002	当代中国政治概论 An Introduction to Contemporary Chinese Politics	秋	政治与公共管理学院	2

实验班改革的相关文件

续表

课程领域	序号	课程号	中英文课程名称	学期	开课单位	学分
社会科学类（68门课程）	18	505010042	福利国家与社会保障 Welfare Country and Social Protection	春	政治与公共管理学院	2
	19	305030133	管理学原理 Principles of Management	秋	政治与公共管理学院	3
	20	305030343	社会学概论 Introduction to Sociology	春	政治与公共管理学院	3
	21	305030122	公共关系学 Public Relation Science	秋	政治与公共管理学院	2
	22	305020013	近现代国际关系史 History of Modern and Contemporary International Relations	春	政治与公共管理学院	3
	23	405010262	现代化与中国政治发展 Modernization and Political Development in China	秋	政治与公共管理学院	2
	24	305020043	当代中国外交 Contemporary Diplomacy of China	春	政治与公共管理学院	3
	25	405010362	政治社会学 Political Sociology	春	政治与公共管理学院	2
	26	407030162	领导学 Science of Leadership	春	政治与公共管理学院	2
	27	506020092	金融学 Finance	秋	商学院	2
	28	506020212	经济伦理 Economic Ethics	春	商学院	2
	29	506020221	生态经济学与中国人口环境 Ecological Economics and Chinese Population and Environment	春	商学院	1
	30	306020223	管理学原理 Principles of Management	秋	商学院	3
	31	406020502	公共关系学 Public Relation Science	春	商学院	2

续表

课程领域	序号	课程号	中英文课程名称	学期	开课单位	学分
社会科学类（68门课程）	32	506020103	经济学原理 Priciples of Economics	秋	商学院	3
	33	306010023	宏观经济学 Macroeconomics	春	商学院	3
	34	306010073	微观经济学 Microeconomics	秋	商学院	3
	35	306010133	西方经济思想史 History of Western Economic Thoughts	春	商学院	3
	36	506010013	中国经济史 China's Economic History	秋	商学院	3
	37	406010192	新制度经济学 Neo－institutional Economics	秋	商学院	2
	38	306010033	世界经济概论 World Economics	秋	商学院	3
	39	306020163	会计学原理 Principles of Accounting	秋	商学院	3
	40	306020173	财政学 Public Finance	秋	商学院	3
	41	306010053	国际经济学 International Economics	春	商学院	3
	42	305030482	国际经济学 International Economics	春	商学院	2
	43	406020183	证券市场概论 Introduction to Securities Market	春	商学院	3
	44	406020092	证券市场概论 Introduction to Securities Market	秋	商学院	2
	45	306020393	国际金融 International Finance	秋	商学院	3
	46	406020352	中国涉外经济研究 China's Foreign Economy Study	秋	商学院	2

续表

课程领域	序号	课程号	中英文课程名称	学期	开课单位	学分
社会科学类（68门课程）	47	506020272	商务模拟与案例 Business Simulation	秋	商学院	
	48	507020312	人类学 Anthropology	秋	社会学院	2
	49	504020042	西方社会学理论 Theories of Western Sociology	春	社会学院	2
	50	504020072	社会调查研究方法 Methods of Social Survey and Research	春/秋	社会学院	2
	51	304070023	社会心理学 Social Psychology	春	社会学院	3
	52	304070022	社会心理学 Social Psychology	春	社会学院	2
	53	323000072	政治社会学 Political Sociology	秋	社会学院	2
	54	304070202	法律社会学 Legal Sociology	春	社会学院	2
	55	304070013	社会学概论 Introduction to Sociology	秋	社会学院	3
	56	423020062	社会学 Sociology	秋	社会学院	2
	57	323020014	普通心理学 General Psychology	春	社会学院	4
	58	523010032	宗教社会学 Religionary Sociology	秋	社会学院	2
	59	404070332	越轨社会学 Sociology on Aberrant Conduct	秋	刑事司法学院	2
	60	404050012	司法心理学 Judicial Psychology	春	刑事司法学院	2
	61	422010082	领导学 Science of Leadership	春	马克思主义学院	2
	62	522010022	世界经济与政治 World Economy and Politics	秋	马克思主义学院	2

续表

课程领域	序号	课程号	中英文课程名称	学期	开课单位	学分
社会科学类（68门课程）	63	521000032	人权的理论与实践 Human Rights in Theory and Practice	秋	人权与人道主义法研究所	2
	64	530010012	媒介素养（如何运用大众媒介） Media Literacy（How to use mass media）	春	新闻与传播学院	2
	65	507030352	广告学概论 Theories of Advertising	秋	新闻与传播学院	2
	66	530010052	传播社会学 Communication Sociology	春	新闻与传播学院	2
	67	530010032	危机公关：策略、方法与应用 Crisis Public Relations：Strategy，Methods and Applictions	秋	新闻与传播学院	2
	68	501040272	资本金融学 Capital Finance	秋	法与经济研究中心	2
自然科学类（20门课程）	1	509020022	自然科学概论 An Introduction to Natural Science	秋	科学技术教学部	2
	2	509010133	Internet与Web设计 Internet and Web Designing	秋	科学技术教学部	3
	3	509010144	数据库原理与应用 Principles and Applications of Database	春	科学技术教学部	4
	4	509020013	现代科技概论 Introduction to Modern Science and Technology	春	科学技术教学部	3
	5	509020092	数学建模 Mathematical Modeling	春	科学技术教学部	2
	6	509010122	计算机网络应用 Basic Application of Computer Network	春	科学技术教学部	2

续表

课程领域	序号	课程号	中英文课程名称	学期	开课单位	学分
自然科学类（20门课程）	7	509030213	Visual Basic 程序设计 Program Design of Visual Basic	秋	科学技术教学部	3
	8	509010212	计算机思想史 History of Computer Thoughts	春	科学技术教学部	2
	9	509010243	Photoshop CS 图像处理技术 Image Processing Technology of Photoshop CS	春	科学技术教学部	3
	10	309010034	高等数学（一） Advanced Mathematics	秋	科学技术教学部	4
	11	309010044	高等数学（二） Advanced Mathematics	春	科学技术教学部	4
	12	409020053	概率论与数理统计 Probability Theory and Mathematical Statistics	春	科学技术教学部	3
	13	309020022	概率论与数理统计 Advanced Mathematics	春	科学技术教学部	2
	14	309020023	概率论与数理统计 Advanced Mathematics	春	科学技术教学部	3
	15	309020013	线性代数 Advanced Mathematics	秋	科学技术教学部	3
	16	309020012	线性代数 Advanced Mathematics	秋	科学技术教学部	2
	17	409000043	管理信息系统 Management Information System	秋	科学技术教学部	3
	18	406010062	管理信息系统 Management Information System	秋	科学技术教学部	2
	19	509010262	金融数学 The Mathematics of Finance	春	科学技术教学部	2
	20	509020122	MATLAB 与数学实验 MATLAB and Mathematical Experiment	春	科学技术教学部	2

续表

课程领域	序号	课程号	中英文课程名称	学期	开课单位	学分
法学类（37门课程）	1	301010012	法理学导论 Jurisprudence	秋	法学院	2
	2	301010022	法理学原理 Elements of Jurisprudence	春	法学院	2
	3	301030013	宪法学 Constitutional Law	春	法学院	3
	4	301040024	行政法与行政诉讼法 Administrative Law and Adminstrative Procedure Law	春/秋	法学院	4
	5	401010012	西方法律思想史 History of Western Legal Thoughts	春	法学院	2
	6	401020023	外国法制史 Foreign Legal History	秋	法学院	3
	7	301020013	中国法制史 Chinese Legal History	春/秋	法学院	3
	8	401010102	中国宪政史 History of Chinese Constitutional Government	秋	法学院	2
	9	301030013	民法学原理一：总论 Principles of Civil Law 1：Civil Law General Remarks	春	民商经济法学院	3
	10	302010115	民法学原理二：债法 Principles of Civil Law 2：Obligation Law	秋	民商经济法学院	5
	11	302020054	商法一：商法总论与公司法 Commercial Law 1：Introduction and Corporation Law	春	民商经济法学院	4
	12	402010222	商法二：证券法 Commercial Law 2：Securities Law	春/秋	民商经济法学院	3
	13	402020212	商法三：票据法 Commercial Law 3：Instruments Law	春/秋	民商经济法学院	3
	14	302030033	经济法总论 An Introduction to Economic Law	春/秋	民商经济法学院	3

续表

课程领域	序号	课程号	中英文课程名称	学期	开课单位	学分
法学类（37门课程）	15	302040014	民事诉讼法学 Civil Procedure Law	春	民商经济法学院	4
	16	302060013	知识产权法 Intellectual Property Law	春	民商经济法学院	3
	17	402080012	劳动法学 An Introduction to Law of Labor and Social Security	秋	民商经济法学院	2
	18	402030092	社会保障法 Social Security Law	春	民商经济法学院	2
	19	402070023	金融法 Financial Law	春	民商经济法学院	3
	20	402020073	环境法学 An Introduction to of Environmental Law	春/秋	民商经济法学院	3
	21	303010013	国际法 Public International Law	春/秋	国际法学院	3
	22	303030013	国际经济法概论 International Economic Law	春/秋	国际法学院	3
	23	303020013	国际私法 Private International Law	春/秋	国际法学院	3
	24	403030032	国际贸易法 International Trade Law	秋	国际法学院	2
	25	403010012	国际环境法 International Environmental Law	春	国际法学院	2
	26	304010013	刑法学总论 Principles of Criminal Law	秋	刑事司法学院	3
	27	304010023	刑法学分论 Special Principles of Criminal Law	春	刑事司法学院	3
	28	304020014	刑事诉讼法学 Criminal Procedure Law	春	刑事司法学院	4
	29	404040022	司法鉴定学概论 Judicial Expertise	秋	刑事司法学院	2

续表

课程领域	序号	课程号	中英文课程名称	学期	开课单位	学分
法学类（37门课程）	30	501040262	涉外经济法 Foreign—related Economic Law	秋	法学院	2
	31	502050012	欧盟经贸法 European Economic and Trade Law	春	民商经济法学院	2
	32	501050012	古典小说中的传统法律 Law in Classical Literature	春	法学院	2
	33	503040762	欧洲法律趋同的理论与方法 Theories and Methodologies of European Legal Harmonization	春	国际法学院	2
	34	530010062	网络侵权理论与实践 Theory and Cases Study on Internet Torts	春	新闻传播学院	2
	35	503040782	韩国现代生活与法律 Korea Modern Life and Law	春/秋	国际教育学院	2
	36	503040772	韩国与国际法（韩语授课） Korea and International Law	春/秋	国际教育学院	2
	37	503040792	韩国与国际通商法（韩语授课） Korea and International Trade Law	春/秋	国际教育学院	2

文件二 中国政法大学法学人才培养模式改革实验班基础学习阶段考核办法（试行）

法大发〔2015〕121号

（2015年11月25日第16次校长办公会审议通过）

第一条 为保障法学人才培养模式改革实验班（以下简称"法学实验班"）培养质量，规范法学实验班学生基础学习阶段考核工作，根据《中国政法大学本科学分制管理办法》《中国政法大学本科生学籍管理规定》和《中国政法大学普通本科生学士学位授予办法》制定本办法。

第二条 法学实验班实行两阶段融贯培养。基础学习阶段基准学制四年，应用学习阶段基准学制两年。

第三条 依据《中国政法大学本科招生章程》，法学实验班学生在完成基础学习阶段之后，经考核合格方可进入应用学习阶段。

第四条 法学实验班学生的考核在第七学期进行，同时符合下列条件的，可以申请进入应用学习阶段：

（一）品行优良，在校期间无记过以上处分；

（二）修读学分达到培养方案基础学习阶段课堂教学学分的65%；

（三）未出现以下任何一种情形：

1. 基础学习阶段全部专业必修课二分之一及以上成绩未达到70分；

2. 任一学年内5门次以上（含）必修课未取得学分；

3. 基础学习阶段必修课未取得学分的课程累计达到9门次。

（四）全国大学英语六级考试成绩达到425分，或其他语种非专业外语四级考试成绩达85分。

第五条 学生不符合本办法第四条任意一款的，属于考核不合格，丧失进入应用学习阶段的资格。

第六条 考核合格的学生，取得附条件申请进入应用学习阶段的资格。学生应当在规定的时间内向所在学院提出进入应用学习阶段的申请，学院审核批准后统一报教务处、研究生院登记备案。

未在规定时间内向所在学院提交进入应用学习阶段申请的，视为放弃应用学习阶段学习的资格，不能进入应用学习阶段学习。

第七条 取得附条件申请进入应用学习阶段资格的学生，在第八学期出现违反本办法第四条第一、三款的，或没有完成基础学习阶段培养方案额定学分要求的，或不能按期获得本科毕业证书和学士学位证书的，撤销进入应用学习阶段的资格。

第八条 未取得进入应用学习阶段资格的学生，在本科修业年限内完成法学实验班培养方案规定的基础学习阶段的学分要求的，可以提出申请按照《中国政法大学本科生学籍管理规定》《中国政法大学普通本科生学士学位授予办法》的规定，获得本科毕业证书和学士学位证书。

第九条 考核工作由教务处组织实施，与学校推荐优秀应届本科毕业生免试攻读硕士研究生工作同步进行。

第十条 本办法由教务处负责解释。

第十一条 本办法自通过之日起施行。

文件三 中国政法大学法学人才培养模式改革实验班导师制实施办法（试行）

校教字 [2009] 第 038 号

第一条 为加强对法学人才培养模式改革实验班学生的辅导，切实提高人才培养质量，实施法学人才培养模式改革实验班（以下简称"实验班"）导师制，制定本实施办法。

第二条 实验班导师制坚持充分发挥学生主体性和导师辅导作用相结合的原则。

第三条 实验班实施双导师制。基础学习阶段由专业课教师担任学生的专业导师，应用学习阶段增加法律实务界人士担任学生的实务导师。

第四条 导师的职责是帮助学生养成健全的世界观、人生观、价值观，帮助学生树立良好的职业道德和职业操守，帮助学生形成个性化培养方案，帮助学生养成良好的学习习惯和学习方法，为学生提供专业指导，解答学生在学习中遇到的问题。

第五条 专业导师应当是中国政法大学在编教师，品行端正，在法律相关领域具有较高的学术造诣和丰富的教学经验，具备高级职称和研究生导师资格。

第六条 专业导师由实验班所在学院从学生入学当年聘任的研究生导师中提供预选名单，经实验班所在学院教学指导委员会审查合格后颁发导师资格证书并公布导师名单。

学生专业导师的确定，采取双向选择制。学生根据导师名单选择导师并提出申请，导师根据学生的申请决定是否担任申请人的专业导师。

实验班所在学院应当将指导学生的实验班导师名单报教务处备案。

每名专业导师指导的学生原则上每届不超过 4 人。

专业导师怠于履行职责的，学生可以向实验班所在学院申请更换导师，实验班所在学院也可以主动更换导师。

第七条 专业导师应当于每学期开学初与学生见面，了解被指导学生的学习情况，并保持经常联系。

专业导师与被指导学生每学期至少应当单独面谈或集体指导3次。

专业导师的指导期间为第1至4学年。学生进入应用学习阶段后，结合毕业/学位论文配备论文指导教师。

第八条 实验班所在学院应当组织成立专业导师组，及时总结、交流导师工作经验。

第九条 实务导师应当是实习单位的在编专业工作人员，品行端正，法律实务经验丰富，一般应当具有高级专业技术职称或者职务。

第十条 实务导师由实习单位推荐，经实验班所在学院教学指导委员会审查合格后由实验班所在学院颁发导师资格证书并公布导师名单。

实务导师的聘任应当在专业实习开始前完成。

实务导师的工作业绩实行考核制度。实习单位、学校和被指导的学生对实务导师的工作进行考核。考核不合格的，不再聘任为实务导师。

第十一条 中国政法大学为专业导师提供专门的指导费用。

专业导师每指导实验班一名学生，每学期计其他教学工作量9学时。

实务教师的指导费用，由中国政法大学和实习单位协商解决。

第十二条 本实施办法由教务处解释。

第十三条 本实施办法自公布之日起施行。

教务处
二〇〇九年六月十二日

文件四　中国政法大学法学人才培养模式改革实验班主讲教师助手制实施办法（试行）

校教字〔2009〕第 039 号

第一条　为充分发挥高水平师资在人才培养中的作用，加强对法学人才培养模式改革实验班（以下简称"实验班"）学生的学习辅导，切实提高人才培养质量，实施实验班主讲教师助手制，制定本实施办法。

第二条　实验班专业必修课和单独开设的通识必修课应当由具有高级专业技术职称的教师主讲。

每名主讲教师可以配备一名助手。一名助手可以同时辅助不超过 2 名主讲教师。

第三条　主讲教师助手的职责是结合主讲教师开设的必修课程开展常规性课外答疑、配合必修课程进行读书辅导、协助主讲教师批改作业和试卷等教学活动。

第四条　主讲教师助手可以是中国政法大学在编讲师或者助教，也可以是中国政法大学全日制在读研究生。

第五条　主讲教师助手由主讲教师聘请，经实验班所在学院审查批准，报教务处备案。

第六条　中国政法大学在编教师担任主讲教师助手的，按照主讲教师所承担课程计算课堂教学工作量并计发课时津贴。

中国政法大学在读研究生担任主讲教师助手的，按照主讲教师所承担课程课时计算报酬，具体标准为中国政法大学教师校发课时津贴标准的 2 倍。

第七条　本实施办法由教务处解释。

第八条　本实施办法自公布之日起施行。

教务处
二〇〇九年六月十二日